Nuova Narrativa Newton
599

Dello stesso autore:

Un giorno perfetto per uccidere

Questo libro è un'opera di fantasia.
Nomi, personaggi, luoghi e avvenimenti sono frutto dell'immaginazione dell'autore o sono usati in maniera fittizia.
Qualunque somiglianza con fatti, luoghi o persone, reali, viventi o defunte è del tutto casuale.

Prima edizione: giugno 2015

Roma, Casella postale 6214
Pubblicato in accordo con Factotum Agency, Milano

ISBN 978-88-541-7867-0

www.newtoncompton.com

Stampato nel giugno 2015 presso Puntoweb s.r.l., Ariccia (Roma)
su carta prodotta con cellulose senza cloro gas provenienti da foreste controllate, nel rispetto delle normative ecologiche vigenti.

Mario Mazzanti

Non uccidere

Newton Compton editori

"Sei calmo ora Hannibal?".

Hannibal fece cadere a terra le cesoie. La sua respirazione si era mantenuta regolare durante tutta l'azione, i battiti cardiaci non avevano superato le sessanta pulsazioni al minuto.

"Sono sempre calmo", rispose con la sua voce roca. Fece ruotare lo sguardo all'interno del capanno: dalla porta, attraverso la pioggia fitta, si intravedeva un'alta rete di recinzione. "Odio quest'odore così intenso. Chi ci porterà fuori da qui?"

"Sono le rose. A molti piace".

Hannibal fece una smorfia di disgusto. "Chi ci porterà fuori da qui?", ripeté. "Non mi dirai il 'Floscio'?"

"Lo farò io, non ti devi preoccupare, il Floscio lo sto tenendo lontano. Ma ora muoviamoci, una volta fuori avremo bisogno di altri".

"Voglio sapere di chi. Li conosco?"

"Del 'Furbo' hai sentito parlare, gli altri non è necessario che tu li conosca. E ora andiamo, prima che sia troppo tardi: sono le 18:30 e abbiamo un'ora e mezzo al massimo per metterci al sicuro".

1

Sette anni prima

L'ufficio del commissario Sensi non era né ampio né accogliente; dall'unica finestra filtrava la poca luce di quella mattina grigia e, nonostante l'ora, un neon azzurrognolo già ronzava nella stanza.

Ma per Claps trovarsi là, seduto alla scrivania di fronte al commissario, era importante, quasi una conquista. Era la prima volta che veniva chiamato a fornire la propria consulenza come criminologo esperto nel comportamento degli autori di crimini violenti. E, soprattutto, a richiederla era stato proprio Sensi, l'uomo di punta a cui venivano affidate le indagini più difficili e delicate; il predestinato a trasferirsi nel ben più accogliente ufficio di commissario capo. Un'occasione importante, dunque, da non perdere.

L'accoglienza di Sensi era stata però inaspettatamente fredda: una stretta di mano sbrigativa e un cenno a sedersi di fronte a lui.

«Laura Minz, ventotto anni», disse con voce piatta il commissario, senza perdersi in preamboli. «Era scomparsa da ventiquattro ore, prima che ieri mattina il suo corpo venisse rinvenuto in un fosso lungo la Provinciale per Lecco». Una breve pausa. «Immagino che dai media sappia già di cosa sto parlando».

Claps si limitò ad annuire: rimase in silenzio, con lo

sguardo rivolto verso il basso, aspettando che Sensi continuasse.

«Sul cadavere sono state contate fino a ventidue ferite da arma da taglio, ma una sola mortale. Inoltre, durante l'autopsia sono stati riscontrati segni evidenti di violenza sessuale. Il decesso è stimato intorno alle 3 del mattino, e il corpo è stato rinvenuto alle 6:30 da un automobilista che aveva forato e si era fermato sul ciglio della strada. La vittima…».

Sensi si interruppe all'improvviso, come seguendo un altro pensiero, e solo dopo qualche secondo riprese con il tono chi si toglie un rospo di gola: «Dottor Claps, desidero essere assolutamente chiaro con lei», disse sfilandosi gli occhiali e cercando inutilmente lo sguardo di Claps. «Il suo parere mi è stato raccomandato con insistenza e non ho potuto rifiutarmi di convocarla. Le dico in tutta sincerità, però, che trovo la sua specializzazione più adatta a un serie televisiva americana che a un'indagine reale. In sostanza, non so davvero in che modo lei possa essere di aiuto. Senza offesa».

«Nessun aiuto diretto, naturalmente», Claps replicò scandendo bene le parole, con calma assoluta: era preparato alla diffidenza che poteva suscitare il suo lavoro, specie in chi era abituato da sempre a lavorare in prima linea. «Posso dare un contributo per analizzare il comportamento dell'autore del crimine, e, se gli elementi fossero sufficienti, a ipotizzarne un profilo». Sollevò lo sguardo, puntandolo dritto negli occhi di Sensi: «Fornire qualche ulteriore dato sull'autore di un crimine violento per permettere di restringere il campo di indagine: è questo il mio lavoro».

Il commissario sostenne in silenzio lo sguardo di Claps.

«Sempre che lei lo ritenga utile», concluse Claps dopo qualche secondo. «A nessuno piace perdere il proprio tempo. Senza offesa».

Sensi si abbandonò contro lo schienale della poltrona. Ancora qualche istante di silenzio.

«Bene, dottor Claps», disse alla fine quasi con aria di sfida, «mi stupisca, allora. Si è già fatto un'idea sull'assassino?»

«No, non ho elementi sufficienti… né diretti».

«Giusto», ammise Sensi. «Quel che le ho detto finora probabilmente lo ha già letto sui giornali. La ragguaglierò su tutto. Per cominciare, l'assassino…».

Questa volta fu Claps a interromperlo: «Preferirei iniziasse parlandomi della vittima».

Sensi gli lanciò un'occhiata torva: era abituato a essere lui a dettare tempi e modi di una conversazione. Solo dopo una specie di grugnito di assenso iniziò a rispondere: «Laura Minz era una giovane donna che conduceva una vita assolutamente regolare. Un compagno, un lavoro, delle amicizie… Tutte le testimonianze raccolte parlano di una ragazza allegra, "solare" come si dice oggi, ma allo stesso tempo responsabile: nella sua vita pare non esserci nulla al di sopra delle righe. Lavorava come assistente alla poltrona in un grande centro odontoiatrico: l'altro ieri è uscita di casa alle 7 di mattina per recarsi sul posto di lavoro, ma lì non è mai arrivata».

«Come lo raggiungeva?»

«Con i mezzi. Abitava lontano, in periferia. Autobus, poi metropolitana, e infine un discreto tratto a piedi. Prevengo la sua domanda: nessuno ha visto niente di quello che può essere successo durante il tragitto. Non c'è una sola testimonianza diretta o indiretta che ci aiuti».

«Nessuna telecamera sul percorso?».

Sensi scosse il capo: «Nessuna nel primo tratto sino alla metropolitana».

«E all'interno della stazione? Sono stati visionati i filmati?»

«Purtroppo la fortuna non ci ha aiutato: quella mattina le telecamere erano fuori servizio per manutenzione».

«Anche nella stazione di arrivo?», insistette Claps.

«Lì erano in funzione, ma nei filmati Laura Minz non compare. E non compare nemmeno nei nastri VHS delle fermate intermedie». Sensi iniziava a essere stufo di una conversazione che riteneva inutile.

«Quindi è stata presa prima, in un punto del tratto casa-autobus-stazione metropolitana».

«Sì, è la conclusione a cui siamo giunti, ma...».

«...ma nessuno ha visto niente», concluse per lui Claps.

Per qualche secondo nella stanza si sentì solo il ronzare del neon.

«Forse non c'era niente da vedere...», Claps ruppe il silenzio, ma come parlando a sé stesso.

«Cosa vuol dire?». Il tono di Sensi si era fatto irritato.

«Che non necessariamente deve essere stata presa con un'azione violenta. Era comunque pieno giorno ed è difficile pensare che in quel caso nessuno abbia notato nulla. Magari le è stato offerto un passaggio; forse da qualcuno che conosceva».

«L'abbiamo ipotizzato anche noi», ammise quasi controvoglia Sensi, «che la Minz potesse conoscere il suo assassino; stiamo indagando sulle sue amicizie ma senza risultato. Almeno per ora: è un lavoro che richiede tempo».

«A che ora è stata denunciata la scomparsa?».

Sensi si irrigidì socchiudendo appena gli occhi: «Dottor Claps», disse seccato, «cosa c'entrano col suo lavoro tutte queste domande che riguardano le normali indagini per un caso come questo? Vuole accertarsi che sappiamo fare il nostro lavoro? Cosa importa sapere a che ora è stata denunciata la scomparsa della vittima per tracciare un profilo dell'assassino?».

Claps cercò le parole più adatte per allentare la tensione: «Volevo solo un quadro completo della situazione, non era mia intenzione invadere il suo campo: mi scusi se ho dato questa impressione».

Sensi lanciò un'occhiata nervosa all'orologio: «Va bene... La scomparsa è stata denunciata verso le 20 dal compagno che come tutte le sere era andato a prenderla dopo il lavoro. E adesso cos'altro di essenziale le serve sapere? Non ho molto tempo».

«Fotografie della vittima. Vorrei vedere le ferite».

Oggi

Il centralinista dell'istituto psichiatrico di recupero si sporse dalla guardiola facendo cenno di avvicinarsi a un infermiere che stava camminando pigramente nel corridoio.

«Hai visto il Bertoli? Ho in linea la moglie che lo cerca con urgenza, ma il suo cellulare suona libero senza che risponda».

«L'avrà dimenticato nello spogliatoio... Qualcosa di grave?»

«Il figlio si è lussato una spalla giocando a pallone: lo stanno portando in ospedale».

«Quel ragazzo lo farà invecchiare prime del tempo: solo il mese scorso ha fatto un'altra gita al pronto soccorso per farsi suturare», sospirò l'infermiere. «Cazzo, piove a dirotto... vabbè, lo vado a chiamare io: è nella serra con il Meciani, a sorvegliare Riondino».

Lanciò un'occhiata all'orologio prima di aprire l'ombrello e uscire sotto le raffiche di pioggia: le 18:40.

I campi si perdevano a vista d'occhio. La pioggia continuava a cadere a scroscio da un cielo nerissimo rischiarato solo a intermittenza dal bagliore dei lampi. Il tempo ideale per la fuga, atteso da giorni: nessuno nella campagna, nessuno che avrebbe potuto notarlo.

L'allarme non sarebbe scattato prima delle 20, l'orario di rientro in istituto, ma da allora la caccia si sarebbe scatenata subito: posti di blocco, battute nella campagna, forse cani a fiutare le sue tracce... Non avrebbe avuto scampo se non fosse stato già lontano per allora.

Riondino controllò per l'ennesima volta l'ora: le 18:45; accelerò il passo nonostante il cuore battesse già furiosamente. Non poteva perdere tempo.

La strada asfaltata che cercava gli apparve infine poco più tardi, dopo la marcia faticosa tra i campi fradici per la pioggia. Una strada stretta, poco frequentata.

Ora bisognava aver pazienza.

E fortuna.

L'infermiere non riuscì a capire subito cosa stesse vedendo, o forse era il suo cervello a rifiutarsi di accettarlo.

Era entrato nel capanno della serra già con una certa apprensione, avendo chiamato da fuori i colleghi senza ottenere nessuna risposta.

La prima cosa che riuscì a mettere a fuoco solo dopo qualche secondo, fu la gola squarciata di Bertoli. Riverso in modo innaturale a terra, con le mani lorde di sangue, strette al collo come a cercare di chiudere quella voragine che gli si era aperta da parte a parte.

Poi colse gli occhi sbarrati, e un rivolo di sangue cupo, poco rispetto a tutto quello che aveva addosso, che gli usciva come filando da un angolo della bocca.

Solo quando iniziò a urlare, vide le gambe dell'altro collega allungarsi da dietro un bancone in una pozza di sangue.

2

Sette anni prima

Il commissario Sensi estrasse da un cassetto una serie di foto e le fece scivolare sulla scrivania verso Claps.

«Arma bianca; secondo il patologo che ha effettuato l'autopsia un coltello molto affilato, del tipo da macellaio», disse mentre Claps le studiava attentamente a una a una. «Come le dicevo sono ventidue ferite. Solo una però fatale; le altre sono tutte tagli da superficiali a profondi, ma in nessun modo letali: nulla che non sarebbe potuto andare a posto con una semplice sutura».

«Tutte *ante mortem*?»

«Sì: secondo il referto del patologo sono state inflitte mentre la vittima era ancora viva. Non c'è stato accanimento su un corpo ormai privo di vita: l'assassino prima si è divertito, e poi l'ha finita rapidamente».

«Quella mortale?»

«Un colpo violento e molto preciso nell'addome della ragazza, da esperto di lotta all'arma bianca: la lama ha penetrato l'intestino e ha raggiunto l'aorta squarciandola», spiegò con voce piatta il commissario.

Sensi aveva descritto la ferita mortale con un tono neutro, privo di emozione, ma Claps, improvvisamente attraversato dall'immagine della mano dell'assassino che affondava la lama nel ventre della ragazza, si sentì invadere da un senso di disagio, di disorientamento mai provato prima. Solo allora cercò nelle foto il volto della ragazza: i lineamenti erano gentili, gli occhi chiari aperti con le pupille dilatate e la luce vacua della morte. Riuscì a pensare che doveva essere stata molto bella, prima che un'improvvisa sensazione di vertigine lo cogliesse: per qualche secondo tutto parve offuscarsi...

Presto avrebbe dovuto imparare ad abituarcisi.

Si dovette scuotere per porre la domanda successiva. «Si è potuto stabilire in che arco di tempo la vittima ha subito le sevizie?»

«La morte è avvenuta intorno alle 3 del mattino: l'anatomopatologo ritiene che le prime ferite possano risalire a non oltre le quattro ore precedenti»

«Quindi la vittima scompare tra le 7 e le 8 di mattina, ma l'assassino pare non occuparsi di lei sino alle 11 di sera».

«È così».

«La violenza sessuale?»

«Non c'è alcuna traccia di penetrazione vaginale: la vittima è stata sodomizzata».

Ancora una leggera vertigine.

«L'assassino ha lasciato qualcosa?»

«Oh sì...». Lo sguardo di Sensi si illuminò di una cupa soddisfazione. «Sperma in quantità e peli pubici. Abbiamo il suo DNA».

Dopo un breve silenzio, il commissario parve esitare. «Ma non è tutto... C'è un'altra cosa che deve sapere, ed è il motivo per cui mi è stato così caldamente consigliato il suo parere».

Oggi

Il commissario capo Gottardi nel suo ufficio al terzo piano della questura di Firenze si riavviò nervosamente i capelli ancora folti. «Quindi può avere oltre un'ora di vantaggio?»

«Alle 18 si è recato con i due sorveglianti alle serre: avrebbe dovuto essere riaccompagnato all'istituto per le 20. L'allarme è scattato alle 18:50, quando sono stati trovati i corpi dei due infermieri. Un macello, dottore».

Gottardi lanciò un'occhiata all'orologio: «Le 19:03: poco più di un'ora dalle 18, ma non può aver agito immediatamente, deve aver aspettato il momento giusto», disse quasi a se stesso. «Forse ha meno di un'ora di vantaggio, e l'istituto è isolato in mezzo alla campagna. Senza soldi né documenti, fradicio sotto tutta quest'acqua che viene giù, vestito solo con una tuta e una maglietta e probabilmente sporco del sangue delle sue vittime...». Quanta strada poteva aver già fatto, a piedi e con quelle condizioni climatiche? «Non può essere lontano», disse risoluto. «Battiamo la zona, da un raggio di dieci chilometri a stringere. Ci sono paesi, frazioni in questo *range?*»

«L'istituto è isolato, dottore, si trova in aperta campagna. Solo aziende agricole, noi siamo il centro abitato più vicino: la città con il suo hinterland, ma sono quasi venti chilometri».

Poteva essere riuscito a procurarsi un mezzo? Improbabile, ma non impossibile. Con un gesto rabbioso Gottardi prese l'impermeabile dall'attaccapanni.

«Voglio blocchi stradali sulle principali vie di comunicazione, subito. Coordiniamoci con i carabinieri per questo, e massima allerta in stazioni ferroviarie e autobus. Occhio anche alle segnalazioni di furti d'auto in zona. Muoversi, io mi reco sul posto».

Salendo sull'auto di servizio, Gottardi si chiese come

era stato possibile permettere di usare delle affilate cesoie a un uomo che era stato un pluriassassino: qualcuno avrebbe dovuto spiegarlo alle famiglie delle due vittime.

Un'auto comparve in lontananza sbucando da una curva in una nube d'acqua: i tergicristalli sbattevano furiosamente mentre si avvicinava con lentezza.

"Il Furbo si farà avanti, poi, Hannibal, toccherà a te".

Il Furbo si avvicinò al ciglio della strada. Quando l'auto fu abbastanza vicina iniziò a barcollare; si portò le mani al petto prima di cadere in ginocchio e fare un cenno disperato di aiuto verso il conducente.

Un uomo solo in quella macchina: bene, non poteva sperare di meglio.

L'auto riuscì ad arrestare la sua corsa sull'asfalto viscido solo una quindicina di metri oltre. L'uomo che la guidava ne uscì correndo verso il Furbo, che stava ancora in ginocchio con aria estremamente sofferente. Non appena lo raggiunse si piegò su di lui nel frastuono della pioggia, ma non ebbe neanche il tempo di dire una parola: le mani di Hannibal si serrarono come morse alla sua gola. L'uomo cercò invano di divincolarsi, di colpire il suo aggressore; lo fece con tutte le sue forze, ma sempre più debolmente a ogni secondo che passava, finché, dopo poche ultime convulsioni, rimase immobile, appeso alle mani di Hannibal, con le braccia abbandonate lungo il corpo.

Hannibal lasciò la presa solo dopo tre minuti, quando il cuore dell'uomo aveva ormai cessato di battere e gli sfinteri si erano rilasciati.

"Che schifo!", disse disgustato Hannibal mollando la

presa e permettendo al corpo dell'uomo di afflosciarsi al suolo.

"Rimpiangi l'odore delle rose? Forza, il cadavere nel portabagagli: non abbiamo tempo di nasconderlo. E muoviamoci, sono già le 19:05, e Firenze dista sedici chilometri: c'è ancora tanto da fare".

Sette anni prima

Il commissario porse a Claps un'altra serie di fotografie.

«Dorina Gjioka, albanese, ventiquattro anni. Prostituta. Non è stato facile risalire alla sua identità. Forse le sarà capitato di leggere qualcosa sui giornali, sebbene a questo caso sia stato dato poco risalto. Trovata cadavere circa due settimane fa in uno spiazzo brullo della periferia sud».

Claps cercò inutilmente qualcosa nella sua memoria. «Ferite multiple da armi da taglio anche qui», osservò alla fine sollevando lo sguardo dalle fotografie che ritraevano il corpo nudo di Dorina Gjioka sul tavolo dell'obitorio.

«Diciannove», annuì Sensi. «Una sola mortale».

Era stata bionda, Dorina, esile come una ragazzina di quindici anni.

«All'addome?». Di nuovo quella vertigine.

«Praticamente identica a quella inflitta alla Minz». Il commissario inspirò profondamente: «Fino a ieri pensavamo a una sorta di esecuzione per uno sgarro verso l'organizzazione criminale che l'aveva portata in Italia e messa sulla strada: qualcosa di terribile che potesse fungere da monito per tutte le altre. È però evidente che non è così».

Claps, dopo un breve silenzio, lasciò ricadere le foto sulla scrivania: «Era scomparsa prima che venisse ritrovata cadavere?».

Sensi allargò le braccia: «È già tanto se siamo riusciti a risalire all'identità: il corpo è stato ritrovato nudo, e ovviamente senza alcun documento. Cercare poi qualcuno che la conoscesse è stato solo tempo perso. Quel che posso dirle è che i rilevamenti della Scientifica su tutta l'area del ritrovamento hanno dimostrato che l'omicidio è avvenuto in altro luogo: lì è stata abbandonata quando era già morta».

«Come avete fatto a identificarla, allora?»

«Dalle impronte: aveva un provvedimento di espulsione risalente a sette mesi fa».

Claps indicò le foto sparse sulla scrivania: «Non c'è dubbio che la mano sembri la stessa...».

«Non c'è soltanto il medesimo modus operandi a suggerirlo: anche in questo caso l'assassino ha lasciato tracce di sé. Il DNA appartiene in entrambi i casi alla medesima persona». Sensi tacque un istante prima di concludere con voce grave piantando lo sguardo negli occhi di Claps: «Abbiamo un serial killer in attività che cammina libero nelle nostre strade: per questo ai piani alti hanno pensato che fosse utile un... esperto del comportamento di questi individui».

«Ha subito violenza prima di essere uccisa?»

«Be', sul corpo di una prostituta non è così facile stabilirlo, ma l'anatomopatologo ne è convinto: ecchimosi, piccole lacerazioni, il fatto che il rapporto non fosse protetto».

«Lo stesso tipo di violenza che ha dovuto subire la Minz?»

«Lo sperma che abbiamo utilizzato per il test del DNA proviene tutto dal canale anale».

Lo sguardo di Claps si posò di nuovo sul fragile corpo di Dorina. «Sembra più giovane della sua età...», disse cercando di dissimulare il proprio turbamento.

«È la prima volta per lei, non è così?». Appena un po' di calore apparve nel tono di Sensi. «La prima volta che deve confrontarsi con un caso reale, intendo».

«Sì...».

«Non è facile confrontarsi con la morte "vera", con questo genere di violenza. Non lo è per nessuno. Ma abbiamo un lavoro da svolgere e le emozioni vanno tenute a bada».

«Lo ricorderò».

«Coraggio allora». Ancora quel tenue calore. «Mi dica che idea si è fatto; mi dica qualcosa di nuovo, qualcosa che non abbiamo colto, che a noi sfugge: mi dimostri che il nostro colloquio non è stato tempo perso, che aveva ragione chi mi ha consigliato di ascoltare il suo parere».

Claps prese un profondo respiro: era arrivato quella mattina nell'ufficio di Sensi pensando di giocarsi una carta importante per l'attendibilità e il futuro del suo lavoro, ma ora niente era più lontano nella sua mente. Ora voleva solo fermare l'autore di quelle morti.

Per Laura. Per Dorina.

Per se stesso.

Chiuse gli occhi prima di iniziare a parlare. «Laura Minz è la prima vera vittima, quella che l'assassino deve aver studiato a lungo prima di agire. Il caso che può fornire qualche elemento su cui si possa lavorare».

Oggi

Aveva finalmente smesso di piovere, ma il cielo restava cupo e l'oscurità della sera era ormai scesa. La Scientifica aveva concluso il suo lavoro e Gottardi dette l'ordine di rimuovere i corpi martoriati dei due sorveglianti: raramente aveva visto una simile furia omicida. Uscì con una stretta allo stomaco dal capanno degli attrezzi. Osservò di nuovo l'apertura praticata nella recinzione, le tronchesi che l'avevano prodotta erano ancora lì, abbandonate.

«Dobbiamo interrompere la battuta», lo avvicinò l'ispettore Uggeri, «nella campagna non si vede più niente, dottore».

Gottardi annuì con un gesto stanco. «Ma nessuno lasci le posizioni: il cerchio deve rimanere chiuso. L'unità cinofila?»

«Sarà qui a minuti».

«Bene, inizieremo subito a seguire le tracce anche se è buio».

Il direttore dell'istituto di recupero era terreo, se ne stava lontano da tutti a fissare chissà che cosa davanti a sé.

Gottardi lo raggiunse con un'espressione dura negli occhi: «Mi spieghi come è stato possibile».

«Ha trovato sia le cesoie che il tronchese nel capanno degli attrezzi...».

«Non intendevo questo. Come è possibile che le precauzioni fossero così blande da permettergli di maneggiare quelle che nelle mani di un assassino sono vere e proprie armi?».

Il direttore allargò le braccia in un gesto di impotenza: «Noi non siamo un ospedale psichiatrico giudiziario:

siamo un istituto di recupero. Qui le precauzioni coercitive sono ridotte all'essenziale, ospitiamo solo pazienti che sono stati dichiarati non più pericolosi; né per sé, né per la società».

«Quanti ne avete in carico?»

«Solo quindici pazienti attualmente, che vengono seguiti e aiutati nel loro percorso di reinserimento nella società attraverso il sostegno psichiatrico e il lavoro. Riondino è arrivato da noi un anno fa da Montelupo, e devo dire che non ricordo un nostro ospite altrettanto mite e inoffensivo».

«Già...». Gottardi indicò con un gesto il cadavere di uno dei due infermieri che veniva caricato su un furgone funerario. «Inoffensivo».

Il direttore cercò di giustificarsi nuovamente: «Prima di essere trasferito aveva subito esami attenti e scrupolosi: non si dichiara la non pericolosità a cuor leggero, specie in un ospedale psichiatrico giudiziario».

Gottardi si morse la lingua per non replicare ancora.

«Come mai si trovava nel capanno?»

«Le ho detto che i nostri ospiti, oltre a essere seguiti sotto l'aspetto psichiatrico, svolgono un lavoro manuale; è una parte integrante del percorso di recupero. C'è chi si dedica alla falegnameria, chi alla meccanica, chi segue un orto... Riondino si occupava di floricultura, rose in particolare».

«L'aveva scelto lui questo lavoro?»

«Sì, a tutti viene offerto un ventaglio di possibilità».

«E per tutto un anno se ne è stato buono buono...».

«Ogni giorno, per due volte, veniva accompagnato da due infermieri al roseto e alle serre, che come vede distano all'incirca duecento metri dall'edificio dell'istituto:

in questo mese l'orario era dalle 10 alle 12 e dalle 18 alle 20».

«Era apparso mite e inoffensivo anche negli ultimi giorni? Nessun comportamento anomalo?»

Il direttore scosse la testa in segno di diniego: «Nessun segnale che potesse destare allarme».

«Aveva contatti con l'esterno?»

«No, in tutto questo periodo né una sola visita né una lettera di familiari».

«Telefonate?»

«I nostri ospiti non hanno cellulari: quando devono chiamare o ricevere chiamate lo possono fare solo tramite un telefono dell'istituto, e c'è sempre un sorvegliante presente. In ogni caso Riondino non ho mai fatto o ricevuto chiamate».

«Computer?»

«Collegato alla rete, intende? Ce n'è solo uno, nel mio ufficio e inaccessibile agli ospiti dell'istituto; inoltre sono il solo a conoscere la password».

Nessun contatto con l'esterno, pensò Gottardi, significava nessun complice a favorirne la fuga e permettere che fosse già lontano. No, Riondino non doveva trovarsi molto distante.

Ma aveva agito d'istinto, preda di un raptus, o si era costruito giorno dopo giorno un piano?

«Conosce la zona?»

«Da quando è qui è uscito un paio di volte per andare ad acquistare bulbi; naturalmente sempre sotto la scorta dei sorveglianti».

«Dove?»

«C'è un'azienda agricola, a cinque chilometri da qui, che ha un vivaio».

«Non si è mai spostato oltre?»

«No».

«Ci sono cartine geografiche in istituto? Mappe di questa zona?».

Il direttore ci pensò un po' prima di rispondere: «Mappe della zona no, ma nella piccola biblioteca a disposizione dei nostri pazienti c'è sicuramente un atlante geografico. In effetti Riondino passava molto del suo tempo in biblioteca...».

L'ispettore Uggeri si avvicinò a passi rapidi a Gottardi: «Dottore, è arrivata l'unità cinofila».

«Bene, mettiamoli subito a fiutare le tracce: sono certo che è ancora vicino. E mandiamo immediatamente una pattuglia a controllare l'azienda agricola dove ha acquistato i bulbi: è probabile che sia l'unico luogo della zona che conosce».

Gottardi sentì l'adrenalina montargli dentro. «Andiamo a prenderlo. Fottiamolo prima che sia giorno».

3

Sette anni prima

«Ma cosa sta dicendo... la prima vera vittima?! Dorina Gjioka è stata uccisa due settimane prima!».

«Dorina è stata solo la prova generale».

«Prova generale? Cosa intende? Come fa a dirlo?».

Claps ignorò la domanda di Sensi. «L'assassino agisce in modo molto organizzato. La Minz viene presa con l'astuzia, ritengo meno probabile che l'abbia fatto con la forza, la mattina tra le 7 e le 8, cioè l'unico momento nell'arco della giornata in cui è prevedibilmente sola, ma fino alle 23:00 non viene neanche sfiorata; si possono fare due prime ovvie deduzioni sul comportamento dell'uomo che sta cercando, e cioè che deve avere osservato a lungo le abitudini della vittima prima di agire, e che doveva avere pronto un posto dove tenerla segregata per tutto quel tempo. Ma perché non toccarla nemmeno con un dito in tutte quelle ore? La risposta è che l'assassino non poteva essere con lei fino a sera: lavoro, o altri impegni della sua vita "normale" in cui deve assolutamente dissimulare la propria natura».

«Cioè rapisce, poi timbra il cartellino per una tranquilla giornata di lavoro e poi torna dalla sua vittima?»

«Qualcosa del genere; è quello che di norma accade nella maggior parte dei casi di sequestro a scopo di sevizie. L'aggressore non agisce in preda a un raptus compulsivo: pianifica tutto attentamente perché vuole la sua vittima a disposizione per tutto il tempo che gli serve a sfogare i suoi istinti bestiali. A volte il sequestro si prolunga per giorni, in qualche caso addirittura settimane, prima di concludersi il più delle volte in modo tragico; altre, come in questo caso, tutto brucia più in fretta e si consuma in poche ore, ma i meccanismi sono simili e l'aggressore conduce una vita "normale" per tutto il tempo, tanto o poco che sia». Claps fece un profondo respiro: «Dovete cercare un uomo che era in contatto con Laura Minz, ma non necessariamente un amico o un conoscente... per esempio, ma è solo un esempio, un paziente del centro dentistico: insomma qualcuno che possa averla vista da vicino più volte, anche senza parlarle mai. Un uomo tra i trenta e i quaranta anni, non alto, non atletico, dal carattere all'apparenza remissivo; single, vive da solo, ma ha almeno una sorella o un fratello, ha avuto un'infanzia non facile, né felice, con una grave conflittualità con uno dei genitori, più probabilmente il padre; ha un lavoro dove non brilla, ma in cui è metodico e affidabile».

Il commissario Sensi ebbe la sensazione di essere rimasto a bocca aperta.

Oggi

L'auto, con il suo carico di morte nel portabagagli, aveva raggiunto rapidamente Firenze, ignara di aver evitato solo per una manciata di minuti un posto di blocco. Parcheggiò in una viuzza della periferia. Il Furbo compose un numero sul cellulare del suo incauto soccorritore. Ancora una volta la fortuna non venne meno: al terzo squillo arrivò la risposta.

«Pronto...».

«Matteo?»

«Chi parla?»

«Non puoi conoscere la mia voce, ma ci incontriamo spesso, quasi tutte le notti, nella rete... ieri siamo stati insieme a lungo».

«Libero! Sei tu?»

«Sì Matteo, sono io... e tu hai una bellissima voce, proprio come la immaginavo nei miei sogni».

«Libero! Non mi avevi mai voluto dare il tuo numero di cellulare!».

«La nostra dimensione era nella rete, Matteo».

«Ma ora finalmente ti sento, e ho il tuo numero di cellulare... Libero, che emozione! Sono quasi commosso: ora saprò dare una voce quando mi scriverai "mi addormenterò tra le tue braccia, cullato dal nostro unico respiro"».

«Matteo, forse ho sbagliato a chiamarti... o forse è un segno del destino, ma...».

«Ma?»

«Ho bisogno del tuo aiuto. Ricordi che ti avevo detto che ero in viaggio per lavoro?»

«Certo, me lo avevi detto che stavi chattando da un albergo di Roma l'altra notte».

«Sì, e questa sera mi ero rimesso in viaggio per il nord, ma l'auto mi ha lasciato a piedi, Matteo, proprio qui a Firenze, e non me la ripareranno almeno fino a domani».

«Ma è fantastico! Non penserai mica di passare la serata e la notte tutto solo in un alberguccio, vero?»

«Matteo, non so se è il caso... finora le cose fra noi sono andate benissimo, ma nella nostra dimensione».

«Dove ci amiamo ogni notte, Libero, non dimenticarlo. E poi rifletti, l'auto che ti lascia a piedi proprio qui, a Firenze, e in una serata da tregenda come questa: è chiaramente un segno del destino!».

«Matteo...».

«E non mi hai forse detto che hai bisogno di aiuto?»

«Già... le sfighe non vengono mai da sole: in autogrill ho dimenticato la macchina aperta e me l'hanno ripulita. Valige, portatile, persino le sigarette che avevo lasciato sul cruscotto. Adesso sono qui per strada, l'auto in officina, bagnato fradicio, e senza un vestito di ricambio».

«Non accetto repliche: dimmi dove sei, Libero, salto in macchina e ti vengo a prendere».

Pochi secondi dopo aver fornito l'indirizzo e aver riagganciato, la voce del Furbo perse ogni sfumatura effeminata: "Sono stato bravo?"

"Sì, molto. Ci resta mezz'ora prima di essere al sicuro: dovremmo farcela. Ma mentre aspettiamo il nostro generoso ospite, dobbiamo disfarci del cellulare".

"Ora?"

"Adesso. Subito, cazzo".

"Ma se Matteo ci dovesse richiamare?"

"Sa dove venire, e se dovesse aver richiamato gli dirai che la batteria si era scaricata. Distruggi la SIM e butta via il cellulare".

«Cazzo!». Gottardi imprecò per l'ennesima volta in quella sera. I cani avevano subito fiutato la traccia attraverso la campagna, ma ora, giunti sul ciglio di una strada sbucata quasi dal nulla, l'avevano improvvisamente persa e giravano in tondo guaendo agitati.

«È inutile commissario, la traccia finisce qui», disse uno dei conduttori.

Gottardi si guardò i pantaloni fradici fin quasi alle ginocchia e le scarpe completamente infangate. «Cazzo!», ripeté.

Riondino aveva trovato un passaggio?

Qualcuno lo stava aspettando, si chiese ancora. Ma scartò subito quell'ipotesi, ripetendosi che l'impossibilità di aver avuto contatti con l'esterno, escludeva l'esistenza di un complice.

«Dove porta la strada?»

«Due tre chilometri al massimo e si immette sulla provinciale per Firenze».

«E dalla parte opposta?»

«Verso l'autostrada. Solo qualche paesino prima di arrivarci, saranno una quindicina di chilometri».

Le tracce finivano lì: in qualche modo, in quel punto doveva essersi procurato un mezzo di trasporto... Gottardi si trattenne a stento dall'imprecare di nuovo: i posti di blocco chiudevano la rete, è vero, ma non potevano essere stati operativi prima delle 19:30. Se Riondino aveva iniziato la fuga intorno alle 18:30, aveva avuto tutto il tempo di raggiungere quella strada, procurarsi un mezzo e passare prima che venissero formati.

Aveva ottenuto un passaggio? Aveva fatto fermare un'auto e aggredito il conducente?

Gottardi si guardò attorno per l'ennesima volta: l'oscurità sembrava inghiottire tutto. «Controllate bene con le torce elettriche se qui intorno c'è qualche traccia... qualsiasi cosa. Io rientro», aggiunse lanciando un'altra occhiata torva alle scarpe coperte di fango. «Fate venire un'auto a prendermi, non ho nessuna intenzione di riattraversare la campagna».

Sette anni prima

Sensi era sbalordito. «Adesso mi deve spiegare come ha fatto ad arrivare a queste conclusioni», disse senza preoccuparsi di nascondere il proprio scetticismo.

«Per quanto riguarda l'età, in casi come questo la statistica indica un range tra i trenta e i quaranta anni, ma qui non si tratta solo questo... il comportamento così organizzato, le sevizie, il modo in cui ha inflitto le ferite, facendo attenzione a non procurare lesioni mortali per prolungare il proprio piacere... tutto fa pensare, se mi passa il termine orribile, a una maturità dell'assassino».

«E la corporatura? Perché non alto e non atletico?»

«Osservi le vittime: esili entrambe. Oltre ad avere la certezza di poterne avere ragione in caso di lotta, lui le doveva dominare fisicamente. Essere incombente su di loro. Le ha scelte esili perché lui stesso non è alto, non è atletico».

«Fin qui posso anche seguirla, come per la questione dell'infanzia difficile e il rapporto conflittuale all'interno della famiglia... non sono completamente a digiuno di criminologia... Ma il fratello? Da dove salta fuori?»

«Osservi le ferite sui due corpi, commissario. Quelle non mortali, naturalmente. Sono tutte sparse quasi a caso, nel senso che non sono sovrapponibili nei due casi. Tutte tranne una».

Sensi la individuò dopo qualche secondo: «Questa», disse indicandola con un dito sulla fotografia.

Entrambe le donne avevano la stessa ferita: circa quattro dita sotto l'ombelico, subito sopra il pube; un lungo taglio orizzontale, leggermente arcuato verso l'alto, verso le anche.

«Non le dice niente?», disse Claps.

Sensi scosse la testa.
«È come l'incisione per un taglio cesareo...».
«Cazzo Claps!», scattò Sensi, «Cosa vuol dire?! Che l'assassino ha voluto rappresentare la madre e che da quel cesareo ha avuto un fratello?! Ma per favore...!».
Claps socchiuse gli occhi fissando il commissario: «Come vuole, lasciamo pure perdere per il momento, ma... ma a monte di tutto c'è un'obiezione importante che mi aspettavo facesse».
«Quale?», chiese Sensi seccamente.
«Un'obiezione alla quale non riesco ancora a dare risposta. Perché un assassino così organizzato, così attento, lascia tante tracce di sé sul corpo delle vittime?».

Oggi
Quando circa un quarto d'ora più tardi Gottardi giunse di nuovo all'istituto, Uggeri gli dette a malapena il tempo di scendere dall'auto di servizio: «Commissario, c'è una segnalazione che può essere interessante!».
«Un'auto rubata?»
«Una persona scomparsa. Dante Caciagli: era fuori per lavoro e alle 18:30 ha avvisato la moglie che stava rientrando; non più di mezz'ora per rincasare, ma non è mai arrivato. Dalle 19:30 la signora ha più volte cercato di mettersi in contatto con lui, ma il cellulare è sempre risultato spento».
L'ispettore spiegò una mappa della zona sul cofano della macchina, illuminandola con una torcia elettrica. «Ma la cosa più interessante è un'altra: quando il Caciagli ha chiamato casa, ha detto che si trovava più o meno qui, non lontano dall'istituto...», l'ispettore indicò un punto sulla carta.

Gottardi rimase un attimo come ipnotizzato dal punto che il dito dell'ispettore indicava sulla mappa. «Lungo la strada dove i cani hanno perso la traccia di Riondino! Diramiamo subito modello e targa di quell'auto. Segnaliamola anche ai caselli autostradali e mandiamo pattuglie a battere il tratto nelle due direzioni. Cazzo, se solo fosse giorno...».

«Sta pensando agli elicotteri, commissario?»

«Inutile pensarci con questo buio, e domani mattina sarà troppo tardi. Piuttosto, richiamiamo in servizio più agenti che possiamo: che vadano a pattugliare le strade della città nel caso si sia diretto a Firenze».

«Crede che Riondino sia su quell'auto?».

Gottardi cercò di tenere a freno la propria eccitazione: «È transitata proprio dove i cani hanno perso le sue tracce, e del proprietario non si sa più nulla: lo crederò fino a quando non ritroveremo quella macchina incidentata in un fosso, o magari nel parcheggio di un bordello». Gottardi lanciò uno sguardo attorno: «Qui per il momento non abbiamo altro da fare, rientriamo in ufficio. Aspetta, però, il proprietario dell'auto... come si chiama...».

«Caciagli. Dante Caciagli».

«Hai detto che ha chiamato la moglie col cellulare?»

«Sì, commissario, ma il telefono risulta spento dalle 19:30».

Forse a quest'ora risultava spento pure lui, pensò cinicamente Gottardi: un terzo omicidio non avrebbero fatto alcuna differenza per Riondino.

«Magari è di ultima generazione: vediamo se lo si può localizzare lo stesso», disse prima di risalire in auto.

Quando Matteo aprì la porta della sua casa e lo invitò a entrare con un gesto teatrale, erano le 20 in punto. Riondino lanciò un'occhiata all'orologio: pochi minuti ancora e la caccia si sarebbe scatenata. Fino a quel momento il piano era filato a perfezione, ma c'era ancora molto da fare…

La corporatura di Matteo era simile alla sua, sembrava solo più alto per via del taglio di capelli: un ciuffo irrigidito dal gel che gli stava ispido e dritto sulla fronte.

«Mi sembra un sogno averti qui», Matteo lo accarezzò su una guancia. «Ma stai tremando dal freddo!».

«Anche dall'emozione…», ripose fissandolo intensamente: sì, la vaga somiglianza che aveva a lungo cercato in rete su tanti profili, c'era; una volta tagliati barba e capelli e pettinatosi come lui con quel ciuffo, sarebbe stata anche più evidente.

«Hai bisogno subito di una bella doccia calda, vieni».

«Ho le mani ancora intirizzite. Dovrai aiutarmi a togliere i vestiti…».

«Verrò con te sotto la doccia». L'eccitazione vibrava nella voce di Matteo.

4

Oggi

Da tempo Greta Alfieri era un'altra persona.

Non più donna in carriera disposta, se non a tutto, almeno a molto per raggiungere i suoi scopi; non più giornalista televisiva di punta, la "regina dello scoop", abituata ad apparire orgogliosamente in video ed essere riconosciuta, fingendo quasi fastidio, per strada.

La vicenda di Morphy aveva quasi ucciso Claps e cambiato profondamente lei.

Greta aveva cambiato anche l'aspetto fisico: i capelli rossi, un tempo lunghi e sciolti sulle spalle, erano adesso molto più corti, tagliati in modo ordinario e tinti di un castano spento.

Lavorava ancora come giornalista, ma per uno dei più seguiti siti web di informazione, non occupandosi più di cronaca, ma di cinema, e saltuariamente di fenomeni di costume. Non era mai più apparsa in video e si firmava con uno pseudonimo: Greta Lafenice.

Si sentiva, se non contenta, almeno serena?

Difficile dirlo, e le compresse di ansiolitici delle quali non poteva fare a meno erano lì a testimoniarlo, ma certo era lontana da quella Greta Alfieri che era stata e che oggi detestava. Ma soprattutto lontana, almeno così le sembrava, da ciò che quella Greta Alfieri aveva vissuto.

Eppure, ogni mattina, davanti allo specchio, c'era il proprio volto a farle ricordare: erano gli occhi… così distanti tra loro e sempre in movimento. Come quelli di un animale da preda che ha bisogno di un campo visivo il più possibile esteso per non farsi sorprendere dal suo predatore.

Una preda. Ecco cosa vedeva nello specchio. Ecco cosa era lei.

Una preda.

Lo era stata quando ancora si firmava Greta Alfieri, e per miracolo, grazie a Claps, era scampata al suo carnefice, ma lo sarebbe stata sempre, per quante acconciature e colori di capelli cambiasse.

Greta, dopo aver spento il PC, si rilassò sul divano e sintonizzò la televisione sui programmi di Sky Art. Salvo un paio di riunioni mensili in sede, lavorava da casa, nel proprio appartamento di 80 metri quadrati in una zona dignitosa e semicentrale della città. Nulla a che vedere con l'elegante abitazione di rappresentanza messale a disposizione in un quartiere esclusivo dal network televisivo quando era all'apice della carriera. Un PC per scrivere e inviare i propri articoli era tutto ciò di cui aveva bisogno: con la redazione del sito web per cui lavorava comunicava via email; per questo fu sorpresa quando quella sera il direttore la chiamò sul cellullare.

«Greta, mi hanno appena confermato una notizia che non è ancora ufficiale: una bomba! Ti dico solo un nome: Riondino».

«Riondino...», Greta avvertì un improvviso senso di angoscia. «Ebbene?», cercò di controllarsi.

«È evaso poche ore fa dopo aver fatto fuori due sorveglianti. Lo stanno cercando dappertutto, ma per ora è ancora uccel di bosco. Fosti tu, ai tempi, a seguire tutta la storia per la tua rete televisiva, non è vero?»

«Sì...» la voce di Greta tremava appena. «Dall'arresto ai processi di vario grado». Dovette prendere fiato, prima di continuare: «Sapevo, però, che dopo anni di terapia era stato considerato non più pericoloso e trasferito in un istituto di recupero meno coercitivo del manicomio criminale».

«È evidente che si sono sbagliati: da quel poco che si è saputo ha letteralmente fatto a pezzi i sorveglianti prima di darsi alla macchia. Tra poco la notizia sarà di dominio pubblico e avremo contatti a migliaia sul sito. Ci serve un pezzo e tu sei la più adatta a farlo».

La voce di Greta si irrigidì così come il suo corpo: «L'accordo fra di noi era che non mi sarei occupata mai più di questo genere di cronaca».

«Greta, non ti chiedo l'attualità, ma solo un articolo che ripercorra la vicenda e spieghi perché Riondino non sia finito all'ergastolo, ma in un istituto di cura. Siamo il sito d'informazione più seguito perché siamo i più veloci e i più completi nel dare le notizie. Mi serve questo pezzo».

Greta esitò.

«Solo questo? Non dovrò seguire gli sviluppi?»

«Solo questo, promesso».

«Dammi mezz'ora», sospirò, «avrai il tuo pezzo».

I due uomini erano sotto il getto della doccia. Matteo sentiva l'acqua scendere lungo le spalle del suo corpo nudo e le mani di Riondino, da dietro, risalirgli dall'inguine al petto per poi ridiscendere nuovamente: la sua erezione si fece spasmodica.

Esauritasi l'adrenalina delle prime ore della caccia, il

commissario Gottardi si accasciò spossato sulla poltrona del suo ufficio; ma non era quello il momento per cedere alla stanchezza: doveva riuscire a ragionare lucidamente e agire di conseguenza.

Di Riondino e dell'auto con l'uomo che poteva averlo caricato, nessuna traccia. Se davvero di quella si era servito, poteva essere ormai lontano centinaia di chilometri, anche se era difficile pensare che si fosse servito tanto a lungo di quell'auto; se davvero era andata così, doveva aver certo immaginato che la polizia, una volta saputo della scomparsa del proprietario, l'avrebbe messa nel mirino. Per lui era di vitale importanza superare i primi blocchi stradali, poi sarebbe stato troppo rischioso tenere quell'auto oltre le due ore. Forse l'aveva abbandonata anche prima, appena raggiunto Firenze, perché a Firenze doveva essersi diretto, ne era sicuro: è più facile nascondersi in una città.

Con poco denaro, senza documenti, vestito con una tuta sporca di fango e probabilmente anche del sangue dei sorveglianti… dove poteva essersi rifugiato Riondino in quelle prime ore?

Riflettendo su questo, Gottardi aveva dato disposizione di cercare nei dormitori per i senzatetto e fra i barboni sotto i ponti dell'Arno, ma fino a quel momento nemmeno quella mossa aveva dato alcun risultato.

Il commissario si stirò rumorosamente, prima di biascicare un "avanti" all'ispettore Uggeri che bussava alla porta.

«Il cellulare del Caciagli non è rintracciabile: o è stato distrutto o è stata tolta la batteria».

Gottardi, come d'abitudine, se ne uscì con un'imprecazione.

«Però ha fatto una chiamata alle 19:28, cioè un'ora dopo la telefonata alla moglie e poco prima di risultare spento».

Tutta la stanchezza del commissario scomparve immediatamente. «Da dove, a chi?»

«La telefonata è durata due minuti e dodici secondi», continuò con una certa eccitazione nella voce l'ispettore, «e la cella a cui si è agganciato è qui a Firenze, zona Cascine; il numero chiamato è quello di un cellulare intestato a tale Matteo Contri, residente in città, non molto lontano da noi».

Greta cliccò su "invia"; ancora pochi minuti e l'articolo sarebbe stato on line.

Scriverlo era stata più dura di quanto pensasse: si sentiva provata, invasa da quei ricordi che ogni giorno cercava di tenere lontani.

Il televisore era spento. Il silenzio nella casa, attraversato da un debole ronzio, le sembrava denso e opprimente.

Meccanicamente mandò giù una benzodiazepina.

All'improvviso sentì che non poteva stare sola: aveva bisogno di vedere qualcuno, di parlare. Chiamò Claps e subito dopo uscì per incontrarlo.

Gottardi e Uggeri scesero dall'auto di servizio e attraversarono rapidamente la strada per dirigersi all'ingresso del condominio dove abitava Matteo Contri. Un uomo stava uscendo dal portone. Era alto e corpulento, poteva avere una quarantina d'anni.

Il commissario affrettò il passo e lo bloccò sulla porta: «Polizia», disse mostrandogli il tesserino. «Lei è il signor Matteo Contri?»

«No», rispose l'uomo restando sorpreso e interdetto. «Abita qui, ma non sono io».

«Ha con sé un documento da mostrarmi?».

Con fare impacciato l'uomo estrasse il portafogli e porse la patente. Gottardi, senza distogliere lo sguardo dal suo interlocutore, lasciò che il suo ispettore lo prendesse per esaminarlo. Uggeri, dopo una rapida occhiata, annuì: «Martucci Mario».

«Bene, signor Martucci, sa indicarmi dove si trova l'appartamento di Contri?».

L'uomo indicò con un cenno dietro di sé: «Scala destra, primo piano».

Gottardi salì gli scalini a due a due con l'ispettore che faceva fatica a stargli dietro. Sul pianerottolo un uomo stava chiudendo la serratura della porta di casa, ai suoi piedi una valigia.

«Matteo Contri?», di nuovo il commissario mostrò il tesserino mentre gli sguardi dei due si incrociavano. Quello dell'uomo non tradì alcuna sorpresa né nervosismo: le palpebre si socchiusero appena mentre rispondeva dopo un istante di silenzio.

«Sì».

«Le dobbiamo fare alcune domande». Gottardi lo osservò attentamente: sui quaranta, ben vestito, forse un filo di profumo.

Perché Riondino lo aveva chiamato, e cosa voleva da lui? Lo sguardo del commissario cadde sulla valigia: vestiti con cui cambiarsi? «Non ci vorrà molto, ma non è il caso di stare qui, sul pianerottolo, le dispiace se entriamo?».

Senza una parola l'uomo girò di nuovo le chiavi nella serratura e aprì la porta.

«Era in partenza, signor Contri?», chiese Gottardi entrando e indicando la valigia.

«Sto andando a Bologna per lavoro: mi fermerò alcuni giorni», rispose con il tipico accento fiorentino.

«E parte a quest'ora?», chiese l'ispettore Uggeri.

«La mattina c'è traffico in entrata a Bologna, la tangenziale è intasata, e io ho un appuntamento importante molto presto: preferisco essere già sul posto».

«Certo», disse Gottardi mentre ispezionava con lo sguardo la sala dove li aveva fatti accomodare Contri: tutto sembrava in ordine, nessun segno di altre presenze, di disordine, di fretta nell'uscire. «Vive da solo?»

«Sono un single convinto».

«Veniamo al dunque: lei conosce un signor Caciagli? Dante Caciagli?»

«No, nessuno con quel nome».

«Ne è sicuro? Oggi non ha parlato al telefono con una persona con questo nome?».

L'uomo scosse la testa: «Le ripeto: non conosco nessuno che si chiami così».

Gottardi chiuse per un istante gli occhi; ne era ormai certo: a Dante Caciagli, Riondino aveva preso l'auto, il cellulare, e probabilmente anche la vita.

«Bene, ricorda una telefonata ricevuta sul suo cellulare questa sera intorno alle 19:30?»

«Le 19:30? Sì… mi pare».

«L'ha ricevuta, glielo assicuro. Non saremmo qui, altrimenti. Una telefonata durata due minuti e dodici secondi. Con chi ha parlato signor Corti?»

«È stata una telefonata inaspettata, e per certi versi strana».

«Chi l'ha chiamata, signor Contri?»

«Una persona che in realtà non conosco, almeno fisicamente. Un certo Libero, una delle amicizie che ho su Facebook».

Facebook... l'unico PC connesso a internet nell'istituto di recupero si trovava nell'ufficio del direttore ed era protetto da una password.

«Chattava con lui?»

«Raramente, molto raramente. Parlavamo di giardinaggio, un interesse che condividiamo».

«In che periodo della giornata?»

«Io mi collego solo a tarda sera».

All'istituto non doveva esserci una stretta sorveglianza nelle ore notturne, e forse quella password non era così difficile da recuperare; magari segnata sull'agenda degli appuntamenti. Con quante persone era in contatto Riondino?

Non fu necessario neanche uno sguardo: alle loro spalle l'ispettore Uggeri già stava prendendo nota della cosa su un taccuino.

«Quindi non lo conosce di persona, questo Libero?»

«Mai visto, ed era la prima volta che lo sentivo».

«E perché questa telefonata?»

«Ha detto che era di passaggio a Firenze, ma era rimasto con l'auto in panne: mi ha chiesto se potevo ospitarlo per la notte».

«E lei cosa ha risposto?»

«Che stavo partendo per Bologna e di conseguenza non mi era possibile».

«Solo questo? In oltre due minuti di telefonata?»

«Qualche convenevole».

«Le ha detto dove si trovava?»

«Vicino al parco delle Cascine».

Gottardi rimase qualche istante in silenzio: tutto sembrava perfettamente ragionevole e Contri pareva dire la verità; anche il luogo da dove diceva che Riondino l'aveva chiamato, era quello da dove effettivamente era partita la telefonata.

Eppure, c'era qualcosa che lo teneva in allarme… Forse il suo sesto senso? O più semplicemente quella valigia con i vestiti che potevano servire a Riondino? O forse ancora l'atteggiamento dell'uomo che aveva di fronte: affatto preoccupato come ci si sarebbe potuti aspettare, freddo, ma con il corpo che sembrava in tensione, come pronto a scattare.

«Come faceva Libero ad avere il suo numero di cellulare?»

«È coinvolto in qualcosa?»

«Le ho fatto una domanda: mi risponda, per favore».

«È sul mio profilo Facebook: tutte le persone "amiche" lo possono vedere».

«Ed era la prima volta che la chiamava?»

«Gliel'ho detto: non l'avevo mai sentito prima. Adesso può rispondere lei alla mia domanda? Libero è coinvolto in qualcosa?».

Il commissario Gottardi lasciò trascorrere qualche secondo prima di parlare.

«Signor Contri… abbiamo motivo di ritenere che l'uomo con cui ha parlato questa sera sia un pluriassassino appena evaso». Nessuno stupore negli occhi del suo interlocutore. Non un battito di ciglia. «Dunque, se c'è qualcosa che ancora non ci ha detto, è questo il momento di farlo. Lo dico nel suo interesse».

«Vi ho detto tutto quello che so, commissario. Solo la richiesta di ospitarlo questa notte, nulla di più». L'uomo intercettò lo sguardo di Gottardi ancora rivolto alla valigia: «Crede che sia suo complice?», il tono divenne quasi sarcastico. «Che mi abbia chiamato perché gli portassi dei vestiti di ricambio e lo aiutassi a nascondersi?»

«È una delle ipotesi che devo considerare», rispose calmissimo Gottardi, mentre alle sue spalle Uggeri si irrigidiva. «Ma questo non vuol dire che non le creda, voglio solo essere sicuro. Mi dica, quanto denaro ha con sé?»

«Circa millecinquecento euro, devo star fuori qualche giorno».

«Ed è noto che a Bologna non ci sono bancomat...».

L'uomo rispose con un sorriso all'ironia di Gottardi: «È il denaro che avevo in casa e non voglio lasciarlo a portata della donna delle pulizie che verrà domani in mia assenza».

«È un uomo diffidente, signor Contri».

«Anche lei mi pare».

«Con la differenza che io devo esserlo per mestiere».

Gottardi fece una breve pausa prima di riprendere: «Mi può mostrare il suo PC? Vorrei vedere il profilo di Libero».

«Certo; ho un portatile, lo tengo in camera. Vuole accompagnarmi a prenderlo? Così potrà accertarsi che Libero non si nasconda sotto il letto...».

«È una buona idea, ma sarà l'ispettore Uggeri ad accompagnarla, io intanto cerco di mettermi in contatto telefonico con un esperto informatico della Scientifica».

La pista di Facebook poteva rivelarsi importante: Riondino aveva altri "amici" da contattare a Firenze? Un piano B dopo il rifiuto di Contri a ospitarlo? O comunque si poteva trovare nel suo profilo qualche conversazione che fornisse una traccia su dove cercarlo?

Fu mentre componeva il numero della centrale che avvertì qualcosa di strano... Non avrebbe saputo dire cosa; un rumore attutito, un piccolo spostamento d'aria...

Istintivamente si voltò, con tutti i sensi tesi verso il corridoio dove si erano diretti Contri e l'ispettore Uggeri.

Niente, silenzio assoluto. Ma quanto ci mettevano a prendere un portatile? E perché dalla camera non proveniva alcun rumore?

Gottardi si mosse lentamente verso il corridoio. Iniziò ad avvertire qualcosa provenire da una camera... come uno smorzato battere d'ali... e una specie di sibilo.

«Uggeri?», chiamò, mentre imprecava per non avere un'arma con sé, e un'ondata di adrenalina si liberava nei suoi vasi.

Nessuna risposta.

La porta era accostata... Gottardi sospinse adagio il battente.

Prima di essere investito da un corpo che lo scaraventò contro il muro come un fuscello, riuscì a vedere Uggeri disteso a terra, le sue gambe sbattere in preda alle convulsioni, e il collo aperto da cui usciva sibilando l'aria dei suoi ultimi disperati tentativi di respirare.

Gottardi si sentì schiacciato contro il muro da quel corpo che gli parve enorme, sentì una mano premergli sulla bocca e impedirgli quasi di respirare, sentì un colpo all'addome. Un pugno... no, non un pugno, capì subito con sgomento, qualcosa che gli frugava dentro... una lama. Una lama che gli stava aprendo l'aorta.

Si sentì confuso, le gambe cedergli... scivolò a terra lentamente quando l'uomo che aveva creduto Matteo Contri lasciò la presa. Sentiva freddo e la vita sfuggirgli veloce.

Le labbra del suo assassino gli si avvicinarono all'orecchio: «Bravo commissario, mi hai trovato, ma se avessi ritardato solo di pochi minuti adesso saresti ancora vivo, stronzo».

Quanto freddo, e quanto diventava difficile respirare.

«Cazzo...», riuscì ancora a dire Gottardi, pentendosi subito che quella fosse l'ultima parola che pronunciava in vita sua.

Riondino sbatté gli occhi.

"Bel lavoro, Hannibal".

Con il dorso della mano si asciugò meccanicamente il sangue che gli era schizzato sul volto.

Lasciò cadere a terra il coltello, poi scavalcò il cadavere di Gottardi ed entrò nel bagno.

Sul pavimento i capelli che si era tagliato, e nel lavandino i resti di quella che era stata la sua barba. Il cadavere nudo di Matteo Contri giaceva raggomitolato su se stesso nel box doccia. Riondino si osservò allo specchio: il volto e gli abiti macchiati dal sangue di Gottardi e del suo ispettore. Avrebbe dovuto lavarsi e indossare qualcosa d'altro, e il tempo ormai stringeva maledettamente: come era stato possibile che fossero arrivati così in fretta? La telefonata, certo, ma avrebbero dovuto passare ore prima che ci arrivassero. Cosa era andato storto nel suo piano? Riondino cercò di controllare la respirazione, non poteva permettere che l'ansia lo rallentasse. Invidiava l'assoluta incapacità di Hannibal di provare emozioni. Si spogliò rapidamente e si lavò dal sangue.

Prima di indossare nuovi abiti confrontò ancora una volta ciò che vedeva nello specchio con la fotografia sulla patente di Matteo Contri; sistemò ancora un po' il ciuffo, indossò i suoi occhiali dalla vistosa montatura rossa, poi sorrise soddisfatto: poteva tranquillamente essere scambiato per lui.

5

Oggi

Il locale dove Claps e Greta si erano dati appuntamento non era affollato ed era stato facile trovare un tavolino libero dove poter parlare. Erano passati mesi dall'ultima volta che si erano visti: Claps l'aveva salutata con un bacio frettoloso sulle guance e il sottile imbarazzo iniziale di ogni volta che la rivedeva.

«Come sta, Greta?».

Strano che dopo anni e quello che avevano passato insieme si dessero ancora del lei. Un modo per tenere a distanza ogni ricordo di quello che era successo?

Una volta seduti e ordinato da bere, Greta aveva raccontato dell'evasione di Riondino, giocando nervosamente con le chiavi dell'auto per tutto il tempo.

«Ho dovuto scrivere un pezzo sulla storia di Riondino», concluse, «non è stato facile: da tanto tempo cerco di stare lontana da storie come questa», Greta fece un sorriso forzato: «Lo so, è da sciocchi, ma mi sono fatta prendere dall'ansia... Troppi ricordi di quando lavoravo in televisione, e di conseguenza Morphy. Non ce la facevo a stare da sola: grazie per essere venuto».

Riondino...! Claps osservò il colore intenso del suo rum; sentiva l'aroma del liquore salire dal bicchiere senza che riuscisse a scaldarlo dal gelo che lo aveva preso allo stomaco. «Non è da sciocchi. È forse una frase fatta, ma ci vogliono anni perché cer...te ferite smettano di sanguinare. Non è sufficiente ignorare di averle».

Ormai, dopo anni di riabilitazione, Claps aveva quasi del tutto vinto la sua guerra contro l'afasia che lo aveva colpito: restavano solo delle esitazioni nel discorso e rari inciampi in alcune parole se la frase che doveva pronunciare non era breve.

Gli occhi di Greta si persero lontano per qualche istante. «Riondino», riprese con la voce un po' incerta, «se non ricordo male, per lei fu il primo caso in cui collaborò con Sensi».

«È così, sette anni fa».

«Come andarono veramente le cose?»

Claps sentì la mascella irrigidirsi. «È un'intervista per... un nuovo pezzo, Greta?»

«No, non ci sarà nessun altro pezzo». Greta sorrise imbarazzata. «È solo che sento il bisogno di parlarne. Razionalizzare. Esorcizzare, se preferisce il termine. Sempre che lei sia disposto».

Claps intrecciò le mani sul bicchiere. Poi, prima di parlare, assaporò a lungo un sorso del liquore.

Desiderò non essere lì.

«Dopo la morte di Laura Minz», si decise alla fine, «pas...sarono dieci giorni di lavoro durissimo, senza apparentemente nessun risultato».

«In realtà non eravate lontani dall'individuare Riondino».

«No... Avevamo un profilo, lo avevo tracciato io; abbastanza corrispondente, come avemmo modo di ve... rificare in seguito. E su quel profilo lavoravamo confrontandolo con tutte le persone che potevano essere entrate in contatto con la Minz negli ultimi due me...si.

Inizialmente non era stato facile il rapporto con Sensi; era molto scettico sul mio lavoro, ma poi aveva accettato di utilizzare le indicazioni che gli avevo dato sul profilo dell'assassino per ridurre il campo di ricerca dei possibili sospet…ti. Così, alla fine di quei dieci giorni, avevamo una dozzina di nomi su cui lavorare. Senza nessuna garanzia, è ovvio: l'assassino poteva aver visto la Minz solo da lontano, senza entrare mai in contatto diretto con lei».

«Ma in quella lista c'era Riondino».

«Sì. Lui lavorava per una compagnia finan…ziaria e vendeva prodotti per investimento: fondi comuni, pensioni integrative, azioni… Si era recato il mese prima a casa della Minz per proporre al compagno un piano di accumulo. L'aveva vista lì».

«Però non fu necessario indagare oltre su quei nomi: lo prendeste prima».

«All'undicesimo giorno. Quando Riondino sequestrò un'altra giovane donna. Terry Schiavi, mi pare si chiamas…se. Stesso modus operandi: la sequestrò con l'astuzia la mattina e la rinchiuse nel suo box, dove nella parte posteriore aveva ricavato un'angusta cella, o forse camera delle torture dovrei dire… La lasciò legata e imbavagliata per recarsi al la…voro. La sera sarebbe tornato per completare l'opera».

«Ma lei riuscì a liberarsi».

Claps annuì: «Riondino non aveva stretto bene il bavaglio… Il proprietario del box accanto, di ritorno a casa verso mezzo…giorno, la sentì urlare. Mezz'ora dopo venne liberata, e alle tredici il nome di Riondino era su tutte le frequenze radio della polizia. Sensi gli piombò addosso sul posto di lavoro: non erano ancora le due del pomeriggio quando finì in manet…te».

«Però sin da subito il suo comportamento parve strano».

«Appariva molto spaesato, non capiva quello che gli stava succedendo. Era incredulo di fronte alle accuse. Ma non lo trovammo strano, tutto som...mato questo non è poi un comportamento così anormale, tutti all'inizio negano, ognuno con le sue strategie. Certo, a posteriori...».

«Anche l'aspetto fisico: non molto alto, sovrappeso».

«Non esiste un *phisique du rôle* per i serial killer, Greta; anzi molto spesso hanno un aspetto inoffensivo. Devo ammettere però che Riondino in par...ticolare sembrava un uomo mite, incapace di qualsiasi violenza; intendo anche incapace fisicamente: sembrava molle, fragile, privo di qualsiasi forza».

«Però le prove lo inchiodavano».

«La donna sequestrata lo riconobbe su...bito come il suo aggressore, e in capo a poche ore le varie analisi sul DNA dimostrarono che il materiale organico trovato nel box apparteneva alle due precedenti vit...time, e soprattutto che lo sperma rinvenuto nei loro corpi era inequivocabilmente di Riondino».

«Ma lui continuò a negare qualsiasi accusa. Finché...».

«Finché la mattina dopo Sensi mi convocò nel suo ufficio in tutta fretta. Come le dicevo le cose tra noi non erano partite be...ne, ma giorno dopo giorno aveva imparato a conoscere meglio me e le potenzialità del mio lavoro. Ricordo che era una giornata di pioggia, come oggi...».

Claps distolse lo sguardo oltre la vetrina del locale. La pioggia aveva ripreso a battere la strada. Pian piano i ricordi riaffiorarono dal passato di sette anni prima. Lividi come la luce dei neon riflessa dall'asfalto bagnato.

Sette anni prima

Il commissario Sensi fece passare Claps in una piccola sala riunioni: un tavolo che poteva accogliere non più di otto persone e, in un angolo, su un carrello che pareva malfermo, un televisore a tubo catodico con videoregistratore.

«Grazie per essere venuto subito», disse con gentilezza sbrigativa.

Claps notò subito l'espressione accigliata del commissario: c'era qualcosa che lo preoccupava.

«Ho qualcosa da mostrarle, dottor Claps», disse Sensi prendendo una videocassetta. «Per adesso non abbiamo la possibilità di utilizzare immagini digitali», parve giustificarsi, «ma anche le videocassette funzionano, e forse un giorno arriveranno i fondi per modernizzarci».

Forse qualcosa in più di una semplice preoccupazione... Non lo cercava con lo sguardo, e i movimenti non erano decisi e fluidi come Claps li aveva sempre visti. Non era il commissario Sensi che era abituato a vedere. Era preoccupato, certo, ma non solo... ci doveva essere dell'altro.

Il fatto di sfuggire il suo sguardo... quel giustificarsi... Sì, Claps ne era certo: non era solo preoccupazione, ma anche qualcosa che non riusciva a capire... e che lo inquietava.

«È l'interrogatorio di Riondino di questa mattina, presente il suo avvocato d'ufficio che ha inutilmente provato a consigliargli di avvalersi della facoltà di non rispondere», disse Sensi facendo partire la registrazione. «La prima parte non è interessante», continuò iniziando a far scorrere rapidamente il filmato, «non dice nulla di più di quanto ha detto ieri quando era presente anche lei. Ma adesso...», il commissario bloccò l'avanzamento veloce: «Guardi...».

Claps si concentrò sul filmato: l'inquadratura era fissa e mostrava al centro Riondino seduto a un tavolo a fianco di quello che doveva essere il suo avvocato. Di fronte a loro e a malapena inquadrati di spalle si intravedevano il commissario Sensi e un altro funzionario di polizia.

«Signor Riondino», l'audio non era di buona qualità e la voce di Sensi appariva leggermente distorta, «perché si ostina a negare?».

Riondino era nell'atteggiamento che aveva tenuto anche durante tutto il primo interrogatorio: le mani intrecciate sul tavolo, le dita strette tra loro sino a diventare quasi esangui, le spalle curve e il busto piegato in avanti, il capo reclinato sul collo. Il suo sguardo umido era basso, fissato su di un punto indefinito del tavolo.

«Io non ho fatto niente di quello che dite...». La voce era lamentosa, sembrava sul punto di piangere. «Non sarei mai capace di fare cose così orribili...».

«Andiamo», riprese pacatamente Sensi. «Terry Schiavi l'ha riconosciuta come l'uomo che l'ha rapita e segregata. Il luogo da cui poi è stata liberata è un box di sua proprietà, signor Riondino, e stamani i risultati del test sul DNA hanno dimostrato che le tracce organiche lasciate dall'assassino sui corpi di Laura Minz e Dorina Gjioka appartengono inequivocabilmente a lei».

«Sul test del DNA, commissario», intervenne l'avvocato d'ufficio, «andiamoci cauti, e inoltre manca ancora una contro perizia».

«Avvocato», il tono di Sensi si era fatto tagliente, «ne potrà discutere con il procuratore e ancora meglio con il giudice per la convalida dell'arresto. Non con me e adesso».

«Era solo una libera osservazione».

Intanto Riondino aveva sollevato lo sguardo: gli occhi apparivano gonfi di lacrime. «Non sono stato io», continuava a ripetere, «Ci deve essere una spiegazione...».

«Sappiamo che per due volte si è recato nella casa di Terry Schiavi per proporre al suo compagno dei piani di accumulo per una pensione integrativa. È lì, vedendola, che è scattato qualcosa?»

«Non sono stato io... ci deve essere una spiegazione...».

«Signor Riondino, non c'è alcuna spiegazione: la ragazza l'ha riconosciuta. Ci ha raccontato di come l'ha presa, di come l'ha portata nel suo magazzino, di come l'ha spogliata, legata e imbavagliata. Di come è riuscita a liberarsi».

Claps vide nello schermo Riondino fare uno strano movimento: sollevò la testa sbattendo le palpebre mentre gli occhi presero a oscillare rapidamente da una parte all'altra. Si sentì la voce di Sensi chiedere se si sentisse bene, poi...

Poi successe qualcosa che gelò il sangue nelle vene a Claps. L'espressione di Riondino mutò radicalmente: lo sguardo divenne freddo, tagliente, la postura all'improvviso eretta e tesa come un arco pronto a scagliare la freccia; i lineamenti del volto parvero trasfigurarsi affilandosi in una maschera crudele fino a farlo sembrare un'altra persona. Infine, quello che fino a pochi secondi prima era stato un uomo inerme, sibilò con una voce roca e crudele: «Avrei dovuto legarla meglio, quella troia. O scannarla prima».

Subito dopo Riondino scattò in piedi e con una rabbia incontrollabile rovesciò violentemente il tavolo come fosse stato un fuscello, mentre l'immagine si interrompeva bruscamente in un mosaico di scariche elettrostatiche.

«Sono piombati su di lui tre agenti, e uno ha urtato la telecamera facendola cadere», disse Sensi. «Ma ce n'è voluto un quarto per riuscire a immobilizzarlo, e due di loro sono comunque finiti al pronto soccorso. Una furia».

Claps non riusciva a staccare lo sguardo dallo schermo ormai nero, come ipnotizzato.

«Adesso è tranquillo come un angioletto, e giura di non ricordare quello che è successo».

«Posso rivedere?».

Sensi fece riavvolgere il nastro per pochi secondi. Di nuovo gli ultimi fotogrammi della registrazione si srotolarono sotto gli occhi di Claps.

Ancora quella voce che sembrava scaturire dall'inferno: «Avrei dovuto legarla meglio, quella troia. O scannarla prima».

Claps ne era già certo prima che il video scorresse per la seconda volta: molti anni prima aveva già visto un filmato simile.

Sensi si sfilò gli occhiali e si passò le mani sul volto: «Impressionante vero? Quella voce mette i brividi».

Claps staccò finalmente lo sguardo dallo schermo, ma non cercò quello di Sensi. «Ha avuto la confessione che voleva», disse quasi distratto, mentre i suoi pensieri seguivano un altro filo.

«Sa, Claps, nella mia carriera ho visto molti insospettabili autori di crimini violenti crollare improvvisamente e mostrare il loro vero volto, ma una cosa del genere mai».

«E adesso Riondino non ricorda nulla di quello che ha detto e fatto».

Sensi annuì. «Appena è finito il trambusto, quando già era stato immobilizzato, ma prima che gli venisse somministrato un sedativo, si è come afflosciato su se stesso perdendo di colpo tutta la forza e la rabbia che aveva in corpo; non ha più opposto resistenza e ha continuato a chiedere, lamentandosi come un bambino, cosa fosse successo e come mai fosse ammanettato».

«Le è sembrato sincero?».

Sensi non rispose immediatamente, si alzò e mosse qualche passo nervoso attraverso la stanza prima, di rispondere. «Sembrava sincero nel suo stupore», ammise quasi controvoglia. «Ma la ragione mi dice che finge. Finge quando un attimo prima è il Riondino piagnucoloso: un uomo debole e remissivo che si mostra incapace di aver potuto commettere i crimini di cui è accusato. Finge quando dice di non ricordare nulla di quello che ha fatto solo pochi minuti prima». Sensi fece una pausa traendo un profondo respiro. «O almeno questo è quello che mi dice il raziocinio. Mi dice: simula una pazzia, recitando da attore consumato, per scampare a una condanna praticamente certa in tribunale. Ne ho visti molti tentare questa strada. Ma, lo ripeto, una cosa del genere mai».

«Perché mi ha chiamato, commissario? L'indagine è conclusa: il colpevole arrestato. Saranno le eventuali perizie psichiatriche a stabilire se Riondino è un pazzo criminale o ha agito nel suo pieno intendere. Non è compito suo».

Sensi tornò lentamente a sedere: «Vero, ma io voglio capire subito, Claps. Voglio sapere con chi ho a che fare. Sta davvero recitando? Lei è anche psichiatra se non sbaglio».

«Sì, è la mia prima specializzazione, solo dopo mi sono perfezionato in criminologia».

«Mi aiuti a capire, allora».

Claps tornò ad abbassare lo sguardo: «Ha notato quello strano movimento che fa con gli occhi subito prima di diventare aggressivo? Si chiama nistagmo ed è assolutamente involontario: non lo si può simulare».

«E cosa significa? Che non recitava?»

«Significa che vorrei parlare con lui, prima di esprimere un'opinione». Claps continuava a rivedere in un angolo della sua mente quel filmato di molti anni prima. «A quattr'occhi. È possibile?».

Sensi inarcò un sopracciglio: «Non è una procedura regolare».

«E inoltre vorrei vederlo da solo: non deve essere presente nessuno, nemmeno il suo avvocato».

«In questo momento non ha avvocati: quello che gli era stato assegnato d'ufficio si è spaventato talmente tanto che ha rimesso l'incarico alla velocità della luce; Riondino dovrà aspettare domani per vedersene assegnare un altro. Ma la sua richiesta di un colloquio non rientra...».

«Non sarà un interrogatorio», lo interruppe bruscamente Claps con maggior foga di quanto avrebbe voluto, «né tantomeno una visita psichiatrica. Voglio solo parlare con lui».

«Ha visto quanto possa essere pericoloso?»

«Ci sarà sempre il tempo di intervenire, nel caso».

«Quattro uomini quasi non son bastati a immobilizzarlo».

«Allora ne metta cinque pronti a intervenire dietro la porta».

Sensi sospirò. «Lei è un consulente, Claps. Un consulente: non sono previsti gli interventi diretti nelle sue mansioni».

«Consulente... Appunto: mi metta nelle condizioni di poterlo fare al meglio. Mi lasci parlare con Riondino».

«Perché insiste tanto per parlargli, dottor Claps?».

Claps esitò appena prima di rispondere. «Perché anch'io voglio capire».

«Pochi minuti? Senza che sia in alcun modo un interrogatorio su ciò che è successo?».

Claps annuì. «Non gli chiederò nulla che abbia a che fare con i fatti di cui è accusato».

Sensi rifletté ancora un istante prima di avviarsi alla porta. «E va bene. Mi faccia organizzare la cosa».

6

Oggi

Il commissario capo Sensi si trovava a una cena, per così dire di dovere, in un prestigioso locale milanese. Il politico di turno era al centro dell'attenzione, e tutti, compreso il signor questore, gli tenevano bordone.

Sensi stava cercando una buona scusa per andarsene, quando l'ispettore Maiezza lo chiamò sul cellulare. Il commissario, con un cenno di scuse, si allontanò di qualche metro dal tavolo per rispondere.

«C'è un'informativa da Firenze, dottore; già da qualche ora, ma ho preso servizio per il turno di notte da pochi minuti e ne ho avuto notizia solo adesso. Ho pensato di avvisarla immediatamente».

«Dimmi Maiezza».

«Riondino è evaso questa sera. Ha sgozzato due infermieri che lo sorvegliavano ed è fuggito dall'istituto dove era affidato».

Sensi avvertì una stretta allo stomaco: era stato lui ad arrestare Riondino, e non aveva mai creduto fino in fondo alla diagnosi psichiatrica che gli aveva evitato l'ergastolo facendolo giudicare incapace di intendere e di volere; se lo sentiva che prima o poi sarebbe successo. «Siamo coinvolti nelle ricerche?»

«Non per adesso, dottore, si pensa che si trovi ancora nella zona di Firenze. Abbiamo comunque un allertamento: c'è la segnalazione di un'auto su cui potrebbe essere fuggito, abbiamo la targa e il modello».

«Sono state distribuite anche le foto segnaletiche?»

«Con le foto abbiamo un problema. Quelle a disposizione non sono recenti. Pare che Riondino nel frattempo sia dimagrito moltissimo e abbia lasciato crescere capelli e barba. Aspettiamo per domani qualcosa di più recente... se non lo prendono prima».

«Speriamo, Maiezza, speriamo».

Sensi chiuse la conversazione e ritornò verso il tavolo con un'espressione accigliata: se non altro, adesso aveva la scusa buona per andarsene.

Sette anni prima

Riondino sedeva a un tavolo ammanettato. Solo un'altra sedia di fronte a lui. Alla fine Sensi aveva pensato che il tavolo, per quanto potenzialmente pericoloso se scagliato addosso a Claps, avrebbe comunque costituito una barriera tra lui e Riondino e dato qualche secondo di tempo per intervenire se le cose si fossero messe male. Sulle manette, che Claps non avrebbe voluto, era stato invece irremovibile.

«Buongiorno, signor Riondino». La voce di Claps uscì profonda e tranquilla.

Non c'era nulla di diverso rispetto alle volte precedenti nell'atteggiamento di Riondino: «Perché mi avete messo le manette? Non faccio male a nessuno, io...», si lamentò.

«Sono certo che non ha brutte intenzioni nei miei confronti, ma purtroppo è la procedura, mi spiace».

«Ma prima non le avevo... mi avete già fatto un sacco di domande senza essere... incatenato».

«Ricorda quando gliele hanno messe?».

Riondino parve ancora più disorientato: «No... stavamo parlando... mi stavano dicendo che avevo fatto cose terribili... Poi non ricordo bene... ma mi hanno picchiato... avevo degli uomini addosso... e...», Riondino indicò le manette con un cenno del capo, «mi hanno messe queste».

«Le è capitato altre volte di non ricordare dei momenti, anche brevi periodi di tempo nel corso della giornata, dove non rammenta cosa ha fatto o cosa è successo?»

«No... non mi pare... o forse sì, qualche volta... ma be'... succede un po' a tutti, no?»

«Certo, signor Riondino, a volte succede anche a me. Mi sento confuso, come se mi trovassi in luogo senza sapere come ci sia arrivato: anche per lei è così?»

«Sì, a volte...».

«E ho pure qualche buco nella memoria, nei fatti recenti intendo; ma se non faccio mente locale praticamente non me ne rendo conto».

«Io... non so...».

«Facciamo una prova, vuole?».

Riondino iniziò ad agitarsi: «Perché...? Una prova? Perché pensa che abbia fatto quelle cose terribili e non lo ricordi?»

«No, signor Riondino. Sono un medico e sono qui solo per aiutarla. Ci sono dei farmaci che potrebbero essere utili a...».

«Volete drogarmi?! Per farmi ammettere cose che non ho mai fatto?!», le mani, intrecciate tra loro si erano serrate quasi allo spasimo: le dita divennero esangui.

«No, nessuna droga, mi creda, e sono qui per aiutarla. Per aiutarla a difendersi meglio di quanto sta facendo».

«Voglio il mio avvocato».

«Nessuno le nega i suoi diritti: non la sto interrogando. Le ho chiesto solo di fare una piccola prova per vedere se in generale la sua memoria è buona o ha dei buchi come a volte capita anche a me. Vede, potrebbe essere che in uno di quei buchi ci sia qualcosa che possa aiutarla a difendersi dalle accuse».

«Per aiutare a difendermi?», Riondino parve tranquillizzarsi: «Non può farmi togliere le manette? Per favore...».

«Ci provo... Facciamo una piccola pausa», disse Claps alzandosi e uscendo dalla stanza.

Sensi lo aggredì subito fuori della porta: «Se lo tolga dalla testa!».

«È importante: deve rilassarsi e con le manette ai polsi non ci riuscirà mai».

«Rilassarsi? E a cosa le serve? È stato bravo finora, ma non capisco dove voglia arrivare e cosa abbia intenzione di fare. A cosa le serve che si rilassi: non è sufficiente che risponda alle sue domande?»

«Aspetti e lo vedrà, commissario. Gli faccia togliere quelle manette».

«Lei ha già una convinzione in mente, non è vero Claps?»

«Sì... ma la devo verificare. Gli faccia togliere le manette».

«Mi dica cosa, prima».

Di nuovo quel vecchio filmato nella mente di Claps.

«Le do un nome: Billy Milligan».

«Billy Milligan? Chi è, e cosa c'entra?»

«Le spiegherò tutto dopo. E adesso le manette, per favore».

Una volta liberate le mani di Riondino, Claps aspettò ancora qualche minuto prima di rientrare. Quando si sedette al tavolo, Riondino sollevò un timido sguardo verso di lui: «Grazie…».

«Va meglio così?».

Riondino annuì e allontanò lo sguardo: «Sono pronto, se vuole…».

Claps era seduto tranquillamente, con la schiena ben appoggiata alla sedia e le mani lontane dal tavolo: voleva lasciare più spazio possibile tra sé e Riondino, non dargli l'impressione di invadere il suo "territorio". Osservò le sue mani libere dalle manette, erano di nuovo intrecciate fra loro, ma non serrate; le spalle, invece, sempre curve in avanti con la testa reclinata sul busto.

«Posso farle qualche domanda su una sua giornata?».

Di nuovo Riondino annuì silenziosamente.

«Prendiamo un giorno qualsiasi della settimana scorsa, prima che succedesse tutto questo. Li ricorda? Preferisce parlare di uno in particolare?»

«Uno vale l'altro… Giovedì».

Claps resistette alla tentazione di chiedere perché avesse scelto proprio quel giorno: «Bene, giovedì allora. Può descrivermi cosa ha fatto quel giorno?»

«Be'… al mattino mi sono alzato e sono andato al lavoro…».

Claps lo interruppe quasi subito: «Non ha fatto colazione?»

«Certo…».

«A casa o fuori?»

«Faccio sempre colazione a casa».

«Con cosa?»

«Mi preparo un caffè e mangio una brioche, di quelle confezionate...».

«Anche quel giorno caffè e brioche?»

«Giovedì... Sì, anzi ricordo di essermi accorto che era l'ultima brioche che avevo... la sera sono andato a ricomprarle».

«E dopo, al lavoro, ricorda come era vestito?»

«Ho tre abiti che indosso per il lavoro: avevo quello grigio... un gessato».

Claps continuò ancora per qualche minuto a fare domande su particolari di quel giorno: come si era recato al lavoro, dove aveva parcheggiato, che tempo fosse... Riondino, pur con qualche sforzo di memoria su alcune domande, rispose sempre con precisione.

Dall'altra parte del vetro il commissario Sensi fremeva chiedendosi cosa volesse dimostrare Claps.

«Dove vuole arrivare?», sibilò a uno degli uomini pronti a intervenire in caso di bisogno. «Cosa diavolo c'entrano tutti questi particolari su un giorno qualunque?». E chi era Billy Milligan e cosa ha a che fare con questo caso?

«Ha fatto visita a dei clienti quel giorno?», chiese ancora Claps.

«Sì...», Riondino aggrottò la fronte. «Ricordo di aver consegnato tre schede di relazione prima di lasciare l'ufficio».

«Giovedì della settimana scorsa... è sicuro? Anche se non molti, sono passati dei giorni».

«Sì... sono sicuro perché quelle sono state le ultime visite della settimana: il venerdì è dedicato alle pratiche d'ufficio».

«Dunque tre colloqui. Ricorda il primo?».

Riondino sembrò improvvisamente spaesato. «Sono tutti simili…», disse incerto. «Più o meno sempre le stesse cose da dire…».

«Il suo cliente era uomo o donna?», lo incalzò Claps, ma continuando a tenere un atteggiamento di grande tranquillità.

«Ora, dirlo così… su due piedi… Forse uomo».

«Forse?»

«Non ricordo bene…».

«Magari la seconda visita la ricorda meglio. Era uomo o donna? Forse una coppia?».

Riondino scosse nervosamente la testa: si stava innervosendo: «Mi spiace… è strano… ma non ricordo…».

«È così anche la terza visita?»

«Mi sto sforzando… ma niente…».

Sensi non capiva. «Questo si ricorda perfettamente la colazione che ha fatto, come era vestito, persino dove ha parcheggiato quel giorno l'auto, e non i colloqui di lavoro che ha avuto?!», commentò ad alta voce rivolto più a se stesso che agli uomini che aveva vicino.

Dall'altra parte del vetro Claps continuò con voce suadente: «Non si preoccupi, non è poi così importante. Mi tolga una curiosità, piuttosto: cosa scrive in quelle schede che vengono consegnate la sera?».

Riondino parve tranquillizzarsi: «I dati della persona visitata e gli esiti del colloquio: se ha acquistato dei prodotti o ha in animo di farlo, se sono programmati altri incontri, se si è individuato un prodotto particolare in grado di interessarlo…».

«E ricorda cosa aveva scritto nelle schede di quella sera?»

«Ricordo perfettamente che le ho consegnate».

«Però io le ho chiesto cosa vi aveva scritto».

«Ricordo... ricordo solo che le ho consegnate». Di nuovo del nervosismo nella voce sottile di Riondino.

«Va bene, andiamo avanti. Dopo aver consegnato le schede cosa ha fatto?»

«Sono andato a casa, ma prima sono passato dal supermercato per fare la spesa».

«Le brioche?»

«Sì, ma anche altro: faccio la spesa sempre il giovedì... c'è meno gente».

«Ricorda qualcosa di particolare di quella spesa? Un acquisto particolare, un episodio...».

«Mi faccia pensare... Sì... in coda alle casse c'era un ragazzo che si lamentava della lentezza della cassiera: era un tifoso di calcio e aveva paura di far tardi per andare allo stadio».

«Una partita di giovedì?»

«Sì, una partita di coppa... Europa League credo abbia detto. Era un tifoso dell'Inter».

«Lei segue il calcio? Ha una squadra del cuore?»

«No, il calcio proprio non mi interessa».

«La capisco, anche per me è così», disse Claps accennando un sorriso. «E dopo la spesa cosa ha fatto?»

«Sono rientrato a casa... ho preparato la cena. Cinquanta grammi di pasta al pomodoro e un hamburger magro, se lo vuol sapere».

«E dopo?»

«Un po' di TV e poi sono andato a dormire: la sera sono sempre molto stanco».

«Cosa ha visto in TV?»

«Un film...».

«Ricorda il titolo o di cosa si trattava?»

«No… adesso mi sfugge… ma son sicuro di aver visto un film».

«Cosa guarda di solito in televisione?»

«Film soprattutto… e i notiziari, naturalmente».

«Varietà, sport, musica?»

«No, non mi interessano; solo film».

«Qual è l'ultimo che ha visto?».

Riondino parve di nuovo annaspare a vuoto nella memoria: «Sono stanco… possiamo fare una pausa? Avrei anche sete…».

Claps si alzò in piedi: «Acqua minerale può andare bene?».

Riondino assentì stancamente e Claps si avviò alla porta.

Oggi

"È probabile che qualsiasi strada prendiamo, troveremo un posto di blocco comunque. Tanto vale prendere subito l'autostrada, che ne dici, Furbo?".

L'Audi sportiva di Matteo Contri si stava lasciando alle spalle Firenze.

"Dico che non mi piace il sangue, mi fa star male. E per oggi ne ho visto sin troppo".

"A Hannibal invece piace da morire, e in ogni caso non c'era altra scelta: se non avessimo preso dalla cucina quel bel coltello da portare con noi, sarebbe stato un guaio affrontare due uomini a mani nude".

"Un coltello da macellaio, come quelli che piacciono a lui… Siamo stati previdenti. E fortunati".

"Hai un concetto del cazzo della fortuna, Furbo: ci son piombati addosso quando non dovevano ancora avere idea di dove potessimo essere".

"La telefonata…".

"Certo, quella. Cos'altro se no?"

"È stata un'imprudenza usare il cellulare di quel tizio".

"Piantala! Parli tu che non volevi disfartene, cazzo! È ovvio che prima o poi ci sarebbero arrivati, ma non riesco a capire come abbiano fatto a fare così in fretta".

Il posto di blocco comparve dopo pochi minuti, subito prima del casello autostradale, e quando non c'era più possibilità di invertire la marcia. Le poche auto che a quell'ora si mettevano in viaggio venivano avviate in un imbuto dove potevano passare solo una alla volta prima di essere fermate per un controllo dalla polizia. C'erano almeno sei agenti con le mitragliette pronte all'uso. Riondino sentì il cuore iniziare a battere velocemente mentre si accodava: aveva quattro vetture davanti a sé.

La prima venne fatta passare subito dopo un sommario sguardo da parte dell'agente che aveva puntato la torcia elettrica all'interno. Una donna, pensò Riondino.

La seconda fu invece fermata, il guidatore dovette mostrare i documenti; poi venne invitato a scendere dall'auto e ad aprire il portabagagli.

Nell'auto che lo precedeva c'era una coppia. Anche questa venne fatta passare subito.

L'Audi avanzò e si fermò dolcemente a fianco del poliziotto. Di fronte e di fianco gli altri agenti guardavano attenti con le dita vicine al grilletto.

Il fascio di luce della torcia elettrica investì prima il volto di Riondino indugiandovi per diversi secondi, poi ispezionò l'abitacolo della vettura.

Il poliziotto aveva bene in mente l'informativa che aveva ricevuto: riguardava un uomo con i capelli lunghi raccolti in una coda di cavallo e la barba, a bordo di un'auto diversa da quella sportiva di Contri.

«Patente e libretto, per favore».

Riondino passò i documenti attraverso il finestrino. L'agente indugiò solo pochi secondi sulla foto della patente.

«Signor Contri, vuole scendere e aprire il portellone del portabagagli?».

Riondino scese esitante dalla vettura e aprì il portabagagli: «Scusi», disse per giustificare il fare impacciato, «ma quelle armi spianate mi mettono ansia».

«Cosa contiene quella valigia?», lo ignorò l'agente. «La apra, per cortesia».

Riondino eseguì: «Solo effetti personali come può vedere».

«Dove è diretto?»

«A Bologna, ho un appuntamento di lavoro domani mattina presto».

L'agente lo squadrò un'ultima volta prima di porgergli la patente e il libretto: «Guidi con prudenza».

7

Sette anni prima

«Bene, non ricorda dei particolari di un giorno di una settimana fa». Sensi guardò con scetticismo Claps. «E questo cosa dimostra?»

«Ne ricorda altri con insolita precisione, però. Non lo trova strano, commissario? Rammenta cosa ha mangiato a colazione, che abito indossava, ma nulla delle persone con cui ha avuto dei colloqui sicuramente non brevi».

«Questo le è sufficiente per pensare a una forma di disturbo mentale? Non crede che potrebbe semplicemente recitare? Tra l'altro è comodo dimenticare cosa ha visto in TV: forse invece che a casa era da un'altra parte… fuori a pianificare la sua prossima impresa».

«Non ho ancora espresso un parere sulla sua salute mentale». Qualcuno portò a Claps una bottiglia di acqua e un bicchiere di plastica. «Lei è davvero convinto che reciti, commissario?».

Sensi esitò un istante prima di rispondere: «Sì, per quanto sembri sincero, per quanto non abbia mai visto nulla di simile alla sua… trasformazione di questa mattina, penso che si stia giocando le sue carte per passare per pazzo. Recita».

Claps piantò il suo sguardo su Sensi. «Allora, se ne è tanto convinto, perché ha insistito per avere il mio parere?».

Il commissario distolse lo sguardo da Claps: «Chi è Billy Milligan?», chiese.
«Abbia pazienza ancora per qualche minuto: prima rientro a finire il colloquio».
«Cos'altro vuole chiedergli?»
«Voglio farlo ricordare...».

«Posso aiutarla a rilassarsi. Vuole?».
Riondino fece un quasi impercettibile segno di assenso tenendo lo sguardo fisso su un punto del tavolo; Claps portò la mano nel suo campo visivo: era chiusa a pugno tranne l'indice che iniziò a far oscillare lentamente, come un metronomo. Osservò attentamente la respirazione di Riondino e iniziò a parlare: frasi brevi, poche parole pronunciate solo durante l'espirazione.
«Adesso, mentre è seduto...».
Inspirazione.
«Ed è di fronte a me...».
La voce di Claps era avvolgente.
«E può ascoltare le mie parole...».
Inspirazione.
«E può sentire i rumori della stanza...».
Il dito indice continuava a battere un tempo lento.
«Non so se si stia rendendo conto...».
Inspirazione.
«Che qualcosa dentro di lei sta cambiando...»
Il respiro di Claps era perfettamente accordato a quello di Riondino.
«E mentre inizia ad avvertire questo cambiamento...».
Inspirazione.
«Si rende conto che il suo respiro va divenendo più calmo...».

Il tempo del metronomo divenne più lento.

«E a ogni respiro si rilassa sempre di più…

E adesso gli occhi si chiudono… così…

E mentre sente la sensazione dei suoi occhi chiusi…

può immaginare di essere sempre più rilassato…

di entrare in una nuvola di tranquillità…

E di lasciarsi cullare da questa sensazione…

Può sentire il peso del corpo alleggerirsi…

E lasciarsi scivolare sempre più in una sensazione come di sonno…

E accorgersi di poter essere ancora più rilassato di quanto avrebbe creduto possibile…

Adesso immagini di essere in cima a una magnifica scala; ne veda i colori e le forme, senta la sensazione dei suoi piedi che toccano il terreno… E mentre è su questa scala, io conterò da dieci ad uno, e a ogni numero potrà immaginare di scendere via via verso il basso.

E dieci, in cima alla scala pronto a scendere in un sonno sempre più profondo.

E nove, un gradino, scendendo più in giù, come in una nuvola di tranquillità, una nube dolce e rilassante.

E otto, ancora più in basso, più giù, in una sensazione sempre più profonda.

E sette, sette è il suo numero del rilassamento; tutte le volte che lo sentirà, si rilasserà maggiormente.

E sei, un altro gradino, un altro passo verso il basso.

E cinque, quasi completamente addormentato, cullandosi in una sensazione di profonda tranquillità.

E quattro, un altro gradino di rilassamento; quando arriveremo in fondo alla scala lei sarà completamente addormentato.

E tre, lasciandosi cullare dalle sue sensazioni, e sprofondando sempre di più.

E due, a un passo dall'essere addormentato, una sensazione sempre più piacevole.

E uno, completamente addormentato, in una sensazione di completo benessere.

E zero, più in basso del basso, calmo, addormentato e tranquillo».

Claps osservò il respiro lento di Riondino, il suo quasi piegarsi in avanti con il capo e con le spalle.

Attese più di un minuto prima di parlare di nuovo.

«Apra pure gli occhi adesso».

«Ricorda ancora quel giovedì di cui stavamo parlando?». Il tono di Claps, pur tranquillo, aveva perso ogni suadenza, diventando a suo modo velatamente autoritario: quella che aveva posto era una domanda a cui bisognava rispondere.

«Sì...», la voce impastata di Riondino parve salirgli dallo stomaco.

«Come andò la prima visita?».

Riondino non rispose.

«Riuscì a far acquistare dei prodotti ai suoi clienti?».

Di nuovo nessuna risposta.

«Non mi risponde perché andò male? Perché non riuscì a fare bene il suo lavoro?».

Lo sguardo di Riondino oscillò da destra a sinistra, ma più lentamente di come Claps gli aveva visto fare nel filmato. Durò pochi secondi durante i quali anche il busto parve seguire debolmente il movimento degli occhi. Poi ogni movimento cessò e la postura di Riondino mutò radicalmente: il busto bene eretto e lo sguardo dritto e acuto. Quando parlò, a Sensi parve di sentire i capelli rizzarglisi in testa.

«Amico, in questa fottuta città, non c'è nessuno che sappia fare questo lavoro meglio di me». La voce era scaturita molto diversa, su un tono più basso, ma soprattutto netta, tagliente.

Claps rimase imperturbabile. «Quindi i clienti che ha visitato hanno acquistato quello che ha proposto?»

«Ha detto bene: quello che ho loro proposto. In altre parole quello che avevo già deciso di vendergli sin da quando ho letto il loro nome nella lista dei potenziali clienti da contattare. In altre parole ancora, quello che mi frutta la migliore provvigione».

«Pensavo facesse proposte secondo le esigenze del cliente...».

«Non sia ingenuo. Raccogliere, raccogliere, raccogliere. L'unica esigenza che conti è quella della grande finanza di servirsi di un immenso parco buoi. Una manciata di foraggio in cambio del loro latte. Il mio scopo nel lavoro è prenderne un bel bicchiere anch'io».

«E ci riesce?»

«Sempre. Sono il migliore, gliel'ho detto».

«Mi sembra molto sicuro di sé...».

«Lo sono».

«Sa, questo mi sorprende: prima appariva insicuro, fragile...».

«Non ero io quello con cui parlava prima».

Mentre a Sensi si gelava il sangue nelle vene, Claps non batté ciglio: «Lei non è il signor Riondino?»

«È il nome con cui firmo gli ordini di acquisto dei clienti».

«Ma anche la persona di prima dice di chiamarsi Riondino…».
«Così sta scritto sui suoi documenti».
«Sa dove è andata adesso?».
Riondino, con un sorriso obliquo, si pose una mano aperta sul petto: «Qui».

Oggi

L'Audi, diretta a nord, aveva appena iniziato ad affrontare il tratto appenninico dell'autostrada, quando alla fine di un rettilineo tra due gallerie, comparvero in lontananza le luci di un'area di servizio.

"Non possiamo continuare a viaggiare sull'auto di Contri: quanto ci metteranno a scoprire i cadaveri di quei tre stronzi? E dopo non ci vorrà molto a capire che ci serviamo dell'auto e dei documenti di Matteo".

"Furbo, se cambiamo mezzo e anche solo per caso incappiamo in un altro controllo non avremmo documenti da mostrare: se è segnalata l'auto, altrettanto lo sarà il nome di Matteo Contri".

"Vero… ma per quanto dovremo viaggiare ancora?"

"Fra due ore e mezzo al massimo saremo a destinazione, Furbo".

"Sono troppe… gli sbirri troveranno i loro amici stecchiti molto prima. È un rischio anche se cambiamo auto, certo, ma considera che se l'agente del posto di blocco di Firenze, alla nuova informativa si ricorda di averci fatto passare, sapranno anche dove cercarci: ci saranno pattuglie a ogni casello".

L'Audi iniziò a rallentare.

"Sì, forse il rischio minore è cambiare mezzo subito". L'auto imboccò la corsia di decelerazione dell'area di servizio. “Stai diventando saggio, Furbo, mi sorprendi”.

“Faccio solo lavorare il cervello: non mi va di tornare in gabbia. Adesso trova un’auto parcheggiata lontano dalle luci e fermati a fianco: tra lei e l’autogrill... ecco: quella station wagon è perfetta”.

Riondino spense le luci quando fu a pochi metri e lasciò scivolare l’Audi rasente il fianco della station wagon, avendo cura di lasciare al suo proprietario appena lo spazio minimo necessario per salire.

“Un’Alfa”, disse con un mezzo ghigno spegnendo il motore. “Arrivare a Milano a bordo di un’Alfa Romeo mi pare perfetto”.

“In campana, il padrone della macchina potrebbe uscire da un momento all’altro; e sveglia Hannibal: non ha ancora finito di lavorare per questa notte... ma niente coltello questa volta, per favore”.

Sette anni prima

«Qui», aveva detto Riondino portandosi la mano al petto.

«Adesso sta riposando», aggiunse.

«Non posso chiamarvi entrambi con lo stesso nome...».

«Lui è il Floscio. Lo può chiamare così».

«E lei?»

«Non ha importanza, ma se ci tiene tanto può chiamarmi il Furbo, anche se non mi piace come nome».

«Allora continuerò a chiamarla Riondino, se le va bene».

«Un nome vale un altro».

«Lei sa perché si trova qui, signor Riondino?»

«Certo».

«Non è stato il Floscio a uccidere quelle donne, vero?»

«Vero, lui non ne sa nulla».

«È stato lei, allora?»

«No, non sono interessato; non ho alcuna gratificazione da quel genere di violenza».

«Ma sa chi è stato?»

«Sì».

«Vuole dirmi il suo nome?»

«Hannibal, lo chiamiamo così».

«Può dirmi dove si trova adesso?».

Riondino socchiuse gli occhi. Di nuovo quel sorriso obliquo; di nuovo la mano aperta sul petto.

«Qui», disse, «riposa insieme al Floscio».

8

Oggi

Greta aveva ascoltato tesa e in silenzio tutto il racconto di Claps.

«Lei aveva capito subito che Riondino era affetto dalla sindrome di personalità multiple, non è così?».

Claps, assaporandolo, buttò giù l'ultimo piccolo sorso di rum che era rimasto nel bicchiere prima di rispondere: «Quando Sensi mi fece vedere il fil...mato dove Riondino si "trasformava", mi ricordai subito di un altro molto simile che avevo visto anni addietro...[1] Lo stesso nistagmo, lo stesso atteggiamento del corpo subito prima del cambiamento...».

«Billy Milligan».

«Già... Arrestato quasi quaranta anni fa, nel 1977, in Ohio, per aver rapito, violentato e rapinato tre studentes...se universitarie». Claps intrecciò le dita attorno al bicchiere. «Sin dall'inizio», continuò, «il suo comportamento apparve sconcertante: negava tutto con estrema convinzione nonostante le prove fossero schiaccianti».

«Finché...».

«Durante una perizia psichiatrica richiesta dal difensore di ufficio emerse, tra l'incredulità generale, una realtà scon...volgente: non esisteva un solo Billy Milligan. Nel-

[1] Il filmato cui fa riferimento Claps, esiste realmente, ed è visibile su Youtube digitando Billy Milligan 多重人格

la sua mente convivevano dieci personalità distinte... come fossero dieci persone diverse che dialogavano tra loro e di volta in volta prendevano il sopravvento e il controllo di quel...lo che stava facendo».

Greta si passò una mano tra i capelli: «Ricordo bene: al processo Riondino la difesa, per suffragare la tesi della non punibilità per infermità mentale, portò tutta l'incredibile storia di Billy Milligan».

«Dieci personalità. Ognuna con una propria memoria e una propria autonomia. E alcune tra queste inconsapevoli dell'esistenza delle altre. Billy aveva ventisei anni, ma c'erano anche Arthur, ventidue anni, inglese razionale e freddo che leggeva e scriveva fluentemente l'arabo... Ragen, ventitré anni, iugo...slavo, forte, violento, esperto di armi e arti marziali, Danny, quattordici anni, timido, insicuro, amava dipingere... Martin, diciannove anni, newyorkese snob e sbruffone, che voleva le cose senza guadagnarsele...».

«C'erano anche personalità femminili, se non ricordo male».

Claps si sentiva provato. Annuì stancamente: «April, di diciannove anni, e Christene di soli cinque, dislessica, e anche Adalana, coe...tanea di April, che scriveva poesie e cucinava per tutti».

«Incredibile, si fa davvero fatica a crederci».

«Già... è così difficile crederlo che, nonostante esistessero altri casi conosciuti, come per esempio quello famoso di Shirley Mason, solo nel 1994 questa patologia venne riconosciuta e inserita nel DSM, con il nome di disturbo dissociativo dell'identità, il DDI».

«Shirley Mason, hanno girato anche un film sulla sua storia, mi pare».

«Sì, con Jessica Lange. E non solo quello: anche una serie TV con Sandra Bullock».

Greta allontanò da sé il boccale di birra ancora pieno a metà: «Alla fine Billy Milligan venne riconosciuto non colpevole per infermità mentale».

«Era la prima volta che nella storia del sistema giudiziario americano veniva presa una decisione del genere; e ben oltre quindici anni prima che questo tipo di patologia venisse riconosciuto uf...ficialmente».

Greta se ne rimase pensosa per qualche secondo.

«La stessa sentenza che ha ottenuto Riondino».

Claps annuì: «Dopo una vera battaglia in tribunale. Erano in molti a pensare che recitas...se: l'opinione pubblica voleva una dura condanna e i media erano per la maggior parte schierati in questo senso».

«Anche la rete televisiva per cui lavoravo allora era colpevolista». Una piega amara si disegnò sulle labbra di Greta: «In fondo la scelta era facile per chi vive per l'audience: cavalcare a ogni costo il sentimento popolare. Io stessa dallo schermo avevo più volte invocato una condanna severa. Poi, però, le ultime scoperte delle neuroscienze vennero in soccorso di Riondino, e la sua difesa ottenne di fare quel test...».

«Fu decisivo: un esperimento condotto in Olanda aveva recentemente dimostrato che sottoponendo soggetti sospetti di DDI alla risonanza magnetica funzionale...».

«Aspetti», lo interruppe Greta, «mi ricordi cos'è la risonanza magnetica funzionale».

«Si tratta di un esame che mostra i livelli di attività nei vari distretti cerebrali, in altre parole le zone del cervello che si attivano sotto determinati stimoli. Bene, l'esperimento olandese dimostrò che i ricordi delle personalità multiple, mostravano una significativa maggiore attività cerebrale nelle aree della memoria rispetto a chi si limitava a simulare. Riondino fu sottoposto al test e i risultati apparvero inoppugnabili: il Furbo e Hannibal sembravano proprio non essere un'in…venzione».

«E la sentenza a quel punto era scritta».

«Non punibile per incapacità di intendere e di volere, come lei sa bene, Greta. E affidato a un istituto psichiatrico giudiziario, quel…lo di Montelupo Fiorentino».

Greta rimase in silenzio, assorta per qualche secondo. «E dopo sei anni», riprese, «giudicato non più pericoloso, trasferito in un istituto di recupero».

«Non ne ero a conoscenza: non ho più seguito la vicenda».

«È evaso da lì, una struttura molto meno coercitiva, uccidendo due infermieri che lo sorvegliavano».

«Hannibal…», mormorò come a se stesso Claps, mentre le sue dita si serravano attorno al bicchiere.

Per almeno un minuto nessuno parlò.

«Riondino aveva tre diverse personalità, vero?», riprese Greta, «due delle quali ignare dell'esistenza dell'altra».

«Hannibal, il colpevole delle violenze, il Floscio, che fu quello che venne arrestato, e il Furbo, che si manifestò quando misi Riondino sotto ipnosi. Il Furbo sapeva dell'esistenza delle altre due, che invece ignoravano tutto». Claps esitò un attimo prima di continuare. «Ma sono certo che ce ne fos…sero altre, almeno una».

«Come fa a dirlo?»

«Sempre sull'esperienza del caso Milligan. Molte delle sue personalità, negli anni se ne rivelarono alla fine ben ventiquattro, avevano, come dire, una presenza molto li…mitata e soltanto in relazione a situazioni particolari… Per esempio David, di otto anni, il cosiddetto guardiano del dolore: il suo compito era quello di assorbire e sobbarcarsi il dolore di tutte le altre personalità; o Tommy, di sedici anni, artista della fuga ed esperto di elet…tronica, che entrava in gioco quando c'era da liberarsi della camicia di forza. Insomma, occorreva un regista, una personalità che fosse un po' la somma di tutti gli altri alter ego, che avesse i ricordi di tutti… e, se mi passa il termine, dirigesse il traffico».

«Il "vero" Billy Milligan».

«Questa personalità comparve solo dopo molto tempo e si presentò come il Maestro… Diceva "Io sono Billy tutto in un pezzo"».

«Quindi pensa che anche per Riondino sia così?»

«Considerando come sporadica ed eccezionale la comparsa di Hannibal, penso che sia il Floscio che il Furbo coprissero solo spazi parziali nella vita di Riondino… il Floscio va al lavoro, a far la spesa, il Furbo fa in modo che il lavoro sia produt…tivo, ma poi, nel resto del tempo?»

«Manca un "Maestro", un "Riondino tutto in un pezzo", questo vuol dire?»

«E forse altre personalità… Può darsi siano venute fuori in seguito, ma come le ho detto, non ho più seguito la vicenda».

Greta scosse appena la testa: «Io stento ancora a credere che esista davvero una simile aberrazione mentale… che non sia tutto una messa in scena cavalcata da psicoterapeuti in cerca di notorietà».

«È una patologia rarissima, e comprendo che sia difficile crederci. Se può aiutarla le darò un solido dato scientifico; negli ultimi anni si è sco...perto che esiste una condizione anatomica cerebrale che la favorisce: queste persone hanno una ridotta dimensione dell'ippocampo e dell'amigdala, e una maggiore connessione neuronale tra talamo e insula».

«Grazie per la lezione, ma sta parlando una lingua che non conosco».

«Ippocampo, amigdala, insula sono delle zone del cervello dove vengono tra l'altro elaborate le percezioni delle emozioni e della coscienza di sé».

«E sono più piccole del normale in questi casi?»

«Sì, hanno dimensioni ridotte».

«E quindi funzionano meno? Una conformazione anomala del cervello alla base di tutto? Questo vuol dire?»

«Anomala forse è eccessivo... certo assolutamente particolare e senza dubbio tale da favorire la DDI, le per... sonalità multiple, insomma».

«Il cervello di Riondino ha questa... cosa?»

«Sì, una riduzione molto marcata di quei nuclei cerebrali».

«E perché questo favorirebbe l'insorgenza delle personalità multiple?»

«Vede, Greta, i bambini non nascono con un senso unitario di sé, del proprio io; questo si forma e si sviluppa solo cre...scendo. In bambini portatori di quella rara condizione anatomica, se vittime di traumi profondi, difficili da elaborare, da superare, lo sviluppo della per... sonalità viene ostacolato dalle dimensioni ridotte dei nuclei preposti alla percezione del sé... e molte parti di ciò che sarebbe confluito in un'identità unificata res...tano separate dando vita a vere e proprie identità autonome».

«Alla fine quasi un modo per difendersi, per superare il trauma. Per dimenticarlo».

«C'è anche questo aspetto… ricorda cosa le ho detto a proposito di una delle personalità di Billy Milligan? Era David che non era co…nosciuto dagli altri e si sobbarcava del dolore di tutti».

«Una forma particolare di amnesia? Dove invece che dimenticare si lascia il ricordo del trauma in una sola personalità lasciando sollevate le altre?»

«È tutto molto complesso, Greta… L'amnesia non è uniforme in tutte le personalità; ciò che è sconosciuto a una per…sonalità può essere noto a un'altra. Alcune personalità sembrano conoscere le altre e interagire con loro in una specie di mondo interiore. Altre ancora possono essere all'oscuro di tutte, oppure, pur sapendo che esistono, essere ignare di ciò che fanno, dei loro ricordi. È tutto molto com…plesso».

«Direi soprattutto sconvolgente». Greta rimase a lungo pensosa rigirandosi il bicchiere tra le mani. «Come pensa che sia andata? Hannibal è tornato all'improvviso? Non c'era modo di accorgersi che Riondino fosse ancora pericoloso?»

«Quante domande… e io, Greta, non ho risposte». Ancora un'esitazione. «Certo, però, è strano…».

«Cosa è strano?»

«Vede, se è stato giudicato non più pe…ricoloso per sé e per gli altri, vuol dire che la terapia aveva dato i suoi frutti… Lei sa qual è l'obbiettivo della psicoterapia in questi casi?»

«Non sono una psichiatra come lei…».

«È quello che noi chiamiamo "fusione". Fusione, fondere, cioè integrare tra loro le varie personalità: accomunare i ricordi, superare i traumi che hanno condotto alla separazione... In una parola riportare il paziente a un'unica personalità integrata elidendo tutte le al...tre».

«Cioè assumere piena coscienza di tutte le personalità e ricondurle così a una sola eliminando le altre?».

Claps annuì: «Una delle personalità di Milligan, durante la psicoterapia, disse a pro...posito di Billy tutto di un pezzo: "Gli stiamo insegnando, e lui ci sta consumando: quando saprà tutto, noi scompariremo"».

«Dunque per essere giudicato non più pericoloso, questo processo di riunificazione in Riondino doveva essere a un passo, e Hannibal scomparso. Questo vuol dire?»

«Sì... ma evidentemente le cose non sono andate in questo modo».

«Una valutazione sbagliata da chi lo aveva in cura, evidentemente».

«Sì: è possibile che sia stato un giudizio affrettato».

Claps sentiva il disagio crescere sempre di più; lanciò uno sguardo all'orologio: «Si è fatto tardi, Greta... e forse a quest'ora Riondino è già stato catturato. Continuerà a seguire il caso per il suo sito web?»

«No», disse lei alzandosi dal tavolo. «Avevo solo bisogno di parlarne con qualcuno. Troppi ricordi, e lei sa bene a cosa mi riferisco, non volevo stare sola. Tutto qui».

L'una di notte era passata da un pezzo quando Sensi, incapace di prendere sonno, chiamò l'ispettore Maiezza: «Novità? L'hanno preso?»

«Non ci sono buone notizie, dottore... Conosceva il commissario Gottardi?».

Nello stesso momento, non distante da dove Sensi stava telefonando, Riondino guidava prudentemente incrociando poche altre vetture nelle strade di Milano. Le luci si riflettevano sull'asfalto bagnato.

"Vieni fuori, lo so che sei lì. Riconosci la tua città?"

"Corso Buenos Aires…".

"Ho mantenuto la mia promessa. Tu adesso devi mantenere la tua e stare a riposo con gli altri per almeno due giorni ancora: non dovete cercare di uscire".

"Come hai fatto?"

"Non ti deve interessare, questo. Preferivi rimanere dove eravamo?"

"Ci eravamo finiti a causa tua".

"A causa di Hannibal, vorrai dire; semmai è grazie a me che adesso siamo fuori. Ma se preferisci puoi guidare fino al primo posto di polizia a consegnarci…".

"No. E sai che non lo dico solo per me".

"Allora non fare domande. Rispondimi: non cercherete di uscire fino a quando non ve lo dirò?"

"Avremo davvero la nuova vita che ci hai promesso?"

"Fra di noi non mentiamo mai, dovresti saperlo. Ci sarà un'altra possibilità, una nuova vita".

"È tutto quello che chiediamo".

"Cercherete di uscire?"

"No".

9

Erano le quattro del mattino quando, sotto la pioggia battente, i due agenti della Stradale indossarono i giubbotti antiproiettile e impugnarono le mitragliette. L'Audi segnalata era a una ventina di metri da loro, nel parcheggio della stazione di servizio; un uomo, lo schienale appena reclinato, dormiva al posto di guida.

Si avvicinarono lentamente alla vettura con le armi spianate. Mentre uno dei due si fermò a pochi metri di distanza, continuando a tenere sotto tiro l'Audi, l'altro si avvicinò alla portiera; bussò al vetro con la mano sinistra, mentre l'indice della destra si irrigidiva sul grilletto.

Nessuna reazione dall'uomo all'interno: sembrava dormire profondamente.

L'agente bussò più forte: i colpi secchi sul vetro rimbombarono fra il silenzio della notte e il frastuono della pioggia.

Ancora nulla.

L'agente illuminò con la torcia elettrica il volto dell'uomo: solo allora vide gli occhi sbarrati e un filo di saliva schiumosa che gli usciva da un angolo della bocca.

Si era alzato presto, Claps, dopo una notte agitata e pervasa da una sensazione opprimente che gli tagliava il respiro. Troppe le vicende che aveva attraversato e che si erano trasformate in un incubo… Morphy, l'orco che rubava bambine, lo stesso Riondino che ora era di nuovo libero. Ci sarebbero state altre Laura Minz, altre Dorina Gjioka?

Un anno prima, nonostante l'afasia, era voluto tornare sul campo per dare la caccia all'orco che aveva preso la piccola Ami: l'aveva fatto per dimostrare soprattutto a se stesso di essere ancora vivo, di poter pensare, agire; ma era come se, in quella vicenda, avesse consumato ciò che restava della sua capacità di sopportare tutto il dolore, l'orrore, le follie umane e i verminai che le sue indagini scoperchiavano. Si sentiva come un reduce da una guerra che non voleva più combattere, una guerra da cui ora voleva solo stare lontano.

Da sveglio aveva cercato di allontanare tutti i pensieri su Riondino, dicendosi che probabilmente la sua fuga, se non si era già esaurita, aveva le ore contate, e che in ogni caso non sarebbe toccato a lui partecipare alla caccia. Aveva evitato di sentire qualsiasi notiziario e si era dedicato ai quotidiani esercizi che gli permettevano di avere un eloquio ormai quasi normale. Ma quella sensazione di oppressione, come di tragedia imminente, continuava a renderlo inquieto.

Alla fine si decise ad accendere la televisione convincendosi che forse avrebbe sentito la notizia della cattura. Non era così. Riondino era su tutti i media, ma erano pochi i particolari resi noti dalle autorità; per il momento si sapeva soltanto che era evaso uccidendo due infermieri dell'istituto di recupero di cui era ospite e, raggiunta Firenze, si era rifugiato a casa di un conoscente, forse un complice, che aveva ucciso prima di essere sorpreso dal commissario Gottardi e l'ispettore Uggeri, ai quali purtroppo non era stata riservata miglior sorte.

Claps non era più riuscito a staccarsi dalla televisione, aveva seguito tutti i TG che si erano succeduti nella mattinata, senza che emergesse nulla di nuovo, mentre il tono delle polemiche sul fatto che Riondino fosse ospite di una struttura a basso livello di sicurezza si faceva sempre più elevato.

La telefonata di Sensi, che lo convocava senza altre spiegazioni nel suo ufficio, giunse come la conferma di un oscuro presagio, quando l'orologio segnava ormai le prime ore del pomeriggio.

«Riondino è qui a Milano, Claps. Stiamo tenendo nascosta la notizia ai media, ma è qui». Sensi aveva due occhiaie profonde e una luce cupa nello sguardo. «È arrivato a notte fonda».

Claps si sforzò di rimanere impassibile mentre una morsa lo serrava allo stomaco.

«Conoscevo Gottardi, non si può dire che fossimo amici, ma lo conoscevo... e aveva una famiglia», Sensi cercò di dominare la rabbia. «Abbiamo ricostruito tutti i movimenti di quel figlio di puttana dal momento in cui è evaso: dopo aver ammazzato i nostri, ha lasciato Firenze con l'auto dell'uomo da cui si era rifugiato ed è riuscito a superare i posti di blocco prendendo l'Autosole. Si è fermato nel primo autogrill dove ha fatto un'altra vittima, abbandonandone il corpo nell'Audi di Contri, per cambiare l'auto con cui stava fuggendo. Dai documenti che quel malcapitato aveva addosso, siamo risaliti alla sua vettura: un'Alfa Romeo munita di telepass. È uscita al casello di Milano e l'abbiamo ritrovata poche ore fa, abbandonata in un parcheggio nei pressi della stazione».

Sensi raccontò nei dettagli tutto quello che erano riusciti a scoprire della fuga di Riondino.

«È qui da questa notte», concluse.

«Sei vittime...». Claps avrebbe voluto essere lontano da quell'ufficio, da Sensi, da Riondino, da quelle morti.

«Dobbiamo capire ancora molto di questa fuga, ma in ogni caso adesso questa caccia è cosa nostra».

La morsa allo stomaco si fece quasi insopportabile. «Non è detto che sia... ancora qui», si costrinse a dire Claps.

«È vero», sospirò Sensi, «ma ci sono due considerazioni che me lo fanno pensare. La prima: l'auto della vittima in autogrill è stata ritrovata alla stazione centrale, cioè come se volesse farci credere di aver preso un treno per lasciare Milano e far perdere le sue tracce; ma, vista l'ora in cui Riondino deve essere arrivato, non ci sono treni in partenza fino al mattino, e i filmati delle telecamere nella stazione non mostrano nessuno che potrebbe essere lui: non può aver passato la notte in stazione aspettando di salire su uno dei primi convogli della mattina».

Potrebbe aver passato la notte all'aperto ed essersi confuso nella folla dei viaggiatori al mattino, pensò Claps, ma non lo disse.

«La seconda con...siderazione?», chiese invece.

«Perché tornare a Milano? Aveva un'auto: poteva andare ovunque. No Claps, lui è qui. È qui perché è questa la sua città; anche dopo sette anni di detenzione pensa di sapere come muoversi, come nascondersi». La voce di Sensi si fece più dura: «Ha ucciso due dei nostri. Noi lo staneremo, vero?».

Claps distolse lo sguardo: «Non hai bisogno del mio aiuto per far...lo».

«Forse, ma solo se lo troviamo nelle prossime ventiquattro ore. Se non ci riusciamo vuol dire che avrà trovato un rifugio sicuro. Nascosto tra gli oltre due milioni di persone che vivono e lavorano ogni giorno in questa città. Ed è allora che mi servirà anche il tuo aiuto per trovarlo: come si comporterà, come si muoverà? Come è possibile che dopo anni di cura sia successo tutto questo?». Sensi trasse un profondo respiro. «Ma non solo, Claps… Io non ho mai creduto molto alla questione delle personalità multiple, e in ogni caso è un solo uomo quello che devo catturare: Riondino. Ma per farlo non devo trascurare nessuna possibilità: se fosse tutto vero, dimmi, con chi avremmo a che fare? Chi dovremmo cercare, le mosse di chi dovremo prevedere, di Hannibal? O del Floscio, o del Furbo?».

Claps cercò di nascondere un leggero tremito nella voce: «Mi spiace, ma non posso rispon…derti. Sono passati sette anni; sette anni di terapia dopo i quali è stato giudicato non più pericoloso… Non so chi sia adesso, ma certo non è più il Riondino di al…lora».

Sensi cercò lo sguardo di Claps finché riuscì a incrociarlo: «Allora scopri con chi abbiamo a che fare ora. Parla con chi l'ha avuto in cura, con chi l'ha costudito, con i suoi compagni di cella… parla con chi vuoi, ma dimmi cosa cazzo è successo nella sua mente, come credi si comporterà, cosa farà. Dammi qualche spunto su come cercarlo».

Claps trovò difficoltà ad articolare la parola come non gli succedeva ormai da molto tempo. «Lo farò…», disse alla fine quasi in un sussurro.

Claps era uscito da pochi minuti quando Maiezza entrò nell'ufficio di Sensi.

«Ho appena parlato con l'unità informatica di Firenze, dottore», disse cercando di mascherare la propria eccitazione. «Hanno trovato qualcosa».

«Avanti, dimmi, Maiezza».

«Sul taccuino di Uggeri era stato trovato un appunto... "Libero FB"».

«E cosa diavolo vuol dire?», chiese Sensi aggrottando le sopracciglia.

«I colleghi ci hanno messo un po' a capirlo, ma alla fine ci sono arrivati: Riondino aveva un profilo su Facebook: "Libero Senza catene". In attività da sei mesi, e Contri era tra i suoi amici».

«Quindi da sei mesi Riondino aveva contatti con l'esterno?! Cazzo...».

«Si collegava dal PC dell'istituto di recupero quasi tutte le notti: il computer si trovava nell'ufficio del direttore... una semplice serratura a scatto e nessuna sorveglianza notturna. È stato grazie all'indirizzo IP che hanno recuperato l'account; il profilo risultava cancellato da ieri alle 20:22. Riondino deve averlo fatto direttamente dal computer di Contri, ci sono le sue impronte digitali sulla tastiera».

«Cristo...!».

«Restava collegato non più di un'ora, poi cancellava le conversazioni e le tracce della connessione dalla cronologia. Come le ho detto, Matteo Contri era tra le sue amicizie».

«Ecco come è finito a casa sua... sapeva già dove andare a nascondersi quel figlio di puttana. Non è rimasta nessuna chat tra i due?»

«Non sul profilo di Libero, di Riondino voglio dire, e anche Contri cancellava metodicamente tutte le conversazioni, ma una ne è rimasta: è del giorno prima dell'evasione».

«Cosa si dicevano?»

«Ecco dottore...», un leggero imbarazzo nella voce di Maiezza. «Sesso. Sesso virtuale».

Dopo qualche istante di cupo silenzio, Sensi sbottò: «Cazzo! Che nessuno cerchi ancora di propinarmi la storiella della ricaduta improvvisa, del raptus che fa tornare di botto Hannibal! Questo aveva un piano, e probabilmente ci stava lavorando da mesi! Quali personalità multiple, quale Hannibal?! Se davvero fosse stato un raptus lo avremmo già ripreso nelle prime ore mentre vagava nelle campagne toscane, o al limite qui, mentre cercava un rifugio a Milano. Per mesi ha navigato su internet tessendo una rete di contatti: sapeva bene cosa fare e di sicuro ha pianificato anche il rifugio a Milano dove adesso si nasconde. Cazzo!».

Sensi prese un respiro profondo per calmarsi. «Quanti amici aveva, e soprattutto, quanti qui a Milano?»

«Una quarantina in tutto, di cui otto a Milano. Pensa che cercherà un contatto con uno di loro?»

«Cristo, Maiezza, il contatto con Contri lo ha cercato eccome, non ti pare?!», ringhiò Sensi.

«Ascolta», riprese smussando la spigolosità del tono, «ragiona da poliziotto: ha cancellato le tracce della sua attività su Facebook, tanto che se non fosse per l'appunto di Uggeri, non saremmo mai risaliti al suo profilo: perché lo ha fatto se non per sfruttare qualcuna delle sue amicizie, magari proprio per nascondersi?»

«Ma allora perché non eliminare anche l'appunto di Uggeri, dottore?».

Sensi rifletté qualche secondo. «C'è solo una risposta ragionevole: perché non glielo ha visto prendere. Evidentemente Gottardi non aveva capito subito chi aveva di fronte: pensava di interrogare Contri sulla telefonata ricevuta, mentre Uggeri prendeva appunti. Probabilmente Uggeri era fuori dal campo visivo di Riondino mentre lo faceva». Sensi si interruppe un attimo per fissare negli occhi il suo ispettore e scandire bene le parole: «Insomma, il succo è che quell'animale non voleva che conoscessimo i suoi contatti». Il commissario si sporse verso Maiezza: «Però adesso siamo noi ad avere un vantaggio...», sibilò.

Maiezza ci mise un secondo: «Riondino in questo momento non sospetta che invece abbiamo trovato tutto».

«Esatto. Dobbiamo sfruttare questo vantaggio. Voglio sapere al più presto tutto di quelle otto persone: se sono single, se hanno famiglia, da dove si collegano e in quali ore».

«Dobbiamo metterle sotto controllo?»

«Sì, subito; reti fisse e cellulari, ma soprattutto seguiamoli su internet. Cerchiamo anche nel loro profilo Facebook, rovistiamo bene tra le attività, le conversazioni, e con una particolare attenzione alle nuove richieste di amicizia a partire da ieri: Riondino potrebbe cercare di contattarle con un nuovo profilo; vediamo se troviamo qualcosa che possa essere utile».

«Non vuole interrogarle subito? Sapere se Riondino chattava con loro e cosa si dicevano?»

«Non adesso. Meglio non smuovere troppo le acque:

se sapessero potrebbero tradirsi nel caso in cui Riondino cercasse di contattarle».

«Dottore… e se fosse già da uno di loro?».

Certo, Riondino poteva già essere lì, ospite desiderato o meno, inoffensivo o sanguinario come con Contri… «In questo caso lo prenderemo presto. Voglio una sorveglianza delle abitazioni ventiquattro ore su ventiquattro». Sensi rifletté ancora qualche secondo. «Non di tutti, per il momento solo quelle di chi si collega di notte, negli orari di quel bastardo. Con attenzione, però, e molta discrezione: nessuno si deve accorgere di nulla, soprattutto Riondino, se dovesse cercare di avvicinarli o fosse già rifugiato da uno di loro».

Con un cenno di assenso e un'espressione dura sul volto, Maiezza si avviò per uscire, ma Sensi lo bloccò sulla porta: «Che non trapeli che siamo certi che sia qui a Milano. Anzi diffondiamo la voce che pensiamo sia altrove, lontano… lasciamogli il guinzaglio lungo, l'idea che possa muoversi in città; vediamo se con quel guinzaglio lungo ci finisce strozzato».

Rimasto solo, il commissario Sensi si avvicinò alla finestra del suo ufficio.

Aveva una pista su cui lavorare, adesso.

Scostò la tenda. Sotto, un viavai di auto e passanti.

«Ti trovo… cazzo, ti trovo».

Aveva dormito tutto il giorno. Dodici ore filate da quando, poco prima dell'alba, era riuscito a prendere sonno.

Ed era bello svegliarsi libero. Una sensazione che aveva solo sognato per sette lunghi anni.

"Come ti senti, Furbo?"

"Strano... è come se ci fosse troppa aria da respirare".

"È la libertà. Ti ci abituerai presto", disse accendendo la TV e sintonizzando il programma su un notiziario.

Sul video scorrevano le fotografie delle vittime mentre lo speaker annunciava come le ricerche fossero allargate a tutto il territorio nazionale: Riondino aveva lasciato l'auto a Milano, ma da lì aveva preso un treno per chissà dove.

"Sta funzionando", disse il Furbo.

"Balle! Sanno benissimo che siamo a Milano: non esiste un altro posto che conosciamo altrettanto bene e dove possiamo nasconderci tra milioni di persone".

Sullo schermo passò una foto abbastanza recente di Riondino, e subito dopo la versione elaborata con Photoshop, dove la barba era scomparsa e i capelli tagliati. "Questo potrebbe essere adesso l'aspetto di Giacomo Riondino", disse il giornalista. Le due immagini rimasero a lungo sullo schermo.

"Non è poi così somigliante, specie ora che sembriamo Matteo", osservò il Furbo.

"No, ma neanche così diverso... e in ogni caso abbandoneremo presto l'aspetto di Matteo. Qui siamo al sicuro e come vedi abbiamo tutto ciò che ci serve: cibo, denaro, televisione, un cellulare e un PC nuovi fiammanti: meglio non farci vedere troppo in giro. Esattamente come avevamo stabilito. Poi faremo tutto".

"Hannibal e gli altri?"

"Tranquillo, tutto sotto controllo; nessuno creerà problemi".

Greta alla fine aveva scritto un secondo pezzo, e senza nemmeno tentare di opporsi quando il suo direttore glielo aveva chiesto un paio di ore prima. “Qualche riga sull’infanzia di Riondino, da affiancare all’intervista di un luminare che sostiene che lì si trovino le ragioni della follia di Riondino”.

Non aveva dovuto fare nessuno sforzo di memoria, o andare a ricercare i suoi pezzi di sette anni prima: la sera precedente, di ritorno dall’incontro con Claps, si sentiva ancora prigioniera di un’ansia sottile, una sorta di consunzione che non le permetteva di scacciare Riondino dalla sua mente. Come se, dopo anni che si teneva alla larga da storie come quella, adesso ne subisse un’inspiegabile, inesorabile attrazione. Aveva passato la notte andandosi a rivedere tutto il materiale che aveva raccolto per i suoi servizi di quando ancora era una giornalista televisiva, la “regina dello scoop”. Aveva spento la luce solo quando il giorno era ormai vicino.

Non le era perciò stato difficile scrivere il pezzo di getto, e non erano state solo poche righe. Del resto, la storia dell’infanzia di Riondino non si prestava a essere raccontata in poche battute: la madre, Anna, lo aveva avuto giovanissima da una relazione occasionale, e si era sposata tre anni dopo con Sergio Riondino, un balordo alcolizzato e violento che comunque aveva dato il nome al bambino. Dopo i primi mesi, la vita matrimoniale era diventata un inferno: l’uomo, come in un brutto romanzo d’appendice, scompariva a volte per giorni per poi ripresentarsi ubriaco e non lesinare la cinghia a madre e figlio. Una condanna per furto lo aveva tolto di mezzo per poco più di un anno, fino a quando poté godere di un indulto e far rientro a casa, sembrando un uomo cambiato. Anna rimase di nuovo incinta e quando dette alla luce il bambino, il piccolo Riondino aveva ormai sette anni. La gravidanza, conclusasi prima del termine con un cesareo d'urgenza, aveva provato la madre che iniziò a mostrare i primi segni di uno stato depressivo destinato a peggiorare negli anni. Presto anche il padre riprese gli antichi vizi, sfogando sempre più spesso sul piccolo Giacomo la sua violenza, forse anche sessuale; morì sul colpo tre anni dopo, imboccando ubriaco un senso unico con lo scooter mentre portava sulla sella il fratellino di Riondino. Il piccolo gli sopravvisse solo poche ore. Rimasto solo con la madre, Giacomo Riondino trascorse quel che restava della sua infanzia e poi l'adolescenza da ragazzo taciturno e solitario, come veniva descritto da chi l'aveva conosciuto: un po' strano nei comportamenti, bravissimo a scuola in alcune materie e disastroso in altre. Si diplomò con due anni di ritardo, pochi mesi prima che anche la madre morisse.

Ma anche dopo aver scritto e inviato l'articolo, Greta non si era liberata di quel senso di ansia, di consunzione che la inseguiva ormai dal giorno prima. Aveva creduto di poterlo fare parlando con Claps, scrivendo la storia di Riondino, ma si era sbagliata.

Ancora una benzodiazepina, e un bagno bollente evitando gli specchi del bagno per non vedere i suoi occhi da preda. Alla fine, ancora in accappatoio e a piedi nudi, prese il telefono.

«Claps…?»

«Buonasera Greta».

«Ha notizie di Riondino? Ha parlato con Sensi?».

Claps esitò prima di rispondere. «L'ho visto», disse alla fine quasi riluttante. «Vuole che l'aiuti a capire come la patologia di Riondino possa averlo cambiato in questi an…ni».

«Bene», disse Greta con un'allegria sin troppo forzata, «così potrà rispondere alle domande che ci facevamo ieri sera».

«Forse...». Claps non poteva dirle che avrebbe pagato per stare per sempre lontano da quella storia, da tutte quelle storie. «Domani andrò a Firenze per par...lare con il professor Reti, il medico che ha avuto in cura Riondino per i primi cinque anni».

«Non è stato seguito solo da una persona?»

«No, negli ultimi due anni è stato seguito da un altro psichiatra... quello che ha firmato la non pericolosità per il tras...ferimento in un istituto di recupero: il dottor Rinaldi. Lui vive qui a Milano e fa il pendolare con Firenze... lo vedrò dopo aver parlato con il professor Reti».

«Mi racconterà?».

Un reduce svuotato dall'orrore di una guerra che forse aveva sempre vinto, ma dove era certo di aver perso la pace.

Claps lo chiese quasi senza rendersene conto. «Mi vuole ac...compagnare, Greta?».

Forse, se non fosse stato da solo, avrebbe affrontato meglio quella prova.

La sua voce perse ogni profondità mentre ripeteva: «Vuole venire con me a Firenze?».

"Professore...? C'è bisogno di te: trovami una connessione diversa dalla nostra".

Le dita di Riondino scivolarono rapide sulla tastiera del PC portatile.

"Abbiamo tre segnali wireless abbastanza forti... tutti protetti, però".

"Riesci a entrare ugualmente?"

"Devo prima scovare i programmi adatti per violare la password e scaricarli dalla rete: non è così semplice".

"Datti da fare, allora".

"Scusa Jack, ma non possiamo usare la connessione di questo PC per quello che vuoi fare?"

"Non è prudente. Fa' andare le mani sulla tastiera, cazzo, ed entra in uno di quei segnali".

Ci volle quasi un'ora prima che un sorriso si aprisse sul volto di Riondino: "Ecco, Jack, siamo agganciati. È un segnale molto forte, probabilmente viene da un appartamento vicino".

"Il proprietario del computer si può accorgere che stiamo usando la sua connessione a internet?"

"Ho fatto in modo di essere invisibili. Possiamo sfruttare il collegamento senza che se ne renda conto".

"Bel lavoro, Professore. Adesso riposati e lascia fare a me, c'è un sito che devo visitare".

Le dita di Riondino digitarono velocemente sulla tastiera www.identificationconsulting.com[2]. La schermata si aprì immediatamente.

Unico fornitore di nuove identità originali online

Riproduciamo esattamente documenti originali con tutti i sistemi di sicurezza e con numeri e dati esistenti. La fotografia, applicata sul documento clone è quella fornita dal cliente. È sufficiente selezionare l'età e il sesso della persona e cerchiamo una vera identità da clonare con i vostri criteri.

Siamo in grado di fornire una carta di identità nazionale, o pa-

[2] Questo sito, attivo fino a poco tempo fa, è stato rimosso in seguito alle polemiche comparse sulla stampa nazionale in merito ai servizi offerti. Attualmente ne esistono altri, uno dei quali ne è l'esatta replica.

tente di guida, clonati da documenti originali sui dati forniti dal cliente.

La carta di identità, o la patente di guida, sono completamente clonati da documenti esistenti, ma con la foto fornita dal cliente e di fatto pienamente validi in caso di controllo delle autorità, dal momento che in caso di verifica vengono controllati i dati ed il numero e non la fotografia.

I Documenti Clone sono utilizzabili solo per intrattenimento. Ogni uso non consentito può essere punito dalla legge.

Riondino, seguendo le istruzioni per ottenere un contatto, entrò in una chat della Gran Bretagna. Dovette attendere solo pochi minuti prima che una finestra di dialogo si aprisse domandagli quale fosse la lingua che intendeva utilizzare.

«Italiano», digitò immediatamente.

Ancora qualche secondo e il dialogo riprese.

«Le ricordo che i documenti clone che noi forniamo sono utilizzabili esclusivamente per intrattenimento. Ha compreso bene, signore?»

«Certo, è molto chiaro».

«A quale genere di prodotto è interessato?»

«A una carta d'identità e una patente di guida clonate. Ambedue a nome di una stessa persona».

«Vuole indicarmi le caratteristiche di questa persona?»

«Maschio, dell'età compresa tra i cinquanta e i cinquantatré anni, preferibilmente residente a Milano».

«Devo verificare nel data base se possiamo esserle di aiuto. Occorreranno solo pochi minuti, resti in chat».

Poco dopo, la finestra di dialogo della chat inglese tornò a illuminarsi.

«Claudio Alderighi, cinquantadue anni, residente a Milano, via Ariberto 1».

«È perfetto. Mi dica come procedere».

«Occorrerà procedere a un pagamento anticipato di duemilacinquecento euro tramite Western Union o MoneyGram. Quindi inviarci il file in alta definizione della fotografia che vuole applicata sul documento. Infine un recapito dove possiamo inviarle i documenti richiesti».

«Quanto tempo occorrerà?»

«Entro cinque giorni riceverà tutto».

«Ho urgenza di quei documenti. Sono disposto a versare mille euro oltre a quelli richiesti per accelerare i tempi di consegna».

«Sì... in questo caso possiamo farglieli avere in due, tre giorni al massimo».

«Bene, siamo d'accordo, allora. Mi dia gli estremi per il versamento».

«Le faccio portare qualcosa da mangiare, dottore? Un pizza magari... Sono le ventitré e non ha ancora messo nulla nello stomaco».

«Cazzo, Maiezza, non puoi dire le undici invece delle ventitré?! Mica stai scrivendo un rapporto». Sensi si era sprofondato nello studio dei profili degli amici milanesi di Riondino su Facebook, non appena li aveva avuti in mano. «Comunque grazie, ma lascia stare, non ho fame. Magari ancora del caffè».

Il commissario era inquieto e dubbioso. A prima vista, degli otto profili, solo due sembravano poter essere interessanti per Riondino: entrambi single sui quarant'anni, da quel che si vedeva senza una gran vita sociale, uno probabilmente gay. Quasi la fotocopia di Matteo Contri. Ma per l'appunto sembravano i soli adatti se si ragionava pensando che Riondino intendesse utilizzarli nello stesso modo di Contri. Qualcuno cioè da cui riuscire a farsi ospitare per trovare rifugio, per poi, una volta calmatesi le acque, farlo fuori.

Ma era logico pensare che Riondino agisse due volte nella stessa maniera? Che ripetesse lo stesso strattagemma? Certo, non poteva immaginare che loro avessero stanato il suo profilo Facebook, ma sarebbe stato prudente ripetersi? Non avrebbe pensato che prima o poi sarebbero arrivati a capire come aveva agganciato Contri?

«Squadra che vince non si cambia», aveva sentenziato Maiezza quando Sensi gli aveva espresso quelle perplessità.

E poi, perché scegliere proprio quelle otto persone per stringere amicizia? Non certo solo per chattare ingannando il tempo. O almeno non tutte. Doveva esserci un motivo, qualcosa che avrebbe potuto sfruttare una volta evaso.

Ma cosa?

Sensi sospirò per l'ennesima volta in quella lunga giornata. Forse il punto stava proprio lì, nel capire cosa avessero da offrire quelle persone alla fuga di Riondino. Capire, per aspettarlo al varco, per prevenirlo nel suo piano. Un paio di giorni, non di più, e se il bastardo non si fosse fatto vivo con loro, le avrebbe torchiate a una a una.

Sensi si stirò sulla poltrona prima di comporre l'interno di Maiezza: «Ancora niente?»

«Per il momento sono in tre a navigare, e solo uno è collegato a Facebook, ma non è in chat con nessuno, solo qualche *like*».

«I telefoni?»

«Niente di rilevante, dottore».

«Va bene... vado a riposare qualche ora, ma chiamatemi immediatamente appena avete il sentore di qualcosa».

10

Il professor Reti abitava in pieno centro a Firenze, nell'antica via Delle Pallottole, a pochi metri dal Duomo. Era un uomo ormai anziano, che si muoveva con una certa rigidità, ma dalla mente ancora lucida e un piglio sorprendentemente giovanile. Accolse Claps e Greta mentre il campanile di Giotto batteva le undici sopra la cupola del Brunelleschi.

«Sì, ho seguito Giacomo Riondino per quasi cinque anni», disse dopo averli fatti accomodare nel suo studio, «cioè fino a quando sono andato in pensione, un anno prima che venisse dimesso dall'ospedale psichiatrico giudiziario».

«Quindi fino a due anni fa, circa».

«Più o meno; e di conseguenza le informazioni che posso darvi non sono attuali. Posso...?», chiese il professore prendendo una pipa già caricata dalla scrivania. «Un caso straordinario, e direi affascinante se non fosse per le morti che ha causato».

Nella stanza si diffuse l'aroma dolce di un tabacco olandese.

«La storia clinica di Riondino», riprese il professore, «è scolastica, direi: sembra uscita da un manuale. Un'infanzia molto difficile...».

«Conosciamo la sua st...oria», lo interruppe con gentilezza Claps.

«Maltrattamenti, forse abusi sessuali, la morte del fratellino… tutto molto triste».

«È dalla sua infanzia», chiese Greta, «che nasce la patologia di Riondino?»

«Indubbiamente. Non riuscendo a sopportare il dolore, a elaborarlo, a superare i traumi, la sua coscienza invece di unificarsi è rimasta frammentata. Cerco di spiegarmi meglio…». Il professore fece una breve pausa. «Vede, se ci pensa, noi stessi talvolta ci sentiamo diversi da come siamo o crediamo di essere: percepiamo differentemente stesse cose, stesse situazioni; rispondiamo con emozioni diverse a uguali stimoli senza per questo mettere in discussione la nostra identità. Per esempio di uno stesso accadimento a volte ridiamo, altre ci preoccupiamo; talvolta siamo condiscendenti, altre rabbiosi… socievoli o solitari… Eppure siamo consapevoli di essere sempre la stessa persona: sappiamo, intuiamo, accettiamo che la nostra coscienza, il nostro sé sia formato da molte parti diverse integrate tra loro. Immagini invece, adesso, un bambino sottoposto a traumi psicologici continui; di quelli che anche a noi sarebbe difficile accettare, sopportare, superare. Un bambino nel quale è magari presente una particolare condizione anatomica cerebrale. Un bambino, infine, nel pieno di quel delicato processo di crescita che è l'integrazione della coscienza di sé. Bene, non ci si dovrebbe stupire se in lui si dovesse innescare una reazione dissociativa massiccia, se si venisse a formare una separazione talmente netta tra parti del sé da renderle scollate una dall'altra e fargliele percepire come entità differenti; in una parola persone diverse».

«È così che si sono formate le sue tre personalità… il Floscio, il Furbo, e Hannibal», mormorò Greta.

Il professore fece un mezzo sorriso: «Tre? Signori miei, sono molte di più le personalità che Giacomo Riondino si era creato per sopravvivere alla sua incapacità di superare i traumi».

Greta provò un brivido lungo la schiena: «Quante altre?», chiese quasi con un filo di voce, mentre Claps sentiva serrarsi le mascelle.

«Quando ho iniziato a incontrarlo, mi trovavo sempre e solo il Floscio davanti, per fare uscire il Furbo era spesso necessaria l'ipnosi, e quanto a Hannibal, non sembrava neanche esistere... se solo lo nominavo il Floscio cadeva dalle nuvole, mentre il Furbo si innervosiva e si rifiutava di continuare a parlare. Solo dopo qualche mese il Furbo ammise che c'erano anche altre due persone: una "sentiva" soltanto che ci fosse, ma non la conosceva, e l'altra, con cui invece parlava, non voleva venire fuori, e anzi si sarebbe arrabbiata molto ora che lui ne aveva rivelato l'esistenza».

«Ma come è possibile?!», sbottò Greta. «Cos'è la mente di Riondino, una specie di condominio? Gente che va, gente che viene...».

Il professore sorrise di nuovo: «Un condominio... Non è male come definizione».

«Lei sa, Greta», aggiunse Claps, «come è intitolato il libro che nar...ra la storia di Billy Milligan? *Una stanza piena di gente*».

Greta fece un gesto come a voler sottolineare la propria perplessità. «Me lo procurerò, ma mi scusi, professore, ho interrotto il suo racconto, continui, la prego».

«Ci volle ancora del tempo, settimane, ma alla fine questa nuova personalità venne allo scoperto e da allora le cose cambiarono completamente. Un carattere molto forte: disse di chiamarsi Jack e di essere a conoscenza di tutte le altre personalità; disse anche… be', aspettate: conservo la registrazione audio del nostro… chiamiamolo primo incontro; volete sentirla?»

«Abbiamo tutto il tempo, professore, e tutta la necessità di ca…pire».

«Solo il tempo di accendere il computer, allora», disse Reti aprendo il portatile che teneva sulla scrivania.

Dopo un paio di minuti, dagli altoparlanti la voce del professore si diffuse appena distorta nella stanza: «Buongiorno, sei il Furbo, vero?»

«Hai imparato a riconoscermi, professore…».

«Lo capisco dallo sguardo, dalla posizione del corpo. Tu e il Floscio siete molto diversi».

«Vero, e non vorrei essere simile a lui nemmeno per tutto l'oro del mondo: è un debole, una nullità».

«Possiamo parlare un po', Furbo?»

«Non con me oggi. C'è Jack che vuole farlo».

«Jack?»

«Cosa c'è professore, non ti piace il nome? Eppure sono settimane che mi chiedi di parlare con lui. Bene, adesso è disposto».

«Non mi avevi ancora detto il suo nome… È vero, sono impaziente di poter conversare con lui».

Per qualche secondo solo un fruscio, poi entrò una nuova voce, più bassa di quella del Furbo, ma egualmente tagliente.

«Voleva conoscermi, professore?»

«È un piacere, Jack. Vuoi parlarmi di te?»

«Ci vada piano con le domande. Prima non vuole sapere perché ho deciso di venire fuori?»

«Certo. Fino a oggi non volevi, cosa ti ha fatto cambiare idea?»

«Dica pure che ero incazzato nero. Nessuno doveva sapere di me e degli altri».

«Altri? Oltre al Furbo e al Floscio ce ne sono altri?»

«Gliel'ho già detto: ci vada piano con le domande».

«Va bene, non sei obbligato a rispondere se non vuoi».

«Certo che non sono obbligato, cazzo!».

«Posso però chiederti perché non volevi che si sapesse di te e degli altri? Possiamo parlare di questo?»

«Non risponderò a questa domanda, ma posso dirle perché ho deciso di parlarle».

«Ti ascolto, Jack».

«Una cosa prima: siamo amici?»

«Spero che lo potremo diventare, anzi ne sono certo».

«Certo, amiconi! Come no? Non ha capito un cazzo. Siamo amici? Mangiamo insieme? Mi pare proprio di no, e allora perché mi dà del tu? Crede di essere così superiore da potermi trattare dall'alto in basso?»

«No, certo che no; è un'abitudine, con il Furbo ci diamo del tu».

«Lasci perdere il Furbo, il Floscio… sono gregari: sono io che ho il controllo, e pretendo rispetto».

«Controllo?»

«Decido io quello che si deve fare e vedo tutto di loro».

«Cioè sa quello che fanno e dicono?»

«Se voglio, posso seguirli in quello che fanno secondo per secondo».

«E loro possono vedere quello che fa lei?»

«Assolutamente no. Sono gregari le ho detto, lo ha già dimenticato?»

«Capisco… Ci sono altri oltre a loro due?»

«Forse… ma non è ancora il momento di parlarne».

«Può spiegarmi meglio, allora, cosa intende per avere il controllo su di loro?»

«Se c'è da prendere una decisione, lo faccio io e dico loro come comportarsi».

«Altrimenti sono liberi di comportarsi come credono?»

«È ovvio, ma sanno che non devono fare cazzate».

«Come rivelare…».

«…il nostro segreto. Esattamente».

«Quindi lei è ben consapevole della vostra "diversità"… Ma perché tenerla nascosta? Non ha mai pensato di poter essere aiutato?»

«Che domanda stupida! Per finire in mano a strizzacervelli eccitati dall'avere per le mani un caso tanto straordinario? Per diventare un fenomeno da baraccone? E poi, cosa c'è da aiutare, cazzo?! Mi ascolti, professore, noi siamo così. Punto. E ci troviamo bene».

«Tornando agli altri, a quelli che controlla, è capitato che ne facciano di… cazzate?»

«Qualche volta».

«Come quella di Hannibal, per esempio?»

«Già, ed è proprio questo il motivo per cui adesso stiamo parlando».

«Controlla anche lui?»

«Che cazzo! Le pare che lo controllassi quando ha fatto quel macello?!».

Per qualche secondo solo qualche fruscio, poi Riondino riprese a parlare.

«Io gli permettevo di venire fuori di tanto in tanto, era questo il tipo di controllo che avevo. Lui è sempre stato un problema, ma non si era mai nemmeno avvicinato a fare una cosa anche soltanto lontanamente simile a quello che ha fatto. Usciva molto raramente e solo in situazioni particolari. Comunque adesso Hannibal non tornerà mai più: è segregato, sepolto».

«Eppure…».

«Basta! Per il momento non dirò più una sola parola su Hannibal. Piuttosto, lei dice in continuazione al Furbo che vuole aiutarci. Bene, l'unico motivo per cui sono venuto fuori è farle questa domanda: il suo aiuto può farci uscire da qui? È l'unica cosa che ci interessi».

«È molto prematuro parlarne ora, ma certo, il percorso che vorrei intraprendere, se me lo permetterete, porta a realizzare quella condizione in cui non sia più necessaria una detenzione in un istituto come questo».

«Cazzo, che modo complicato di esprimersi per dire una cosa semplice, professore! Insomma ci può tirare fuori?»

«Come le dicevo…».

«Senta non mi interessano le chiacchere: lei può pensare che siamo un caso da studiare, un'evoluzione della natura umana, un fenomeno da baraccone… quello che vuole, ma quel che è certo è che noi non abbiamo commesso alcun crimine e Hannibal non tornerà mai più. Ci può tirare fuori da qui?»

«Dovremo lavorare insieme duramente e a lungo per raggiungere quel traguardo: occorrerà accettare quelle cure, quell'aiuto che finora non ha mai voluto considerare e che anzi riteneva da rifuggire. È questa la strada. Glielo ripeto: dura e lunga».

«Come può immaginare al momento non abbiamo altri impegni. Cominceremo domani. La saluto, professore».

Il file audio era terminato e Claps fece subito per dire

qualcosa, ma il professore lo fermò con un gesto della mano: «Aspetti, ho anche il colloquio che ho avuto con Jack il giorno dopo, ed è un video questa volta. Molto interessante».

Reti ruotò il portatile in modo che lo schermo fosse in favore di Claps e Greta, e aprì un nuovo file.

«Buongiorno Jack».

Riondino era al centro dell'inquadratura; indossava una tuta da ginnastica e, rispetto all'ultima volta che Claps l'aveva visto, aveva una barba folta e i capelli molto più lunghi. L'atteggiamento del corpo era però sempre il medesimo: seduto al tavolo con aria afflitta, le mani intrecciate, il busto e il capo piegati in avanti.

«Jack...? Perché mi chiama così?», disse sollevando per un attimo uno sguardo smarrito dalla superficie del tavolo.

«Scusa, non ti avevo riconosciuto. Buongiorno Riondino, come ti senti stamani?»

«Mi sento un po'... confuso, professore».

«Vuoi che ti aiuti a rilassarti?».

Per tutta risposta Riondino si irrigidì improvvisamente, i suoi occhi furono preda di un nistagmo rapidissimo.

«Sono qui, professore. Non c'è bisogno dell'ipnosi. Iniziamo?».

Il Floscio non c'era più, ma non era nemmeno il Furbo che Claps aveva conosciuto, la persona al centro dell'inquadratura. Il busto era eretto, sebbene non del tutto, con le spalle appena curvate in avanti. Sul volto erano comparse rughe di espressione che il Floscio non aveva; lo sguardo era profondo e cupo, senza che tradisse però alcuna emozione.

«Pensavo di trovarla subito quando sono entrato, Jack».

«È meglio per tutti se quando stiamo con qualcuno è il Floscio a essere fuori. Meno problemi».

«Lui non sa di lei e del Furbo?»

«No, ignora la nostra esistenza; ma questo lei dovrebbe già saperlo».

«Infatti, ma c'è una cosa che vorrei chiarire a questo proposito».

Lo sguardo di Riondino rimaneva fisso, intenso, ma impenetrabile. Non aveva ancora sbattuto una sola volta le ciglia. «Le ho promesso tutta la mia collaborazione, chieda pure: risponderò a tutto purché non si parli in alcun modo di Hannibal e di ciò che ha commesso. Ne parleremo, ma non oggi, e neanche domani».

«Come vuole lei, Jack; ieri mi ha detto che esercita un controllo sul Floscio: come riesce a farlo se lui non si rende conto della sua esistenza?»

«Gli parlo, gli dico cosa fare, ma lui non avverte la mia presenza».

«Come se sentisse delle voci?».

Riondino parve spazientirsi: «Le voci... cazzo, voi psichiatri siete proprio affezionati a questa immagine, vero? Dai tempi di Giovanna d'Arco e anche prima. Santi, streghe e stregoni... e oggi i pazzi: tutti a sentire le voci!».

«Cosa, allora?»

«Li avverte come pensieri suoi... cosa è meglio fare e cosa no. Diciamo che in un certo senso sono la sua coscienza».

«Mentre col Furbo parla come se fosse un vero dialogo?»

«Sì con tutti gli altri parlo».

«Altri... Le ripeto la domanda che le ho già posto ieri: oltre al Furbo e Hannibal ci sono altre personalità?»

«Persone, professor Reti, non personalità. Persone», disse con puntiglio.

«D'accordo, persone. Ce ne sono altre?»

«Sì».

«Bene, prima di sapere di loro, però, vorrei capire come funzionano i vostri dialoghi. Vi parlate a voce alta o sono solo pensieri? Frasi articolate o sensazioni, flash mentali?»

«Entrambi i modi. A volte è qualcosa di assolutamente interno, difficile da spiegare: come un pensiero che attraversi in un centesimo di secondo la mente. Più spesso è un vero e proprio dialogo; anzi, quando siamo assolutamente certi di essere soli, avviene ad alta voce».

«Quante altre... persone ci sono?»

«Siamo una decina».

«E lei, Jack, parla con tutte?»

«Sì».

«Parlano anche fra di loro?»

«Solo alcuni; quelli che si conoscono».

«Cioè non tutti sono a conoscenza dell'esistenza degli altri?»

«Esattamente. Io sono l'unico che conosce tutti». Una breve esitazione. «E ho il controllo».

«Dovrà farmi capire meglio cosa intende per controllo, e dovrò poter parlare con tutti gli altri, Jack».

«Abbiamo tutto il tempo per farlo, professore».

«Iniziamo allora a parlare della sua particolare situazione; dell'esistenza cioè, se così si può dire, di più persone nello stesso corpo, che di volta in volta ne prendono il controllo. Lei come descriverebbe questa cosa, Jack? Come avviene?»

«So che a voi psichiatri piacciono le immagini teatrali», c'era un leggero sarcasmo nel tono, «quindi immagini proprio un teatro. Un bel teatro, cazzo, con un grande palcoscenico dove stiamo tutti noi: alcuni dormono nel buio, altri pensano in silenzio o parlano tra loro. Un solo riflettore illumina un'unica persona: è lei quella che è fuori e interagisce col mondo esterno. Interagisce… le piace questa parolona, professore?»

«Molto ben scelta, Jack; ma può spiegarmi meglio cosa intende quando dice che gli altri pensano in silenzio o parlano tra loro, mentre uno di voi è fuori?»

«Significa esattamente quello che ho detto: la nostra vita non si limita né si esaurisce con l'essere fuori. Noi continuiamo a esistere anche se è una sola persona a interagire col mondo esterno. È troppo difficile da comprendere tutto questo, professore? Lei stesso non ha forse più pensieri che vivono contemporaneamente nella sua mente? Che talvolta si intrecciano, si contaminano tra loro?».

Il professor Reti rimase qualche istante in silenzio prima di riprendere.

«E la persona che è fuori in che modo interagisce? Voglio dire, può comportarsi in modo autonomo?»

«Naturalmente. Come le ho detto più volte non è un semplice aspetto della mia personalità come lei invece sembra continuare a credere: è una persona».

«Invece le credo, Jack, non saremmo qui a parlare, altrimenti. Cerco solo di capire. Ammetterà che la sua è una situazione… fuori dall'ordinario».

«Ha esitato: voleva forse dire patologica anziché fuori dall'ordinario?»

«Jack... non si troverebbe in un ospedale psichiatrico se non venisse considerata patologica».

Le palpebre di Riondino si socchiusero di un niente: «Quindi mi considera un pazzo?»

«Le ripeto: sto solo cercando di capire. Per esempio, lei vede quello che fa una persona quando è fuori?»

«Posso farlo se voglio. O posso riposare. Ma sono l'unico: gli altri non vedono quello che fa».

«Sa anche quello che pensano?»

«Cazzo, mi ha preso per uno stregone che sa leggere nel pensiero? Sa bene che questo non è possibile».

«Ma gli altri, se non possono vedere la persona che si trova fuori, se vedono quel che accade solo di tanto in tanto, quando il riflettore è puntato su di loro, non sono confusi, spiazzati dalla mancanza di un *continuum* temporale? Il Floscio, per esempio, che non sa niente degli altri...».

«Vero, lui ignora la nostra esistenza. Quello che sa è che ha... dei vuoti di tempo».

«Può spiegarmi meglio?»

«Succede un po' a tutti noi. Sei fuori da qualche parte a fare qualcosa, e poi all'improvviso sei in un altro posto e sai che è passato del tempo, ma non sai cosa è successo».

«Deve essere terribile».

«Forse per lei; per noi è sempre stato così: non c'è nulla di terribile, è la nostra condizione da sempre».

«Lei ha detto più volte di avere il controllo sugli altri... Cosa intende con precisione, che tipo di controllo esercita?»

«Per prima cosa, tanto per rimanere nel paragone del teatro, diciamo che sono in grado di manovrare il riflettore».

«Cioè decidere chi può uscire?»

«Questo solo in parte: ognuno si prende comunque un suo spazio, e quando riposo non so neanche chi sia fuori; posso però impedire che qualcuno esca se non lo ritengo opportuno».

«Sa spiegarmi come riesce a farlo?»

«Mi basta volerlo. Tutto qui». Di nuovo quel tono sarcastico. «Non so spiegarlo altrimenti, ma se non trova la risposta sufficiente, me lo spieghi lei come ci riesco: cazzo, non sono io lo strizzacervelli».

«Restiamo un istante sull'uscire all'aperto, sul riflettore che illumina: avviene in modo casuale?»

«All'inizio, da ragazzo, era così... o forse erano le situazioni in cui ci trovavamo a favorire l'uscita di uno o dell'altro di noi».

«Ora è diverso?»

«C'è una specie di accordo. In base all'esigenza di tenere nascosta la nostra condizione. Abbiamo delle regole: spazio per tutti, ma divieto di combinare casini, di mettere a repentaglio la sicurezza di tutti. E assoluta sincerità: è una questione di onore quella di non dire mai il falso tra di noi».

«Non accade mai?»

«Mai».

«Non accade neanche di mentire per omissione?».

Riondino parve stupito dalla domanda: «Mentire per omissione? L'omissione non è una menzogna. Di fronte a una domanda diretta le risposte tra di noi sono sempre sincere. Può al massimo accadere di non rispondere, o di dare una risposta ambigua: la nostra lingua lo permette facilmente, ma secondo il nostro codice questo non è mentire».

«Dunque avete regole... chi le ha stabilite?»

«Non lo immagina, professore?», chiese a sua volta Riondino con uno sguardo cupo.

«Lei?»

«Bravo...».

«Quindi ha autorità su tutti gli altri».

«Ancora non le era chiaro questo, professore? Solo io conosco tutti, e solo io decido cosa fare quando c'è da prendere una decisione importante, o di fronte a una situazione critica».

«Critica come questa?»

«Mi è difficile pensare a una situazione più critica del trovarsi in stato di detenzione».

«Allora, se capisco bene, in questo momento Jack, lei sta istruendo tutti gli altri su come comportarsi».

«Capisce bene».

«E tutti obbediscono? Hanno sempre obbedito?».

Riondino scattò: «Le ho detto che non intendo parlare di Hannibal, cazzo!».

«Non mi riferivo a lui, Jack. Non mi ha detto che è sepolto?»

«Certo, lui non c'è più». Per un istante Riondino aveva esitato e distolto lo sguardo. Riprese a parlare più velocemente di quanto aveva fatto fino a quel momento: «È il motivo per cui ci deve far uscire di qui: noi non abbiamo fatto niente».

«Dovremo fare molti passi in avanti perché questo sia possibile, ma oggi stiamo già facendo il primo, non le pare? Anche se non mi ha ancora detto se le obbediscono sempre tutti…».

«Ammetto che con un paio di altre persone c'è tensione, alle volte».

«Me ne vuol parlare? E mi vuol parlare delle altre persone che sono con lei?»

«Sono stanco, adesso…». La voce si era fatta improvvisamente strascicata. «Mi pare di aver già parlato abbastanza per oggi».

«Va bene, fermiamoci qui, riprenderemo nei prossimi giorni. C'è solo un'ultima cosa, ma non è una domanda… Diciamo che è una specie di compito, di esercizio che vorrei lei facesse, Jack, fino al nostro prossimo incontro. È importante».

«Un altro passo in avanti?»

«Sì».

«Dica, allora».

«Chi è la persona con cui parla più spesso?»

«Il Furbo».

«Bene, ecco cosa deve fare: vorrei che si concentrasse, e si sforzasse di *sentire* i pensieri del Furbo, di trovare, meglio ancora, di vedere un suo ricordo».

«Ma è assurdo, cazzo!», sbottò Riondino.

«Si deve fidare di me, Jack, dei miei metodi, se vuole uscire».

«Non si può entrare nella mente di un altro, e un uomo di scienza come lei dovrebbe saperlo bene, cazzo!».

«Le ho chiesto solo di provare. Di concentrarsi e di sforzarsi. È un esercizio. Lo farà?».

Riondino esitò a lungo prima di rispondere.

«Forse».

«Tutti i colloqui con Riondino sono stati registrati», disse il professore chiudendo la finestra del filmato. «I file sono conservati nell'istituto psichiatrico giudiziario di Montelupo, ore e ore di conversazione, ma conservo qui i duplicati dei colloqui più significativi: glieli posso dare, potrà esaminarli con calma».

«Mi saranno molto utili, professor R...eti», ringraziò Claps. «Anzi richiederò anche quelli delle sedute con il dottor Rinaldi». Claps si sporse leggermente verso il professore: «Jack dunque si è rivelata la per...sonalità principale? Quella su cui fondere le altre?», chiese.

«E davvero Hannibal non si è mai più mostrato?», domandò contemporaneamente Greta.

«Andiamo con ordine, prima le signore... No, in tutti gli anni che ho seguito Riondino non ho mai incontrato Hannibal, anzi, per quello che si sa, si è manifestato unicamente in uno dei primi interrogatori; lei, dottor Claps ha sicuramente visto il filmato».

Claps annuì.

«Devo dire, però», continuò il professore caricando di nuovo la sua pipa, «che non sono mai stato sicuro che realmente non esistesse più: in fondo lo stesso Jack ha sempre parlato solo di segregazione, al massimo di sepoltura. La realtà è che l'eliminazione di Hannibal sarebbe dovuta passare attraverso l'elaborazione dei traumi che Riondino aveva subito da piccolo: la loro metabolizzazione psichica, il superamento; e questo non è mai successo completamente. Credo che Hannibal sia sempre stato lì; segregato, sepolto, impossibilitato a uscire, ma lì».

«È questo il motivo per cui nelle relazioni an...nuali non ha mai dato parere favorevole perché Riondino venisse dimesso dal manicomio giudiziario e affidato a un istituto di recupero?», chiese Claps.

«Sì, ho sempre ritenuto che fosse prematuro e pericoloso, sebbene fossimo sulla strada giusta con la terapia. Ma, ripeto, questi miei giudizi risalgono a due anni fa».

«Visto quello che è successo adesso», osservò con una smorfia Greta, «le cose non devono essere cambiate di molto in questi due anni, e chi lo ha preso in cura dopo di lei non se ne è reso conto».

Il professore allargò le braccia: «Il collega che mi è subentrato, il dottor Rinaldi, e che ha dato parere favorevole alla sua dimissione, aveva tutti i titoli per farlo, e mi era parso assolutamente preparato». Il professore si arrestò qualche secondo per riaccendere la pipa appena caricata. «Conosciamo in fondo poco di questa patologia, ma la possibilità di ricadute parziali esiste ed è documentata; anche proprio nel caso Milligan, per esempio».

Per qualche secondo nessuno parlò.

«Ci vuole dire di più su Jack, profes...sore?», riprese Claps.

«Jack... Rispondo subito alla sua domanda di qualche minuto fa: sì, Jack si rivelò subito come la personalità più completa, quella a conoscenza di tutte le altre, quella che, volendo, poteva vedere cosa facevano gli altri una volta all'esterno; in una parola quella su cui avviare il processo di fusione, di unificazione delle identità».

«Il Riondino "tutto in un pezzo"», mormorò Greta.

«Non a caso tutte le altre identità, con un'unica eccezione, come vedremo, non avevano un nome proprio; solo lui. Giacomo Riondino. Giacomo. E da qui Jack».

«E Hannibal l'altra personalità con un nome proprio», commentò Greta.

«No, in realtà Hannibal non è diverso dal Floscio, dal Furbo: indica una caratteristica tipica dell'identità; in questo caso, prendendo spunto dal mostro creato dalla fantasia di Thomas Harris, la spietata follia omicida».

«Quindi l'altra con un nome proprio è una delle personalità di cui ancora non ci ha parlato?»

«Ogni cosa a suo tempo», annuì il professore, «altrimenti rischiamo di fare una grande confusione; stiamo ancora parlando di Jack».

«La per...sonalità guida, quella su cui produrre la fusione delle altre», disse Claps deciso a riportare il discorso sulla terapia.

«Esattamente: facendogli comprendere, direi quasi insegnandogli, di essere un'unica persona accumunando i ricordi e, conseguentemente, elaborando e superando i traumi del passato. Una strada lunga e credetemi per lui tanto faticosa quanto dolorosa». Di nuovo la pipa si era spenta; con calma il professore la riaccese prima di continuare: «A poco a poco vennero fuori altre identità, dieci in tutto, compreso Jack. Il Professore, l'Attore, il Conte... ma ecco», s'interruppe prendendo una cartelletta nella libreria e porgendola a Claps, «questa è una scheda riassuntiva, ma precisa di tutte le identità di Riondino: potrete studiarla con calma».

«La terapia produs...se dei risultati?»

«Sì, ma come ci si deve aspettare in questo genere di casi, molto lentamente; a piccoli passi mossi con grande fatica. Alla fine, poco prima che lasciassi la professione, si erano creati due gruppi, due blocchi. Uno, quello più forte, più prepotente diciamo, era capeggiato da Jack ed era formato dal Furbo, dal Floscio, dal Professore, dall'Attore e il Conte. In realtà tutte queste personalità si stavano fondendo in Jack, e lo stesso Jack ne era consapevole, pur comportandosi ancora come se avessero una loro autonomia».

«In che senso, scusi?», chiese Greta.

«Vede, tutti noi ci facciamo domande e ci diamo risposte, assumiamo atteggiamenti diversi a seconda delle situazioni, a volte addirittura ci fingiamo diversi da quello che siamo, senza che questo metta in dubbio l'unicità della nostra identità. Riondino all'epoca intuiva ormai di essere un *unicum* col suo gruppo, ma tendeva ancora a utilizzare le altre personalità. Le faccio un esempio semplice: lei sta per uscire di casa e vede che il tempo è nuvoloso, allora si chiede se portare con sé un ombrello; ci pensa un istante e poi decide di prenderlo. Nella mente di Riondino invece la stessa cosa funziona così: "Cosa dici Professore, portiamo l'ombrello?", chiede Jack, e il Professore gli risponde "Meglio portarlo nel caso dovesse piovere"».

«Una specie di dialogo...».

«Sì, anche se Jack poteva ormai intuire di essere la stessa persona, continuava a servirsi di quelle che una volta erano le sue altre ben distinte personalità. Le faccio un altro esempio: lei si trova in una situazione complicata dove per trovare una soluzione occorre agire con scaltrezza; bene, si concentra su come fare, e agisce di conseguenza. Non così il nostro Jack: lui finge di chiamare il Furbo "Ehi Furbo, abbiamo un problema...", "Lascia fare a me, ci penso io"».

«Non capisco: perché fare così se stava diventando consapevole di essere un'unica persona? Lei stesso ha detto *finge* di chiamare».

«Deve comprendere che il processo di quella che noi

chiamiamo fusione delle personalità non è automatico e repentino. Non si tratta di schiacciare un interruttore. Avviene per gradi, e alla fusione completa nel modo di pensare come un *unicum* si arriva solo dopo molti anni».

«Ma comunque Riondino, come dice lei, intuiva di essere una sola persona: la fusione delle personalità era avvenuta».

«Sì... Sì e allo stesso tempo no», il professore aspirò profondamente il fumo dalla pipa. «Avrà notato che io parlavo di Jack, non di Riondino. Jack è fuso con il suo gruppo, ma si ricorderà che le dicevo anche di un altro blocco di personalità».

«Con le quali non era fuso, questo vuol dire?»

«Esattamente. Personalità assolutamente autonome: pur sapendo di loro e dialogandoci, nessuna memoria comune, nessun controllo sul loro modo di agire, forse solo la capacità di inibirne parzialmente la presa del controllo. Le personalità di Riondino più nascoste: Jack non me ne fece mai cenno per i primi due anni; uscirono durante una seduta in ipnosi, e sempre quella ho dovuto usare per riuscire a parlare con loro».

«Quante sono queste personalità?»

«Sono solo tre, interessantissime, molto diverse e spesso in contrasto con Jack: le personalità che racchiudono nella loro memoria i traumi dell'infanzia di Riondino e ne trattengono il dolore. Il Piccolo, il Ribelle, e infine la più sorprendente: Giulia, una personalità femminile, l'unica insieme a Jack ad avere un nome proprio».

«Ce ne può parlare, profes...sore?».

11

«Non è ancora uscito, dottore». Maiezza era al cellulare nell'auto priva di contrassegni parcheggiata di fronte al palazzo dove abitava Antonio Greco, uno dei due profili più sensibili tra le amicizie di Riondino. «Anche ieri non si è presentato al lavoro: ha chiamato dicendo di essere ammalato».

«Attività su internet?». Sensi aveva aspettato in ufficio il rapporto di Maiezza.

«Nessuna, sempre da ieri; e solo una chiamata telefonica, quella sul posto di lavoro per avvisare che non sarebbe andato», la voce di Maiezza vibrava eccitata. «Solo quella. Da quando Riondino è arrivato a Milano nella notte».

«Già...». Sensi iniziò a sentire l'adrenalina scorrergli nelle vene; nonostante tutti i dubbi del giorno prima, era un dato di fatto che il profilo di Greco fosse quasi sovrapponibile a quello di Contri, e che Greco non desse più alcun segno di sé proprio da quando Riondino era giunto a Milano. Forse aveva davvero ragione Maiezza con quel suo "squadra vincente non si cambia"... forse Riondino si trovava lì, convinto di essere al sicuro e con il cadavere di Greco vicino.

«Adesso provo a salire», disse con decisione Maiezza.

«In quanti siete sul posto?»

«In quattro, dottore, ma sta arrivando un'altra squadra. Mi farò aprire con una scusa».

«Come intendi fare?», chiese preoccupato Sensi.

«Togliamo la corrente al palazzo e dopo dieci minuti ci presentiamo come operai dell'Enel».

Sensi non mollò il cellulare mentre si infilava rapidamente la giacca. «Va bene, ti raggiungo». Anche la sua voce adesso tradiva l'eccitazione della caccia.

L'auto aveva preso a viaggiare veloce non appena imboccata l'autostrada. Da quando avevano lasciato la casa del professore, Claps si era chiuso in un mutismo assoluto che Greta non aveva cercato di forzare.

Claps, entrambe le mani sul volante, con la coda dell'occhio osservò per un istante i movimenti di Greta. «Sta leggendo la scheda del professore sulle per...sonalità di Riondino?»

«Ho appena iniziato. È sconvolgente».

«Vuole leggere ad alta voce?».

Greta riprese a voce alta la lettura dall'inizio: «Il Floscio: è debole, emotivamente fragile. Assolutamente inoffensivo. Si occupa di lavori ripetitivi ed è incapace di iniziative autonome. Ignora l'esistenza degli altri, ma, senza che ne abbia coscienza, prende ordini su cosa fare da Jack. È la personalità che Riondino ha mostrato dall'arresto fino a tutta la detenzione nel manicomio giudiziario».

«Certo», osservò Claps, «è l'identità che gli garantiva il minor numero di pro...blemi e complicazioni nei rapporti con medici, infermieri, e gli altri degenti».

«Il Furbo: è presuntuoso e avido, ma gli va riconosciuta un'intelligenza sottile. Tende a essere un manipolatore, quasi un'artista del raggiro. Ha uno stretto rapporto con Jack, conosce Hannibal e sa dell'esistenza di altre identità. È omosessuale ed è l'unico a essere mancino.

Il Professore: timido e introverso, vive un po' tra le nuvole e conosce solo Jack, il Piccolo e Giulia; gli piace leggere e studiare: è esperto di elettronica, informatica in particolare, farmacologia e floricultura. Gli piace anche giocare a scacchi, ma non è un buon giocatore.

L'Attore: è comparso pochissime volte. Sognatore, estroverso, capace di imitare le voci, si dice in grado di poter sostenere con successo qualsiasi parte del teatro moderno e dice di studiare per ottenere una scrittura importante. Anche se non dialoga con nessuno, sa degli altri e li considera il suo pubblico silenzioso quando prova. Teme il giudizio di Jack che spesso stronca le sue performance.

Il Conte: è quello che soffre di più la detenzione. Ama le donne, le automobili, i bei vestiti e il gioco d'azzardo; non ha altri interessi, né mostra scrupoli morali per come procurarsi ciò che gli piace. Oltre che con Jack, parla con il Furbo che sa come procurare il denaro che serve ai suoi vizi, ma lo disprezza perché omosessuale. Per gli altri, pur conoscendone solo alcuni, non ha il minimo interesse.

Hannibal: non è mai comparso. Da Jack viene descritto come un problema da sempre: violento, dotato di una forza smisurata, freddo, pare non provare alcuna emozione nel compiere azioni violente.

Jack: la personalità più completa e complessa, in buona parte però sfuggente. Conosce e parla con tutti e con la terapia ha imparato nel tempo a possedere la memoria del Floscio, del Furbo, del Professore, dell'Attore e del

Conte; di questi, volendo, può vedere – come dice lui secondo per secondo – quello che fanno quando sono fuori e hanno il controllo. Con loro si comporta da leader e ha senza dubbio un ascendente anche sulle altre personalità da cui è rispettato e/o temuto. È senza dubbio intelligente, abituato a pianificare e servirsi dei "talenti" delle altre identità per raggiungere uno scopo. È sempre stato ben consapevole della diversità di Riondino e ha sempre operato per mantenerla nascosta: "Non voglio che finiamo rinchiusi in manicomio per la paura e l'ignoranza della gente". Non è chiaro tuttavia quali siano i suoi interessi e desideri, oltre l'ossessiva volontà di tornare libero; non pare colpito né pentito dalle violenze che imputa interamente ad Hannibal, anzi il suo atteggiamento mostra una sostanziale indifferenza a ciò che è successo, accompagnata solo dal dispetto per le sue conseguenze. Pur rendendosi disponibile alla terapia ha sempre dato l'impressione di tenere nascosta buona parte di sé, e di aprirsi solo il minimo indispensabile a far credere nella sua volontà di collaborazione.

Il Ribelle: è un ragazzo di diciassette anni. Sfrontato, strafottente, non accetta l'autorità di nessuno. Legge molto e ascolta musica. Ha un istinto protettivo verso il Piccolo e Giulia, mentre detesta Jack e il Furbo. È l'unico che fuma.

Il Piccolo: è un bambino di sette anni. Fragile e introverso, si apre solo con il Ribelle, verso il quale ha una vera venerazione, e con Giulia che si prende cura di lui. Quando gli si nomina Jack, inizia a tremare spaventato.

Giulia: ha ventotto anni e conosce l'esistenza di tutte le altre personalità pur non sapendo quello che fanno. È estremamente protettiva verso il Piccolo e preoccupata per il Ribelle. Non si fida di Jack e della sua cricca, come la chiama riferendosi al Furbo e al Conte, e soffre la detenzione non tanto per sé quanto per il Piccolo. Una volta ha ammesso con grande ritrosia di fare sogni erotici».

Greta terminò la lettura e rimase a fissare la strada con la cartelletta in grembo.

«Coraggio», disse Claps, «lo dica: incredibile…».

«L'ho già detto troppe volte finora». Greta cambiò posizione ruotando leggermente verso Claps. «Alla fine aveva ragione lei: Riondino non aveva solo tre personalità, e c'era il Riondino tutto in un pezzo, Jack».

«Sì, questo almeno fino a due anni fa. Abbiamo anche le registrazioni che ci ha dato il professore dove poter seguire tutta questa evoluzione, ma ora do…vremo sentire Rinaldi che l'ha avuto in cura nell'ultimo periodo».

«Pensa che il processo di fusione sia andato avanti? Che al momento dell'evasione ci fossero, se mi passa il termine, meno Riondini?».

Claps sospirò: «Per ot…tenere la non pericolosità ed essere trasferito in un istituto di recupero, la fusione delle personalità doveva essere progredita e allargatasi a Giulia e al suo gruppo… Il dubbio che il professore aveva nel dare parere favorevole era che Riondino non avesse elaborato il trauma che lo aveva portato alla dis…sociazione, e che di conseguenza Hannibal fosse solo quiescente, ma in grado di tornare».

«E questo perché secondo lui Giulia, il Piccolo e il Ribelle conservavano nella loro memoria il trauma, e fino a che non si fosse fuso con loro non avrebbe potuto superarlo».

«È così, Greta».

«Quindi dobbiamo pensare che si fosse fuso quasi

completamente quando è stato trasferito... Ma allora mi chiedo: se Riondino stava davvero fondendo tutte le personalità, se era già stato affidato a un istituto di recupero con davanti la prospettiva di riacquistare la completa libertà, perché evadere?».

Claps non rispose, ma le sue mani si serrarono sul volante.

«E in un modo così sanguinario?», lo incalzò Greta, «commettendo crimini che lo avrebbero fatto rinchiudere di nuovo, e questa volta per tutta la vita. Una ricaduta? Non può che essere opera di Hannibal quel che ha fatto».

«Dobbiamo parlare con Rinaldi», disse Claps prima di richiudersi nel silenzio.

Eppure Sensi ci aveva sperato.

Mentre Maiezza bussava con decisione alla porta di Greco, era appostato con due uomini sul pianerottolo del piano superiore; altri due, con le armi già prive di sicura, su quello del piano inferiore; altri uomini sorvegliavano le uscite del palazzo.

La tensione era salita alle stelle quando la porta si era aperta e Maiezza, con il finto operaio che lo accompagnava, era entrato nell'appartamento.

I minuti erano trascorsi infiniti prima che uscisse facendo un breve segno di diniego con la testa.

«No, non era certamente Riondino», spiegò appena raggiunse il commissario. «Alto sul metro e novanta, e piuttosto grosso. Ha tossito per tutto il tempo».

«Sicuro che non fosse nascosto da qualche parte?», chiese Sensi.

«Eravamo in due, e con la scusa di verificare le prese

di corrente, abbiamo ispezionato tutto l'appartamento: a meno che una delle personalità di Riondino sia l'uomo invisibile, non c'è nessun altro in quella casa».

«Lo prenderemo… è solo questione di tempo». Sensi appariva deluso, ma determinato. «Per cominciare facciamo lo stesso giochetto della corrente con gli altri suoi amici Facebook di Milano; organizza tre squadre: entro sera dobbiamo essere certi che non si sia già rifugiato da uno di loro».

12

Alla fine Claps aveva convinto Greta che sarebbe stato meglio se fosse andato da solo a parlare con Rinaldi: «È sicuramente sotto pressione per ciò che è successo: lei è una giornalista e non accetterebbe di parlare liberamente in sua presenza».

Rinaldi lo accolse con una certa diffidenza; era un uomo sui cinquant'anni, calvo, ma con la barba ben curata e ancora scura. Indossava un abito nero e lo sguardo tradiva tensione.

«Sono sconvolto da quello che è successo». La voce era profonda, pastosa. «Ho preso un lungo periodo di aspettativa». Un sorriso amaro affiorò sul suo volto: «La direzione me lo ha concesso direi con sollievo».

Claps cercava di evitare il suo sguardo, ma in fondo non era necessario: anche Rinaldi sfuggiva il suo.

«Sono attaccato in continuazione dai media, dai colleghi... stamani ho avuto la notizia che il mio Ordine professionale ha incaricato una commissione di valutare il mio operato».

«Si sente responsabile?»

«Ho una figlia di quindici anni che vive con la mia ex moglie». Rinaldi ignorò la domanda di Claps. «Un rapporto molto difficile, la vedo una volta ogni quindici giorni; ha chiamato per dirmi che per il momento non se la sente di vedermi».

«Si sente respon…sabile?», ripeté Claps.

«Lo sono per tutti, è evidente, no? Cosa importa cosa pensi io?». Rinaldi si accese nervosamente una sigaretta e fece un cenno verso Claps: «E se lei è qui lo pensa anche il magistrato, non è così? Devo trovarmi un avvocato?»

«Sono solo un consulente… e un collega. Sono qui per capire».

«Capire cosa? Quanta sia la mia responsabilità? Se solo il novantacinque o il cento percento?».

Questa volta lo sguardo di Claps cercò quello di Rinaldi: «C'è una persona che è libera, e ha appena uc… ciso sei uomini. Ma non sappiamo chi sia in realtà: conosciamo il Riondino di set…te anni fa, ma non quello di oggi. Sono qui per capire questo… non per giudicare il suo operato».

Rinaldi sostenne lo sguardo di Claps per qualche secondo, poi si lasciò andare con un sospiro nella poltrona. «Ho incontrato per la prima volta Riondino circa due anni fa, quando sono subentrato al professor Reti. Come può immaginare ho dovuto guadagnare la sua fiducia poco a poco».

«Con chi parlava inizialmente?»

«Con Jack: la fusione era già ben avviata, molte personalità si stavano elidendo e in capo a breve sarebbero scomparse».

«A chi si riferisce in par…ticolare?»

«Al Conte, all'Attore e al Furbo».

«Il Floscio era rimasto?»

«Sì, insieme al Professore, ma erano rimasti fittiziamente, come abiti da indossare… "Faccio il Floscio per evitare problemi", diceva, "e ho scoperto che mi piace interessarmi di scienze come faceva il Professore". Capisce? *Faccio*, non *sono*».

«Hannibal?»

«Hannibal? Mai incontrato, e come me il mio predecessore. Praticamente sette anni durante i quali non si è mai mostrato».

«Fino a pochi giorni fa...», osservò con voce cupa Claps.

«Una ricaduta improvvisa». Rinaldi spense lentamente la sigaretta per accenderne subito un'altra. «Nessuno avrebbe potuto farci nulla. Imprevedibile».

Imprevedibile? Avrebbe voluto domandare subito Claps, ma prese una via più lunga: «C'erano anche altre per...sonalità, e da quanto mi risulta ben lontane dal fondersi con Jack».

«Giulia, il Piccolo e il Ribelle. Scomparvero piano piano negli ultimi mesi di ospedale psichiatrico a Montelupo».

«I loro ricordi si... integrarono con quelli di Jack?»

«Evidentemente sì, non sarebbero scomparse, altrimenti». Ripose con nervosismo Rinaldi.

«E cosa le ha detto Jack di quei ri...cordi?»

«Cosa mi ha detto... che avrebbe voluto che quelle cose non gli fossero mai successe, che non dovrebbero succedere a nessuno. Che comprendeva come avesse voluto tenere quella memoria lontana così a lungo». La voce di Rinaldi tradiva ora impazienza: «Ascolti: negli ultimi mesi prima di essere trasferito Jack ha fatto passi da gigante e...».

«Jack?», lo interruppe sin troppo bruscamente Claps. «Vorrà dire Riondino... se davvero come mi ha detto era fu...so».

«Sì, certo, Riondino… In ogni caso ho firmato e garantito la non pericolosità per sé e per gli altri solo quando era evidente che tutte le personalità fossero riunite; Hannibal poi non esisteva più da anni. Non c'era ragione per non avviarlo a un istituto diverso per completare il pieno recupero».

«Ha continuato a seguirlo anche nell'istituto di re… cupero?»

«Visite mensili di controllo».

«Senza mai notare nulla di allarmante?»

«Mai».

«Quando lo ha visitato l'ultima volta?»

«Tre settimane fa, ed era perfettamente normale. Le ripeto: ciò che è successo è dovuto a una ricaduta improvvisa e del tutto imprevedibile».

«Chi ha trovato normale, dottor Rinaldi», Claps non si trattenne dal chiedere sarcasticamente, «Riondino o Jack?». Si alzò dirigendosi verso l'uscita dell'abitazione: non aveva altro da chiedere, ma sulla porta si arrestò. «Un'ultima cosa… durante la terapia, nei colloqui con Jack ha utiliz…zato spesso l'ipnosi o il pentotal?»

«Nessuno dei due, mai: Jack e le altre personalità venivano fuori spontaneamente».

Senza una parola Claps uscì.

"Idiota!", pensò.

«Non c'è stata alcuna ricaduta, Greta, tantomeno un raptus». Claps si passò stancamente le mani sulla faccia. «È molto peggio… Riondino non si è mai fuso completamente. Solo parzialmente, come credeva il profes… sore. Ha recitato per essere dimesso dal manicomio criminale».

Greta sobbalzò: «Come fa a dirlo, e come è possibile che sia riuscito a ingannare tutti?!»

«Il professor Reti non lo ho mai ingan...nato completamente, ma lui usava spesso l'ipnosi per richiamare le personalità e dialogare con loro. Rinaldi invece non l'ha mai fatto: non è stato difficile fargli credere alla fusione completa». Claps fece una breve pausa mentre Greta pendeva dalle sue labbra. «Hannibal in realtà non era mai scomparso; Riondino, tra tutte le sue per...sonalità, ne ha sempre avuta una dominante che ha tenuto ben nascosto».

«Jack».

«Jack», annuì Claps. «È la personalità dominante da sempre; quella che sa di tutte le altre, quella che prende le decisioni comuni. Quel...la che riesce in gran parte a permettere o meno che gli altri possano venire fuori. Quella che impediva a Giulia e ai suoi di uscire in presenza di altre persone... tanto che solo con l'ipnosi il professore ci è riuscito. Quella che sin dalla gioventù ha compreso che si doveva tener nas...costo il loro "segreto", e ha organizzato una vita che permettesse loro di farlo».

«Fino a quando Hannibal ha preso il sopravvento».

«Sì, fino a quando è sfuggito al suo controllo. Ma nessun pentimento, nessuna umana pietà per le vit...time da parte di Jack: da allora, come ci ha detto il professor Reti, solo un'unica ossessione: uscire, tornare libero».

«Ma...».

«Quando nei primi mesi di detenzione nel manicomio giudiziario», Claps andò avanti come un fiume in piena, «ha capito che l'unica chance per uscire pas...sava per l'assecondare Reti e la sua terapia, è venuto fuori. Solo allora. E solo allora ha fatto venire fuori tutti gli altri; e ha iniziato a giocare la sua partita per far credere che Hannibal non esistesse più, così come pro...gressivamente anche le altre personalità».

«Ma che importanza ha l'ipnosi, perché ha sottolineato che Reti la utilizzava mentre Rinaldi no?»

«Solo grazie all'ipnosi il professore ha potuto richiamare e conoscere Giulia e i suoi. A Rinaldi, che non la utilizzava, Jack ha pian piano fatto cre...dere che fossero scomparsi perché si era fuso con loro».

«Quindi ha cercato di ingannare il professor Reti prima e Rinaldi poi?»

«Con Reti ci è riuscito solo parzialmente... lui non ha mai firmato la non pericolosità: c'erano Giulia, il Piccolo e il Ri...belle a fargli ritenere che Hannibal non fosse scomparso. Inoltre aveva la sensazione che Jack nascondesse ancora molto di sé. Ma poi è arrivato Rinaldi...».

Greta rimase qualche secondo pensierosa. «C'è una cosa che continua a non quadrarmi... Le rifaccio la stessa domanda a cui ieri non ha voluto rispondere: perché evadere, e per di più compiendo delitti che lo farebbero rinchiudere e questa volta per sempre, quando alla libertà era in fondo vicino? Si trovava in un istituto di recupero, l'anticamera della libertà».

«Non lo so, Greta. Forse il timore che il suo inganno venisse scoperto, o che Hannibal all'im...provviso prendesse il controllo come era successo sette anni prima; insomma qualcosa che lo riportasse dritto dritto nel manicomio giudiziario». Ma forse una ragione c'era, pensava Claps senza dirlo, qualcosa che doveva fare al più presto, che non avrebbe potuto fare da semi-libero. «O forse, più semplicemente», continuò, «solo l'incapacità di resistere ancora a una sep...pur blanda detenzione, quando invece aveva l'occasione di riprendere la libertà senza dover aspettare ancora».

«Ma tutti quei delitti, tutta quella violenza, portano la firma di Hannibal; vuol dire che Jack se ne è servito per fuggire?».

Claps annuì gravemente: «Ricorda quello che ci ha det...to il professor Reti? Jack è parzialmente fuso con il suo gruppo: il Floscio, il Furbo, l'Attore, il Conte, il Professore... E con Hannibal, Greta. Anche con Hannibal che in questi sette anni è solo stato tenuto nascosto. Lo ha chiamato quando c'è stato bisogno di lui per... farsi strada».

«Mio Dio...».

«Jack aveva un piano che portava avanti da anni», Claps sentì le mani iniziare a tremargli leggermente, «e non è pensabile che non ne abbia u...no per restare libero. Jack è il nostro Riondino tutto in un pezzo, ed è molto pericoloso». La sua voce si trascinò stanchissima quanto la sua espressione: «È molto peggio di una semplice ricaduta, Greta».

"E io non ce la faccio a continuare", avrebbe voluto aggiungere.

Il commissario Sensi spense la luce dell'ufficio e chiuse dietro di sé la porta.

Si avviò verso il parcheggio interno sotto una leggera pioggia che, immerso nei pensieri, non sentiva neanche.

Un'altra giornata era passata, la seconda da quando Riondino era giunto a Milano, e di lui nessuna traccia.

Le "visite" ai suoi amici di Facebook erano state infruttuose: non era da uno di loro che si nascondeva; l'indomani avrebbe rimosso gli uomini di guardia e lasciato solo la sorveglianza su telefoni e internet, ma soprattutto incaricato Claps di interrogare tutti gli otto amici di Riondino sulle chat che potevano aver avuto con *Libero senza catene*... ci doveva pur essere un motivo, un tornaconto se si era scelto quelle amicizie.

Anche alberghi, ostelli, residence, rifugi per i senzatetto erano stati passati al setaccio. Stazioni ferroviarie, terminal per i pullman, aeroporto sotto stretta sorveglianza. Pure gli informatori della malavita erano stati sentiti, ma nessuno aveva notato nulla, e questo in fondo c'era da aspettarselo dal momento che Riondino non era mai stato legato a quell'ambiente.

Sensi azionò il telecomando e le luci della sua auto lampeggiarono nell'oscurità del parcheggio; il commissario quasi si lasciò cadere sul sedile. Si sentiva spossato.

Quarantotto ore dalla fuga senza lasciare tracce indicavano che Riondino aveva trovato un rifugio sicuro nel quale se ne stava ben nascosto e da dove non sarebbe stato facile stanarlo. Ma quanto denaro poteva avere con sé? Certo non più di qualche centinaio di euro... presto avrebbe dovuto procurarsene altro: come avrebbe fatto?

Sensi salutò con un cenno distratto il piantone che dalla guardiola aveva aperto il cancello del parcheggio, e si immise nel traffico scarso della sera.

Per l'ennesima volta si chiese se si stava facendo tutto il possibile. Certo, la rete era gettata, ma le maglie ancora troppo larghe perché Riondino non potesse sgusciarvi attraverso... Il commissario, fermo a un semaforo, si passò una mano sugli occhi.

Claps... Forse Claps avrebbe potuto aiutarlo a stringerle.

Riondino era disteso supino sul letto.

Le luci spente. Le serrande abbassate.

Immobile.

Solo il pollice e l'indice della sua mano sinistra si sfregavano tra loro in un movimento circolare continuo. Senza sosta.

"Domani dovremo uscire, Furbo. Servono quelle cose".

"Era ora, mi pare che siamo più in prigione qui che all'istituto. Non potevamo uscire già oggi?"

"Meglio far passare più tempo possibile, anche se ci vorrà molto perché le acque si calmino; quelle cose ci servono assolutamente, però, e domani è prevista pioggia...".

"E sotto l'ombrello saremo meno in vista...".

"Esattamente, Furbo".

"Una cosa veloce?"

"Sì, e servirà l'aiuto dell'Attore".

"Jack...".

"Cosa c'è?"

"Sento tanta inquietudine intorno. Questa improvvisa libertà... agita tutti. Sono preoccupato, Jack".

"Non c'è bisogno di dirmelo, ma non me ne frega un cazzo: il piano deve andare avanti come stabilito".

"Sento inquietudine. Sei sicuro di tenere tutto sotto controllo? Giulia? Se venisse fuori potrebbe mandare tutto a puttane".

"Non preoccuparti, la tengo chiusa".

"Ma non potrai continuare a farlo a lungo, cercherà di venire fuori prima o poi".

"Lo ha già fatto, se è per questo... ma abbiamo un accordo. Serve solo il tempo per fare quel che c'è da fare; poi avremo un'altra vita, e ognuno i suoi spazi. Come una volta".

"E Hannibal? Ora che è uscito dopo tanti anni? Anche lui avrà i suoi spazi? Per metterci un'altra volta nei guai?"

"Lui lo controllo bene, e per il momento è sazio".

"Non è sazio: ha solo riassaporato dopo tanto tempo il gusto del sangue. Ora vorrà presto una donna".

"Se sarà necessario, Furbo, gliela daremo".

13

Greta aveva lasciato il letto molto presto quella mattina; mentre l'acqua calda della doccia iniziava a scorrere, si era sforzata di sollevare lo sguardo verso lo specchio; ma questa volta, a colpirla non furono i suoi occhi distanti: fu diverso... Fu come se quella mattina avesse finalmente scoperto di non riconoscersi.

Quei capelli di un castano anonimo, quel taglio così ordinario e quasi sciatto. E poi lo sguardo dei suoi occhi chiarissimi diventato ora acquoso; l'espressione dove era scomparsa ogni traccia dell'antica fierezza...

Eppure quella che vedeva riflessa era la Greta che aveva voluto diventare. Greta Lafenice, risorta dalle ceneri di Greta Alfieri, la giornalista televisiva di punta abituata a entrare ogni giorno nelle case degli italiani, a indirizzarne le opinioni, i sentimenti; affamata di scoop, di visibilità, di successo.

Il vapore dell'acqua bollente della doccia iniziò ad annebbiare lo specchio. Progressivamente il suo volto divenne indefinito.

Greta Lafenice, giornalista web, rubriche di cinema e fenomeni di costume. Lontana dalle notizie, dalla vita; una firma senza un volto. Anche senza un'anima?

Lafenice... davvero *risorta* dalle ceneri?

O solo una maschera, un'urna, per nasconderle, quelle ceneri?

Con il dorso della mano ripulì dalla condensa un ovale nello specchio.

Cercò di acconciare i capelli in modo diverso, si sforzò di immaginarli rossi come una volta.

Cercò di riconoscersi.

Quel nuovo giorno era nato sotto un cielo grigio e gonfio di pioggia, e le cateratte si erano aperte verso le dieci: una pioggia continua, a tratti quasi violenta; di quella che costringe la gente a camminare veloce sotto gli ombrelli, badando più a dove mettere i piedi per evitare le pozze, che a guardare in faccia chi incrocia o le cammina a fianco. Il tempo ideale, dunque, per la prima breve passeggiata milanese di Riondino.

Il grande supermercato non era lontano e lo raggiunse in pochi minuti. Appena entrato chiuse l'ombrello e si guardò intorno: non ne ricordava di così grandi; intorno a lui un brulichio di gente indaffarata negli acquisti che intasava con i carrelli le corsie tra gli scaffali degli alimentari. Non ricordava neanche come si faceva a stare in mezzo a tanta gente... per qualche minuto la sua testa diventò leggera e un velo di sudore freddo prese a imperlargli la fronte. Dovette scuotersi, respirare meglio per riprendersi: qualcuno di inadatto avrebbe potuto approfittarne per uscire, e quello era il momento meno opportuno.

"Attore ci sei?".

"Sono qui Jack, con la mia modesta arte ai vostri servizi, ai vostri ordini, signore... mio Dio, ma qual luogo è mai questo?"

"Piantala di recitare! Non è il momento. Anzi per essere precisi non è ancora il momento: dovrai presto interpretare un personaggio, forse anche più di uno, e siamo qui perché tu possa acquistare il materiale necessario per il trucco".

"Dovrò cambiare molto il volto? E anche l'età?"

"Dovrai cambiare".

"Allora non è questo il posto giusto: qui si può trovare solo qualcosa di quello che serve. Bisogna andare in un art-shop".

"Non dovrai interpretare Puk o re Lear, Attore".

"Teatro moderno, contemporaneo?"

"Teatro di strada, diciamo. Non serve un trucco che sia valido a dieci metri di distanza dal palcoscenico ed evidente a pochi centimetri. Dovrai solo cambiare il volto per quel poco che basti a essere diversi da quel Riondino che stanno cercando. Oggi siamo il fiorentino Contri, domani dovremo essere un'altra persona ancora".

"Si può fare...".

"Allora avanti. Prendi quel che ti serve. Facciamo presto, non attirare l'attenzione e ricordati di parlare toscano: i nostri documenti dicono che siamo nati a Firenze".

Dopo circa mezz'ora Riondino si presentò alle casse dove dovette affrontare una fila di qualche minuto. Rovesciò sul nastro i suoi acquisti: creme, matite, pennelli, fondotinta, lenti a contatto colorate, garze e cotone, tinture per capelli... La cassiera lo guardò incuriosita.

«Il bagaglio dell'attore!», disse teatralmente con voce impostata l'Attore. «Questo anonimo volto va plasmato a seconda del ruolo, del dramma che lo consuma o del lazzo con cui si fa beffe!».

La giovane cassiera sorrise, era carina: «Attore... di cinema? Che film ha fatto?», chiese mentre faceva passare i prodotti.

«Cinema?! Che cosa volgare, mia giovane madamigella. Giammai! Teatro!».

L'attore prese un profondo respiro e: «Essere, o non essere, questo è il dilemma: se sia più nobile nella mente soffrire i colpi di fionda e i dardi dell'oltraggiosa fortuna, o prendere le armi contro un mare di affanni e, contrastandoli, porre loro fine? Morire, dormire... nient'altro...».

«È Amleto!».

«Certo, è il celebre monologo. Tutto il mondo lo conosce. Ma lei sa cosa vuol dire il giovane principe di Danimarca in questo monologo?»

«No...».

«Essere o non essere... vivere o non vivere... Una dolorosa meditazione sulla vita e la nobiltà della morte. Sul restar proni a soffrire per la paura di ciò che non si conosce».

I clienti in fila mostravano segni d'impazienza.

«È molto interessante, signore, ma...».

«Ma lei deve lavorare. È quello il totale?», disse l'Attore indicando il display della cassa. «Mi venga a vedere, sono di scena al Piccolo».

Subito fuori dal supermercato la pioggia era aumentata. Riondino aprì l'ombrello e si avviò a passo rapido: "Sei uno stronzo!", inveì Jack. "Che cazzo di bisogno c'era di fare tutta quella scena?!"

"Scena...? Sono un attore, non dimenticarlo; e poi la cassiera si era incuriosita dei miei acquisti, forse insospettita: così invece li ha trovati naturali".

"Cazzo Attore, le cassiere di un supermercato non sono poliziotti che dobbiamo cercare di non insospettire! È invece fondamentale non attirare in nessun modo l'attenzione della gente, lo vuoi capire?!"

"A ogni modo ho preso tutto quel che serve, mi dovrai solo dire come vuoi cambiare".

"Andiamo, siamo in mezzo alla gente da troppo tempo e c'è ancora una cosa importante da fare prima di rientrare".

Riondino trovò quel che cercava dopo pochi minuti sull'altro lato della strada. Entrò nella cabina telefonica e compose un numero di cellulare che aveva imparato a memoria.

Solo pochi squilli prima di ottenere risposta.

«Sai chi sono, vero?».

Solo silenzio dall'altro capo del filo.

«Sono qua... Vicino. Nella tua città come previsto. Sei contento?», il tono era quasi beffardo.

«Non avevi detto che avresti... fatto quello che hai fatto». La voce era incerta, vi vibrava della paura. «Hai ucciso delle persone».

«Ho detto che sarei uscito, ti fai scrupoli sul come, adesso? Cosa credevi, che mi avrebbero steso un tappeto rosso?».

Ancora silenzio dall'altra parte.

«Non cagarti addosso, ora: tutto sta filando secondo i piani. Tu hai problemi, motivi di allarme?».

Un sospiro. «Ho ricevuto visite. Non è stato un bel momento, ma è andato tutto bene».

«Era previsto che succedesse e può essere che accada ancora: gli sbirri non si calmeranno tanto in fretta. Devi mantenere il sangue freddo».

«Lo farò...».

«Lo devi fare se non vuoi passare il resto della vita in galera: sei complice di molti omicidi adesso».

«Lo farò, ti ho detto».

«Bene, il cellulare è sicuro? Voglio essere certo di non correre rischi prima di usarlo».

«Non è riconducibile a me, come il numero che hai appena chiamato. Vale anche per l'account del computer che ti ho fatto trovare. Come avevamo stabilito».

«Ascoltami bene, adesso: resterò ancora al coperto per qualche tempo, poi avremo da fare. Ti contatterò io quando sarà il momento: non cercare di farlo tu prima. Intesi?»

«Intesi».

«E adesso dammi quel numero».

«324. Casella postale 324».

«Milano?»

«Certo, Milano».

Riondino riagganciò.

«Cosa vuol dire mi chiamo fuori?!». Sensi sentì il volto avvamparsi.

«Vuol dire che non ce la fac...cio». La voce di Claps tremava appena, ma il tono era deciso. «Vuol dire che ho fatto quello che mi avevi chiesto, e sono qui per dartene conto... ma da adesso in poi non intendo più es...sere coinvolto in alcun modo, né in questa storia, né in altre. Considerale le mie dimissioni».

«Ma cosa stai dicendo?!». Sensi era incredulo.

«Ho troppi fantasmi... dentro», disse quasi con pudore Claps. «Mi divoreranno se non li tengo lontano».

Sensi rimase in silenzio, attonito, per qualche secondo. «Cazzo, Claps… il tuo aiuto è troppo prezioso per lasciare così!».

«Ho dato tutto quello che potevo… credimi… ma non posso più adesso, non ce la faccio».

Sensi si sfilò gli occhiali e si passò le mani sul volto. Faceva forse fatica ad accettarlo, ma lo poteva capire: non era la prima volta che vedeva crollare psicologicamente un collega, una persona che fosse in qualche modo coinvolta in quel genere di indagini. Claps per anni aveva convissuto con storie orribili, ossessionato nella sua mente da mostri sanguinari da fermare a ogni costo; legato al dolore e alla disperazione delle vittime. Per due volte era stato a un passo brevissimo dalla morte. Sì, forse aveva davvero dato tutto quello che poteva.

Sensi indirizzò a lungo lo sguardo oltre la finestra, mentre il silenzio nella stanza si faceva pesante. Alla fine Sensi trasse un respiro profondo: «Amico mio, se è questa la tua scelta…».

«Non è una scelta, è una neces…sità. Non ce la faccio più, davvero. Mi devo fermare».

Nella stanza l'aria sembrava essere diventata più densa.

«Una volta», cercò di spiegare Claps, «era come se tutto l'orrore di queste storie mi legasse all'as…sassino come un laccio serrato alla gola che non potevo sciogliere se non dando pace alle vittime, se non fermando le morti. Oggi non ho più la forza per combattere… quel laccio continuerebbe a stringersi fino a soffocarmi. Devo fermarmi prima che sia troppo tardi».

Claps s'interruppe, pallido e affaticato.

Sensi cercò inutilmente qualcosa da dire.

«Comunque ho fatto quel…lo che mi avevi chiesto»,

ruppe dopo qualche secondo il silenzio Claps. «Ho parlato con chi aveva in cura Riondino...».

Concisamente, ma senza tralasciare nulla, raccontò dei colloqui che aveva avuto con il professor Reti e Rinaldi, senza però dire che si era fatto accompagnare da Greta e l'aveva messa a parte di tutto. Alla fine illustrò nel dettaglio tutte le personalità che Riondino aveva manifestato.

Sensi lo aveva ascoltato in silenzio, chiudendo talvolta gli occhi. Anche lui era provato: più addolorato per Claps che colpito dal suo rifiuto di continuare di partecipare alle indagini.

Quando Claps terminò di parlare, dovette scuotersi per domandare: «Allora dimmi: che idea ti sei fatto, chi stiamo cercando? Tutte queste personalità di cui mi hai parlato, come influenzeranno il suo comportamento?»

«Non ti devi attendere da Riondino un modo di comportarsi contrastante a seconda delle personalità che emergeranno, come se ognuna vives...se una vita propria e fosse ignara delle altre: quella leader, Jack, ha da sempre un forte controllo sulle altre e per di più, attualmente, è in gran parte consapevole di essere con alcune di loro una sola per...sona. La conseguenza di questo è che tutte seguono una condotta di azione agli ordini di Jack».

«Cioè devo pensare a Riondino come a un gruppo di persone che si muove agli ordini di questo... Jack?»

«Qualcosa di simile. Con disciplina e un obbiettivo ben preciso... Un obbiettivo da raggiungere, sì, perché sono convinto che ci debba essere una ragione per la sua evasione, una ragione che vada oltre al semplice riap... propriarsi della libertà».

«Sì, questo lo penso anch'io», annuì Sensi, «non abbiamo a che fare con uno squilibrato che agisce a caso: il piano per evadere era ben congegnato. Cosa pensi farà, adesso?»

«Jack è metodico, me...ticoloso: deve avere un rifugio sicuro, un luogo individuato ben prima di evadere, e lì se ne starà rintanato a lungo in attesa che le acque si calmino».

«Non mi stai dicendo molto che possa essere utile a stanarlo».

«No, è vero, però ti posso dire questo: prima o poi Jack dovrà lasciare dello spazio alle altre personalità, e queste forse ricalcheranno delle abitudini che avevano nel pas...sato».

«Cosa vuoi dire con questo?»

«Voglio dire che nel passato tutte le personalità di Riondino dovevano avere, grande o piccolo, uno spazio in cui erano "all'aperto", in cui si comportavano li...beramente. Jack poteva vedere quel che facevano, imporre prima dei limiti, ma, una volta che erano fuori, erano autonome: lui non poteva intervenire sul loro comportamento; poteva, però, inibirne in seguito l'uscita se avessero fatto qualcosa che non andava...».

«Ma questa è fantascienza!». Sensi interruppe Claps. «Impedire loro di uscire se avevano sbagliato... cos'è Jack, un dittatore?!»

«Immagina te stesso: ti è mai capitato di essere a un passo, forse persino attratto, dal fare una cosa che sai sbagliata, fuori luogo, o ad...dirittura pericolosa?»

«Capita a tutti, no?»

«Ma non la fai... ti impedisci di farla».

«Certo».

«Oppure se la fai te ne penti e la volta successiva riesci a frenarti».

«È normale, ripeto: capita a tutti».

«È lo stesso per Jack: tu impedisci di venir fuori a un com...portamento che giudichi sbagliato, lui alla personalità che questo comportamento rappresenta. Quelli che per te sono tuoi pensieri, istinti, nella sua mente disgregata sono pensieri di altre per...sone».

«Cazzo...», non riuscì a dire di meglio Sensi.

Per dare al commissario il tempo di metabolizzare, Claps attese qualche secondo prima di riprendere ed essere certo di avere tutta la sua attenzione. «Allora non sapevamo ancora di tutte le personalità di Riondino, eravamo concentrati sui suoi delit...ti, al massimo su Hannibal... ma nella sua vita precedente ci doveva essere spazio per personalità, diciamo minori, meno presenti, ma dotate di una loro autonomia. Penso che faresti bene a scavare molto più a fondo nel Riondino di al...lora, e in particolare individuare le attività e i comportamenti che avevano personalità come quelle del Conte e del Professore».

«Non ti seguo... E perché proprio di loro?»

«Perché sono le personalità meno complesse, più focalizzate sui loro istinti che su una visione ge...nerale. Quelle che è più probabile ripercorrano antiche abitudini. Il Conte è un donnaiolo, gli piacciono il gioco, le macchine sportive: come si comportava fino a sette anni fa, che luoghi frequentava? E il professore? Biblioteche, librerie... o cos'altro?». Claps fece una breve pausa. «Scava nella vita precedente di Riondino, e troverai luoghi che potrebbe tornare a fre...quentare».

Sensi rifletté a lungo prima di sollevare lo sguardo su

Claps: «E Hannibal, credi che anche lui tornerà alle antiche abitudini?».

Claps sentì come un senso di nausea prenderlo alla gola. «Te...mo di sì», rispose con fatica. «Ma non è più affar mio», concluse.

14

Erano quattro le segnalazioni su Riondino che erano arrivate nelle ultime ventiquattro ore, e altre ne sarebbero giunte; naturalmente si erano rivelate tutte abbagli, ma ciononostante andavano verificate scrupolosamente una per una, ed era quello che Maiezza si accingeva a fare sull'ultima arrivata: una segnalazione piuttosto particolare.

«Le faccio strada, ispettore». L'agente in divisa del commissariato di zona guidò Maiezza fino a un ufficio dove sedeva compunta una signora sui settant'anni dallo sguardo vigile e i capelli bianchi, che viravano verso un improbabile violetto, ordinatamente raccolti.

«La signora Fumagalli?», chiese con educazione Maiezza.

«Fumagalli Rosa, vedova Bianchi, classe 1939», scandì quasi con puntiglio l'anziana signora.

«Intanto grazie per la sua collaborazione, signora». Maiezza, sedendosi alla scrivania di fronte a lei, stava usando il tono più gentile di cui era capace. «Vuole ripetere anche a me ciò che ha detto ai colleghi?»

«È semplice: ho visto un morto, uno di quelli di Firenze».

«Mi vuole spiegare meglio, signora Fumagalli?»

«L'ho visto vivo, e qui a Milano. Era proprio lui».

Maiezza rimase in silenzio in attesa che la signora continuasse.

«Ieri sera in televisione c'era *Porta a Porta*: io la guardo sempre anche se finisce tardi, ma sa, noi anziani dormiamo poco... Parlavano di quell'evaso pericoloso, di quel Riondino così strano, che ha ammazzato tanta gente. Hanno fatto vedere le fotografie delle sue vittime di Firenze, le han fatte vedere bene, e sono sicura di aver visto qui a Milano quel fiorentino morto, Matteo Contri».

«Mi scusi, signora, ci pensi bene... magari era solo uno che gli assomigliava un po': come fa un uomo morto tre giorni fa a Firenze a trovarsi oggi vivo a Milano?»

«Questo siete voi che dovete spiegarlo. Guardi, l'ho visto bene in faccia, e l'ho anche sentito parlare: aveva proprio l'accento fiorentino. Era lui, lo stesso ciuffo strano e persino gli stessi occhiali con la montatura rossa della fotografia».

«Va bene, signora, mi racconti come è andata».

«Stavo facendo la spesa al supermercato, c'era una bella fila per pagare, e le cassiere cercavano di smaltirla più velocemente che potevano. Io non ho mai il carrello pieno, sono sola e la pensione è quella che è, quindi non avevo preso tanta roba, ma la cassiera, dopo che avevo pagato, non ha aspettato che la mettessi nelle sporte e ha iniziato a battere subito gli acquisti del cliente successivo facendoli scivolare a fianco dei miei. Così, mentre mettevo i miei acquisti nelle borse, ho potuto vedere bene in faccia il signore che avevo dietro e anche sentirlo parlare. Parlava fiorentino ed era quel Matteo Contri, sono sicurissima».

«Ha detto che lo sentiva parlare: cosa diceva?»

«Non sono stata molto attenta, più che altro mi ha colpito l'accento... mi è sembrato volesse far colpo sulla signorina alla cassa, parlava di teatro comunque».

«È tutto, signora?»

«Siamo usciti praticamente insieme dal supermercato; certo, lui camminava molto più spedito di me, ma ho visto che si incamminava a piedi, non è sceso nel garage a prendere la macchina».

«Bene, signora Fumagalli, il suo aiuto ci è stato prezioso», iniziò in tono conclusivo Maiezza.

«Non vuol sapere cosa ne penso, agente?», lo interruppe subito la signora.

Maiezza sorrise sospirando: «Certo che mi interessa».

«Vede, non sono mica così sciocca e vecchia da non capire che un morto a Firenze non possa fare la spesa qualche giorno dopo a Milano... Come le ho detto alla mia età non dormo molto, e allora leggo, leggo tanto: gialli, thriller, storie di spie; adoro Le Carré... E se l'uomo che ho visto fosse il vostro ricercato che dopo aver ucciso quel povero fiorentino, gli ha rubato pure l'identità? È per questo che sono venuta subito alla polizia».

Maiezza si trattenne dal sospirare ancora. «Signora Fumagalli, sono certo che sarebbe stata un'ottima detective, ma adesso deve lasciare a noi questo lavoro. Come le stavo dicendo, il suo aiuto ci è stato molto prezioso, ma abbiamo ancora un favore da chiederle. Mi accompagnerebbe dalla cassiera che ha servito lei e quell'uomo? Me la indicherebbe?».

Il cellulare aveva squillato a metà mattina e Greta era rimasta sorpresa nel vedere che a chiamarla era Montanari, il suo direttore di quando lavorava per la rete televisiva. Nei primi mesi dopo la vicenda di Morphy, quando lei aveva abbandonato la carriera e tagliato ogni cordone che la legasse con l'ambiente del giornalismo televisivo, lui l'aveva cercata due o tre volte, ma lei si era sempre negata. Questa volta, però, dopo qualche esitazione aveva risposto e alla fine, incuriosita, accettato un invito a pranzo: Montanari aveva qualcosa di importante da dirle.

Il suo ex direttore la accolse nella saletta di un elegante ristorante del centro.

«Quanto tempo, Greta! Stai benissimo, sei splendida». Il taglio dell'abito di Montanari era di alta sartoria, e il sorriso scintillava di ceramiche da prestigioso studio dentistico.

«Vedo che sei ancora bravo a mentire».

«Sempre caustica: questa è la Greta Alfieri che conosco!», disse Montanari spostandole la sedia per farla accomodare al tavolo. «Non quella Lafenice che ha mollato tutto e scrive robetta sul web».

«A me va bene così», rispose Greta, ma con un sorriso più incerto di quello che avrebbe voluto mostrare.

«E che non ha mai risposto alle mie chiamate», aggiunse Montanari.

«Non sono state poi così tante: solo qualcuna nei primi mesi dopo i fatti di Morphy, poi il nulla».

«Solo perché ho capito che preferivi isolarti, ma sei sempre stata nei miei pensieri, e finalmente oggi ti rivedo».

Greta iniziò a scorrere con noncuranza il menu. «Perché hai voluto incontrarmi?», chiese senza alzare gli occhi dalla carta. «O meglio ancora, cosa vuoi?».

Montanari si sporse leggermente verso di lei: «Ecco,

non sto a girarci tanto intorno: come saprai ora faccio solo speciali in seconda serata».

Greta annuì: «So che hai un'audience molto buona».

«E uno share fantastico: facciamo regolarmente il culo a *Porta a Porta*».

«Sono contenta per te, ma io cosa c'entro in tutto questo?»

«Il prossimo speciale sarà proprio oggi, ed eccezionalmente andrà in onda in prima serata. Tutto su Riondino, in diretta. Ripercorreremo la sua storia, cercheremo di capire meglio la sua patologia, ricostruiremo l'evasione, e infine faremo il punto sulle indagini per catturarlo; insomma, una visione a 360 gradi. Ci saranno numerosi ospiti, tutti referenziati e in grado di dire qualcosa che non siano le solite minchiate. Sarà un grande speciale, Greta, e vorrei che tu partecipassi».

Greta sollevò lo sguardo dal menu: «Credo che salterò gli antipasti e passerò subito ai primi… tagliolini al tartufo, direi. Offri tu, vero?»

«Andiamo Greta, nessuno meglio di te conosce la storia di Riondino; fui io sette anni fa a darti l'incarico di seguirla sin dall'inizio».

«Come vino cosa consigli, nebbiolo o rosso di Montalcino?»

«È troppo tempo che manchi, Greta. Ti conosco e non posso credere che tu sia tanto cambiata: non dirmi che non senti la nostalgia dell'emozione della diretta, dello stare dentro la notizia. Di sentirti davvero viva. Le luci degli spot, il led rosso della telecamera in funzione… e milioni di persone che pendono dalle tue labbra». Montanari si sporse verso Greta prendendole una mano: «Sei una giornalista», le sussurrò. «Di quelle vere, non l'anonima firma sul web che fingi di essere. È ora che torni».

Greta si sorprese a serrare le labbra. Per un istante si sentì attraversata da antiche sensazioni. Ritrasse lentamente la mano da quella di Montanari.

Di nuovo, il sorriso che voleva sicuro uscì incerto: «Pensi davvero di conoscermi? Che una persona non possa cambiare?».

Montanari non le rispose, si limitò a fissarla con intensità.

«E poi», aggiunse Greta, «al contrario, sono io a conoscerti sin troppo bene: c'è sempre un tornaconto in quello che fai. Per il tuo programma ci sono decine di persone che conoscono la storia di Riondino bene quanto la sottoscritta, e non credo a una parola dei tuoi buoni sentimenti nel cercare di riportarmi all'ovile. Qual è il vero motivo per cui mi vuoi in trasmissione?».

Montanari sorrise come un bambino colto con le mani nella marmellata: «Mi sei proprio mancata, Greta... Ecco qui: abbiamo cercato di contattare sia il dottor Rinaldi che il professor Reti per un'intervista o almeno una dichiarazione. Rinaldi è irraggiungibile, mentre Reti ha opposto un cortese rifiuto. Ho cercato personalmente di convincerlo, ma non c'è stato modo... però ho saputo da lui che ieri ha avuto un lungo incontro con te e Claps».

«Così adesso vuoi intervistare me per sapere quello che ha detto su Riondino».

«In fondo che male ci sarebbe? Siamo amici, no? E soprattutto colleghi non in concorrenza: tu scrivi di tutt'altro sul web e io faccio televisione. Perché non darci una mano tra di noi? Io ti riporto in video, a fare la vera giornalista, a quella che dovrebbe essere la tua vita, e tu mi dai una mano a passare notizie che gli altri non hanno».

Greta rimase in silenzio alcuni secondi. «Sai, è un vero peccato...», disse alla fine.

«Essere stata lontano così a lungo, vero?»

«No, mi riferivo ai tagliolini», disse alzandosi dal tavolo. «Sono anni che non mangio tartufo. Ti saluto, e in bocca al lupo per il tuo speciale».

«Hai verificato l'ultima segnalazione, Maiezza?». Sensi mandò giù l'ultimo sorso del suo caffè: era già il sesto della giornata, e non era ancora che il primissimo pomeriggio.

«Non so cosa pensare, dottore».

Maiezza raccontò della testimonianza della signora Fumagalli.

«Alla cassiera ho mostrato una foto di Matteo Contri», concluse, «e lo ha subito riconosciuto come il cliente che ha servito».

«Fiorentino, quanto meno somigliante a Contri... e Riondino è uscito da Firenze sulla sua auto e mostrando la sua patente al posto di blocco».

Maiezza era perplesso, o forse non voleva dar ragione alle fantasie di un'anziana signora. «Un ciuffo strano e un paio di occhiali con la montatura rossa magari possono bastare per ingannare a un controllo, dottore, ma qui c'è un'identificazione precisa di due persone che la foto hanno avuto modo di osservarla bene: può essere davvero così tanta la rassomiglianza tra Riondino e Contri?»

«È pur sempre un confronto tra una foto e una persona, non tra due individui che hai davanti in carne e ossa. Proviamo a creare un photo-kit con la faccia di Riondino e capelli e occhiali di Contri, e vediamo cosa salta fuori. Occupatene subito».

«C'è ancora una cosa: l'uomo del supermercato ha detto di lavorare al Piccolo, dove però nessuno lo conosce. Ho verificato».

«Al Piccolo Teatro?!». Sensi iniziò ad avvertire un formicolio alla base del collo.

«Sì, con la cassiera si è vantato di essere un attore».

«Cazzo Maiezza! L'Attore!», proruppe Sensi.

Maiezza lo guardò senza capire.

«E hai detto che è uscito a piedi dal supermercato?! Che non aveva un'auto?!»

«Sì dottore, ma...».

«È l'Attore, una delle personalità di Riondino! Quel figlio di puttana sta girando per la città con i documenti di Contri, e ovviamente cerca di sembrare lui!».

«Una delle personalità? Un'altra tipo Hannibal?»

«Ti spiegherò tutto, ma adesso non c'è tempo: troviamo tutte le telecamere nei pressi del supermercato e cerchiamo di intercettarlo nei suoi movimenti, vediamo se siamo così fortunati da seguirlo fino a dove si nasconde». Sensi, sotto la scarica di adrenalina, quasi si avventò sulla piantina della città affissa a una parete del suo ufficio. «E se si è allontanato a piedi, vuol dire che probabilmente si nasconde lì vicino: non si attraversa la città per andare a fare la spesa. Dove è stato visto? Dov'è questo supermercato? ... Cazzo!», imprecò nuovamente dopo che Maiezza gli ebbe indicato il luogo. «Vicino al carcere di San Vittore: bene, vorrà dire che non lo faremo spostare di molto dal suo attuale domicilio quando lo prenderemo. Saturiamo il quartiere con agenti in borghese che abbiano ben stampata in mente la faccia di Matteo Contri e, per l'amor del cielo, che non sembrino questurini alla ricerca di qualcuno! Voglio anche due squadre sempre pronte a intervenire in caso di avvistamento, e una di queste la voglio in quel supermercato nel caso Riondino tornasse a fare la spesa. A proposito, Maiezza, cosa ha comprato, prodotti alimentari?»

«No, niente cibo. Trucchi, lenti a contatto colorate... Alla cassiera ha detto che erano il bagaglio dell'attore».

«Cristo! Si prepara a far uscire di scena Matteo Contri e prendere un altro aspetto».

«Potrebbe non farlo subito, dottore: i documenti che può mostrare sono quelli di Contri».

«No, non può esibirli: lo ha fatto per sfuggire al posto di blocco, ma non è stupido e sicuramente immaginerà che adesso il nome di Matteo Contri è segnalato».

«Possiamo però sapere con maggior precisione gli acquisti che ha fatto e realizzare una serie di photo-kit tenendo conto di ciò che ha comprato».

«Sì, una buona idea, ma intanto diamoci da fare con le telecamere di zona, vediamo se l'hanno intercettato quando è uscito dal supermercato. E un'ultima cosa: facciamo filtrare l'indiscrezione che siamo certi che sia lontano; vediamo... per esempio a Roma», disse tornando verso la scrivania.

Maiezza assentì con il capo. «Così si sentirà più sicuro a muoversi qui, e magari starà meno rintanato».

«Esattamente. Mi occupo io di far organizzare immediatamente un bel movimento di forze di polizia nella capitale: i media ci si butteranno a pesce».

15

Era ormai sera quando Maiezza mostrò a Sensi una decina di fotografie che ritraevano Riondino nel supermercato: «Sono fotogrammi delle camere di sorveglianza: le ho fatte analizzare dalla Scientifica».

«È lui?», chiese con impazienza il commissario.

«Hanno detto che non sono le foto ideali per analizzare i parametri antropometrici del volto, ma...».

«Insomma è lui, o non è lui?!»

«Me l'hanno dato al novanta per cento: quell'uomo è molto probabilmente Riondino».

Sensi non aveva bisogno di quella conferma, ma sentì lo stesso un brivido scendergli lungo la schiena.

«E le telecamere all'esterno?»

«Una vera disdetta, dottore. La pioggia. Non si riesce a vedere alcun volto, solo ombrelli aperti».

«Quindi non è possibile sapere dove si sia diretto?»

«Sembra si sia avviato in direzione opposta al carcere di San Vittore, ma poi l'abbiamo perso subito». Maiezza sembrò quasi volersi giustificare: «Non ci sono molte telecamere in grado di inquadrare i passanti: solo quelle della zona a traffico limitato e un paio di banche».

«E allora piazziamone altre, cazzo!». Per l'ennesima volta in quel pomeriggio Sensi studiò nervosamente la piantina della città. «Raggio di un chilometro: copertura più ampia possibile e monitoraggio ventiquattro ore. Fra gli agenti in strada e i video in tempo reale, come mette il naso fuori lo becchiamo». Sensi socchiuse di un niente gli occhi e la sua voce si fece dura come l'acciaio: «Lo teniamo in pugno, è nostro».

Claps aveva sperato di sentirsi sollevato, ma non era stato così.

Dopo l'incontro con Sensi era rientrato a casa preda di un senso di vuoto, un vuoto che però pesava, opprimendolo.

In quel momento, e non avrebbe saputo dire da quanto, era sprofondato sulla poltrona con un libro tra le mani di cui non ricordava il titolo e del quale non aveva aperto nemmeno una pagina.

Gli pareva di non possedere pensieri, ma solo un senso di spossatezza dal quale non riusciva a trovare riposo. Era come se ciò da cui voleva fuggire lo inseguisse implacabilmente, con perfidia, tenendo sempre la stessa distanza senza mai raggiungerlo, ma senza nemmeno dargli una possibilità di tregua.

Il cellulare vibrò: Greta. Claps non rispose, lasciò che le vibrazioni della chiamata terminassero. Poi, con le mani che tremavano leggermente, spense l'apparecchio.

"Ci pensi, Jack? Una puttana, una con le tette belle grosse!".

"Resta tranquillo, Conte: questo è il momento di stare calmi e al coperto. Solo pochi giorni ancora".

"Sono sette anni che non sento neanche l'odore di una donna. Anzi, quasi non lo rammento più… Tu lo ricordi, Jack?"

"Lascia stare, Conte…".

“Ricordi ancora le cosce bagnate di una femmina?”
“Piantala, cazzo! Piantala!”.
“Siamo liberi adesso. Possiamo farlo”.
“Sì, lo faremo, cazzo se lo faremo... ma non è ancora il momento”.
“E quanto dovremo aspettare ancora?! Dài Jack, fammi venire all’aperto: un paio d’ore basteranno”.
“Basta! Dobbiamo aspettare ancora, e tu devi stare tranquillo se vuoi che ti faccia venire fuori”.
“Sta’ buono sennò ti rinchiudo come Hannibal. È così?”
“A te la scelta”.
“Lo sai bene che non riusciresti a tenermi chiuso a lungo, prima o poi verrei all’aperto, che tu lo voglia o no. Dovrai pur riposare...”.
“Non sarà necessario arrivare a questo. Solo un paio di giorni, Conte. Promesso”.
“Non un minuto di più”.

“Fanculo a Montanari!”. Greta se lo era ripetuto spesso in quel pomeriggio; ma bastava tornare a usare quel turpiloquio che una volta frequentava assiduamente, per iniziare a riconoscersi nello specchio, a sentirsi più vicina a se stessa? E potevano essere utili le tre ore che aveva trascorso dal suo vecchio parrucchiere di fiducia di quando era una star della tv? “Fammi tornare rossa. Rivoglio il mio colore”.

E anche ammesso che si fosse sentita più se stessa, questo l’avrebbe davvero fatta stare meglio? E quanto, e come poter misurare questo star meglio? Con un eventuale minor numero di ansiolitici?

Greta si lasciò andare sul divano; tolse le scarpe tirando su le gambe, prima di accendere la televisione.

Si osservò le dita dei piedi attraverso la velatura delle calze trasparenti: forse era anche tempo di tornare a mettere un bello smalto sulle unghie...

Greta Lafenice non era una rossa, non metteva lo smalto, non usava il turpiloquio. Evitava gli specchi, evitava il passato. Ignorava il presente. Si faceva di ansiolitici. Greta Lafenice cercava di convincersi di stare bene.

Greta Lafenice non esisteva. Lo aveva sempre saputo.

"Fanculo a Montanari!", pensò ancora una volta mentre sullo schermo si esauriva la sigla dello speciale su Riondino.

Dopo una carrellata sullo studio e i suoi ospiti, la telecamera strinse l'inquadratura su Montanari e la sua faccia occupò subito tutto lo schermo in un primissimo piano:

Come potete vedere, cari telespettatori, abbiamo con noi ospiti autorevoli che ci aiuteranno meglio a capire chi sia veramente Giacomo Riondino, le sue vicende passate e la terribile storia di questi ultimi giorni. Ma prima di tutto la stretta attualità: come sapete da questo pomeriggio è in corso una massiccia azione di polizia in un quartiere di Roma. Ci colleghiamo allora subito con la nostra Clelia Penna che si è recata immediatamente sul posto. Mi senti Clelia?

Sullo schermo comparve in un riquadro la giornalista illuminata sul bordo della strada dalle fotocellule, e attorniata da un capannello di curiosi.

Sì, direttore, ti sento. Mi trovo proprio in via Panama, dove sarebbe stato avvistato Giacomo Riondino. L'intero quartiere è pattugliato dalla polizia, e tutt'ora ci sono dei veri e propri posti di blocco che ne sorvegliano le strade in uscita.

Ma di lui nessuna traccia, non è così? intervenne dallo studio Montanari.

Almeno fino ad adesso, direttore, e devo aggiungere che l'attività di polizia sembra ora meno frenetica rispetto a prima.

Un falso allarme? Una delle tante segnalazioni senza fondamento come avviene in casi simili? Cosa dicono le autorità?

Le autorità mantengono ufficialmente il più stretto riserbo, direttore, ma da quello che riesce a trapelare sembra proprio che la segnalazione sia attendibile e, d'altronde, se non fosse così non si spiegherebbe un tale dispiegamento di mezzi. Pare insomma certo che l'uomo visto uscire dal palazzo che potete vedere alle mie spalle, il numero 22, fosse proprio Giacomo Riondino.

Scusa, Clelia, hai detto che l'attività investigativa si è fatta adesso meno intensa?

È così da circa un'ora. Rimangono i posti di blocco e le pattuglie, ma, come dire... c'è meno elettricità nell'aria.

Come te lo spieghi?

Con un'altra indiscrezione che ho raccolto solo pochi minuti fa, direttore.

Avanti allora, non tenerci sulle spine.

Si tratta solo di un'indiscrezione, però, tutta da verificare, direttore.

Montanari sorrise verso la telecamera che puntualmente strinse in un altro primissimo piano.

La nostra Clelia Penna è bravissima, ma, beata lei, è ancora così giovane da non avere il pelo sullo stomaco di noi vecchi marpioni del giornalismo. Più della metà delle notizie che riusciamo a ottenere, cara Clelia, si basano su indiscrezioni spesso verificabili solo a posteriori… Avanti, dicci!.

Bene, pare che Riondino avesse trovato rifugio proprio in questo quartiere, ma sia riuscito a eclissarsi appena notati i primi movimenti di polizia: ci sarebbero testimoni che affermano di aver visto allontanarsi una persona che gli corrisponderebbe in pieno.

Quindi attualmente, più che lui, si starebbe cercando di individuare il suo rifugio?

Sì, direttore, e contemporaneamente gli si dà la caccia in tutta la città, mentre strade, stazioni e perfino il Tevere vengono tenuti sotto controllo per impedire che riesca a lasciare la città.

L'inquadratura tornò a tutto schermo su Montanari.

Un grazie alla nostra Clelia Penna, che naturalmente potrà intervenire in qualsiasi momento se ci fossero novità. E ora torniamo in studio…

Greta seguì tutta la trasmissione senza staccare un attimo gli occhi dallo schermo, fino all'ultima immagine.

Una trasmissione che avrebbe certo avuto uno share fantastico, ma insulsa sul piano giornalistico: colma di imprecisioni sulle ricostruzioni, di interventi inutili di pseudo esperti che di Riondino non avevano capito nulla; di ipotesi assurde, di strombazzati testimoni oculari che a Roma, in via Panama, non avevano alla fine visto niente.

Lei non avrebbe mai permesso che fosse così.

Lei sapeva fare del vero giornalismo.

"Non senti la nostalgia dell'emozione della diretta, dello stare dentro la notizia? Di sentirti davvero viva?", le aveva chiesto Montanari. "Le luci degli spot, il led rosso della telecamera in funzione... e milioni di persone che pendono dalle tue labbra".

Sì, la sentiva, cazzo, la sentiva!

"Fanculo a Montanari!".

Greta osservò il cellulare abbandonato dall'altra parte del divano: e al diavolo anche Claps, che non aveva risposto alle sue chiamate.

16

Claps si svegliò di soprassalto spalancando gli occhi nel buio profondo del suo letto. Era sudato e il cuore gli batteva all'impazzata.

Un incubo, aveva avuto un incubo.

Anche la respirazione era affannosa.

Accese la luce restandone ferito per qualche secondo; doveva essere ancora notte fonda, ma non guardò l'orologio. Sentiva la bocca riarsa e un'ansia sorda opprimergli il petto. Attese qualche minuto per riprendersi prima di trascinarsi in cucina e bere avidamente dalla bottiglia più acqua di quanto ne sentisse il bisogno.

Un incubo, certo, ma per quanto si sforzasse non riusciva a ricordare nulla di cosa avesse sognato. Solo la sensazione di una figura femminile. Laura Minz, Dorina Gjioka?

Greta?

La respirazione era tornata normale, e l'ansia solo una presenza sottile. Si recò nello studio; accese il cellulare spento dal pomeriggio: trovò tre chiamate di Greta e una di Sensi.

Sì, sentiva chiaramente una presenza femminile nell'incubo che aveva fatto e non riusciva a ricordare… una presenza dolorosa che non si era ancora dissolta completamente nella sua mente.

Spense di nuovo l'apparecchio; il suo sguardo vagò

sulla scrivania prima di soffermarsi su quello che quasi inconsciamente stava cercando: la chiavetta USB con i file delle sedute con Riondino che gli aveva dato il professor Reti. La osservò a lungo sentendosene attratto e respinto allo stesso tempo. Alla fine accese il computer e la inserì.

Ancora un'esitazione, e poi, mentre il cuore tornava ad accelerare, cliccò sul file "Giulia".

Di nuovo un video, con l'inquadratura classica: il professor Reti di spalle e quasi fuori campo, e Riondino, seduto a una scrivania di fronte a lui; la lunghezza dei capelli era cresciuta rispetto alla videoregistrazione in cui era comparso Jack: ora li portava raccolti in una coda di cavallo, mentre aveva tagliato la barba lasciando il volto glabro.

Riondino ciondolava ritmicamente con il busto avanti e indietro, tenendo gli occhi chiusi. A Claps fu subito evidente che il professor Reti gli aveva già indotto uno stato ipnotico.

«Giulia...? Vorrei parlare con te».

Riondino non ebbe nessuna reazione continuando a oscillare lentamente sul busto.

«Giulia...?».

Per oltre un minuto il filmato continuò a scorrere senza che accadesse nulla, cristallizzato in un silenzio assoluto: se non fosse stato per i movimenti di Riondino si sarebbe potuto prendere per un fermo immagine. Poi il video si interruppe bruscamente per riprendere solo dopo qualche secondo. Il timer indicava che erano passati dodici minuti dall'interruzione, e l'atteggiamento di Riondino era completamente cambiato. Se ne stava quasi sdraiato sulla poltroncina, con i piedi sulla scrivania e l'espressione del volto tra l'annoiato e lo strafottente.

«Hai una sigaretta?».

Claps provò un brivido nel sentire quella voce: era assurdamente giovanile, quasi adolescenziale; molto diversa da quelle, in fondo rassomiglianti tra loro, delle altre personalità che aveva sentito parlare.

«Mi dispiace, fumo solo la pipa».

«È un fumo da vecchi. Una cagata». Riondino non guardava verso il professor Reti, ma si osservava ostentatamente le unghie. «Cosa vuoi da Giulia?».

Claps sentiva i muscoli contrarsi: era incredibile il contrasto tra quella voce da ragazzo e il volto adulto di Riondino.

«Parlare con lei. Ma dimmi, tu devi essere il Ribelle, vero?».

Un lampo nello sguardo improvvisamente alzato verso il professore: «Come cazzo fai a sapere il mio nome, chi te lo ha detto?»

«È stato…».

«Lascia perdere», lo interruppe Riondino tornando a esaminarsi le unghie, «non me ne frega niente di sapere chi ti ha parlato di me. Dimmi piuttosto cosa vuoi da Giulia».

«Te lo dirò ugualmente: è stato Jack».

«Jack è un tuo amico? Potete andare affanculo tutti e due, allora». Lo disse senza rabbia, quasi annoiato, come se dovesse sbadigliare da un momento all'altro.

«Non siamo amici, ma parliamo. Non vai d'accordo con lui?»

«Non sono affari tuoi. Perché vuoi parlare con Giulia?»

«Non vai d'accordo con Jack?», chiese nuovamente il professore.

«E a te cosa te ne frega di saperlo?».

Il professor Reti rimase in silenzio. Riondino sembrava iniziare a innervosirsi: «Lo detesto, cazzo. Sempre a comandare… non fare questo, non fare quello… Io faccio quel che mi pare, nessuno può dirmi come mi devo comportare».

«Quanti anni hai, Ribelle?»

«Diciassette. E allora?»

«Era solo per sapere… Sei giovane».

«Certo non sono un vecchio come te. Per l'ultima volta: cosa vuoi da Giulia?»

«Se ti rispondessi anch'io che non sono affari tuoi?». Non c'era sfida nel tono del professore, lo aveva detto quasi con dolcezza.

«Ti prenderesti un altro vaffanculo, e ti dovresti scordare di lei; le impedirei in ogni modo di venire fuori».

«Puoi farlo?»

«Lei mi ascolta. Sa che voglio il suo bene».

«Cerchi di proteggerla? Io non ho alcuna intenzione di farle del male».

Riondino si strinse nelle spalle: «Le tue sono solo parole, e io non compro a scatola chiusa: cosa vuoi sapere da lei?»

«Da cosa deve essere protetta Giulia? O da chi?».

Riondino non rispose, ma il suo nervosismo era sempre più evidente.

«Da Jack, per esempio?», lo incalzò il professore. «Da… Hannibal?».

La reazione di Riondino fece quasi sobbalzare Claps: in un attimo sollevò le gambe dalla scrivania e scattò in piedi, rosso in faccia e con le giugulari gonfie, agitando un pugno verso Reti: «Cazzo! Tu… tu…», urlò.

Sembrava a un passo dallo scagliarsi contro il professore, quando improvvisamente restò immobile, come gelato in quella posizione, prima di rilasciare le braccia lungo il corpo e ricadere seduto con gli occhi chiusi.

Quando li riaprì dopo qualche secondo, Claps sentì gelare il sangue nelle vene. Se era stato sorprendente e inquietante al tempo stesso vedere il Floscio che si trasformava nel Furbo prima e in Hannibal e Jack poi, quel che aveva sotto gli occhi adesso era qualcosa che andava oltre ogni possibilità di immaginazione. Riondino sedeva adesso compunto, con le mani intrecciate sul ventre e uno sguardo limpido, ma era il suo volto a essere letteralmente trasfigurato: i lineamenti distesi e raddolciti, ogni spigolosità, ogni durezza, appariva smussata, scomparsa insieme a tutte le rughe di espressione. Il volto sembrava più tondo, più pieno, in una parola più aggraziato e raddolcito da un leggero sorriso; se avesse sciolto la coda di cavallo, la trasformazione in un viso femminile sarebbe stata pressoché completa. A Claps venne irrazionalmente in mente il volto della Gioconda.

«Sono Giulia...». La voce era sottile, non sui toni acuti femminili, ma morbida quel tanto che bastava a far immaginare una donna a chi l'avesse sentita senza vedere in faccia chi era a parlare. «Non è un cattivo ragazzo, ma è giovane anche se si crede già un uomo, ed è impulsivo. Pensa sia suo dovere proteggere le persone a cui è affezionato».

Lo stesso professore, che si era istintivamente ritratto quando Riondino era balzato in piedi, sembrava, pur nella ripresa di spalle, impietrito.

«Jack mi ha parlato di lei e di cosa sta cercando di fare per aiutarci, ma il ragazzo non ne sapeva niente, per questo era così sospettoso. Sono riuscita a prendere il suo posto prima che la situazione diventasse... critica».

Reti parve scuotersi, ma la sua voce non riusciva ancora a nascondere un leggero tremito: «Giulia... cosa pensa di quello che sto facendo con Jack?»

«Penso che stare rinchiusi qui dentro sia una brutta cosa», rispose con una calma e una semplicità disarmante.

Claps si sentiva ipnotizzato dalla trasformazione del volto di Riondino e dal suono di quella voce morbida e sottile, tanto da non riuscire a concentrarsi sul dialogo. Arrestò allora il video e lo fece ripartire da qualche secondo prima dell'arrivo di Giulia. Chiuse gli occhi: avrebbe solo ascoltato.

«Ma lei sa perché vi trovate qui?». Ora la voce del professore era tornata quella tranquilla di sempre.

«So che uno di noi ha fatto qualcosa di grave, ma non so con precisione chi e cosa: Jack non me lo ha mai voluto dire».

«Parla spesso con Jack, Giulia?»

«Quasi mai». Era comparsa una nota cupa nella voce di Giulia: Claps immaginò il suo sguardo limpido rabbuiarsi. «In ogni caso adesso siamo qui da tanto tempo e ne soffriamo tutti. Io sono molto preoccupata, e non tanto per me».

«Per chi si preoccupa, Giulia?»

«Be', il Ribelle, l'ha visto prima: ogni giorno che passa è sempre più chiuso e aggressivo, pieno di rancore; d'altronde se a un ragazzo si toglie la libertà e per di più senza che abbia fatto niente... Ma chi mi preoccupa di più è il Piccolo».

«Il Piccolo? Jack non mi ha mai parlato di lui».

«Non mi sorprende. Il Piccolo è solo un bambino che...».

«Un bambino?!», la interruppe stupito il professore.

«Ha sette anni, ma Jack se ne tiene lontano, per questo non mi stupisce che non le abbia mai parlato di lui; è strano: è come se per una qualche ragione lo temesse. In realtà è un bambino molto dolce... e molto triste; ha qualcosa dentro, qualcosa che gli ha fatto del male e continua a fargliene».

«Sette anni...». Una lunga esitazione del professore.

Per Claps era evidente quanto Reti fosse disorientato, incerto su quale fosse la strada migliore per continuare quel colloquio.

«Posso chiederle quanti anni ha lei, Giulia?»

«Che strana domanda... nessuno me lo ha mai chiesto».

«Glielo chiedo io adesso, se posso».

«Ecco... non ci ho mai pensato. Trenta... trentacinque. No, aspetti, ventotto».

«E saprebbe dirmi da quanto tempo vi trovate qui?»

«Da molto».

«Molto quanto? Cinque anni, dieci?»

«Jack dice da tre anni».

«Quindi il Piccolo aveva quattro anni quando vi hanno portato qui».

«No. Lui ha sette anni».

«Mi sta dicendo che aveva sette anni anche allora?»

«Lui ha sette anni, le ho detto».

«Va bene, Giulia...». Ancora una breve pausa. «Lei viene spesso fuori, all'aperto?»

«Quasi mai. Durante il giorno sul posto ci stanno gli

altri, il Floscio soprattutto; esco qualche volta di notte, ma non mi piace dove sono».

«E il resto del tempo riposa?»

«Certo, riposo come tutti gli altri, altrimenti faccio le mie cose, passo molto tempo col Piccolo, a volte con il Ribelle, ma con il Piccolo soprattutto: lui ha bisogno di affetto, di non essere lasciato solo».

«Non parla con gli altri?»

«Raramente. A volte con il Professore. Lui è gentile».

«Cosa intende con "faccio le mie cose", Giulia?»

«Le mie cose? Quando eravamo liberi venivo fuori più spesso e tenevo in ordine la casa, a volte cucinavo; mi occupavo del Piccolo, lo facevo studiare, lo portavo al cinema… Disegnavo tanto».

«E adesso, Giulia?»

«Penso… non posso più disegnare. Penso delle poesie. E invento delle storie da raccontare al Piccolo».

«Che genere di storie?»

«Quelle che si raccontano ai bambini. Fiabe».

«Posso farle avere matite colorate e fogli per disegnare, se vuole».

«Sarebbe bello».

«Mi piacerebbe vedere i suoi disegni, Giulia: ne farà qualcuno per me?»

«È difficile che riesca a vederli: Jack li strappa subito quando li vede… Ha sempre fatto così».

«E perché fa una cosa simile?»

«Dice che sono brutti, robetta da donnicciola. Ma non è questo il vero motivo».

«Vuole parlarmene?»

«Teme che vedendo i miei anche il Piccolo si metta a disegnare».

«Mi spieghi meglio…».

«Come le ho detto è come se Jack avesse paura del Piccolo: non vuole sentirne parlare, non vuole sapere quello che fa… E non solo si comporta come se quel bambino non esistesse, ma evita con cura qualsiasi cosa possa avere a che fare con lui».

«Certo ammetterà che questo comportamento è strano, non è d'accordo, Giulia? Forse teme quello che il Piccolo potrebbe disegnare?»

«Non lo so… Jack è così. È sempre stato così. Noi tutti siamo sempre stati così. Non è strano».

Il professore lasciò passare qualche secondo, prima di riprendere. «Giulia, se riuscissi ad aiutarvi a riacquistare la libertà, come la immaginerebbe la sua vita, cosa vorrebbe?»

«Oh… molto poco. Stare col Piccolo, scrivere poesie, occuparmi della casa… e uscire… sì, uscire, stare in mezzo alla gente… ma questo Jack non me lo permetterebbe mai».

17

Claps non era più riuscito a prendere sonno. Non ci aveva neanche provato restando seduto di fronte al PC a riascoltare e riascoltare più volte Giulia senza mai guardare il video.

Giulia... che non sapeva quanti anni avesse.

Giulia... per la quale il Piccolo aveva sempre sette anni.

Giulia... per la quale il tempo era una dimensione sconosciuta.

Giulia... prigioniera nella mente di Riondino ancor prima che nel manicomio giudiziario.

Provava un'irragionevole empatia verso di lei.

A suo modo, una vittima anche lei? Che chiedeva giustizia, che lo avrebbe inseguito nel sonno?

Aveva cercato più volte di razionalizzare, di dirsi che stava commettendo l'errore di confondere una personalità, la scheggia di una mente malata, con una persona.

Una persona che era anche Jack.

Che era anche Hannibal.

Alla fine, quando fuori iniziava ad albeggiare, aveva rivisto il filmato per l'ennesima volta decidendosi però a guardare il video: il volto di Riondino era così diverso... lo sguardo limpido e tranquillo, con un velo di tristezza e rassegnazione. Indifeso.

Giulia...

Si trascinò in bagno, sentendo i suoi passi pesanti e affaticati. Una lunga doccia con l'acqua quasi bollente per allentare la tensione dei muscoli.

Fu lì, sotto quel getto che scottava sulla pelle, ma al quale non riusciva a sottrarsi, che Claps capì che non sarebbe mai riuscito a fuggire. Non ne sarebbe stato capace. Tutte quelle storie atroci, gli orrori, le morti, le vittime. Gli incubi. Era quella la sua vita, non aveva altro. Non c'era altro. Non poteva sottrarsi. Non poteva fuggire.

E capì finalmente chi era la donna del suo incubo. La presenza femminile senza volto. Era la vittima che ancora non conosceva, quella che Riondino avrebbe fatto se non fosse stato fermato.

Con pochi colpi di forbice il ciuffo di Matteo Contri era ingloriosamente finito reciso nel lavandino, e con un sapiente uso di lacca e borotalco i capelli erano ormai grigi e invecchiati. Riondino iniziò con una matita scura a evidenziare le rughe.

"Non farlo troppo marcato questo trucco, Attore: la gente non se ne deve assolutamente accorgere, è sufficiente dimostrare una quindicina di anni in più".

"Tranquillo Jack, so quello che faccio: nessuno noterà nulla di strano, solo un signore che ha passato la cinquantina e con una leggera zoppia".

"Sarà sufficiente? I lineamenti non risulteranno molto diversi".

"Metterò del cotone al di sopra dei denti per modificare la forma delle labbra e rendere il viso più paffuto. Gli occhiali e le lenti a contatto colorate faranno il resto. Ma poi, perché tutta questa paura? Stanno cercando a

Roma, non hai visto al notiziario tutto il casino di polizia in quel quartiere?"
"Si accorgeranno presto di aver sbagliato".
"Dammi ancora mezz'ora e nello specchio vedrai un'altra persona".

Le otto del mattino.
Claps accese di nuovo il cellulare e compose il numero del professor Reti.
«Spero di non averla disturbata, profes...sore; solo adesso mi sono reso conto di che ore siano», mentì.
«Alla mia età dormo solo poche ore per notte, e all'alba sono già in piedi. Ero certo che mi avrebbe cercato di nuovo: ha visto le registrazioni, vero?»
«Quella di Giulia». Claps esitò un istante. «È il Piccolo che ha la memoria dei traumi dell'infanzia di Riondino, per questo Jack lo teme e lo tiene lon...tano, non è così?»
«Non solo se ne tiene distante, ma finge di ignorarne l'esistenza: in tutti gli anni di terapia con me, non ne ha mai fatto nemmeno un accenno. Ho saputo del Piccolo solo da Giulia».
«Finge, ha detto? Non è possibile che Jack davvero non sapesse di lui?»
«No. Io stesso gliene ho più volte parlato, e Jack sapeva bene chi fosse, pur mostrando nervosismo e cambiando immediatamente argomento. Una reazione comprensibile, in fondo: chi anche tra noi "normali" non cerca di confinare lontano i ricordi più dolorosi, di rifuggirne?»
Ma sfuggire non si può, pensò amaramente Claps, loro sono sempre lì a inseguirti, a tenerti prigioniero in una fuga solo apparente. Forse le personalità multiple erano davvero l'unico modo per farlo...

«Nei file che mi ha dato non com...paiono colloqui con il Piccolo», riprese.

«Non ne esistono: non sono mai riuscito a parlare con lui. Come con Hannibal. Curioso, vero? Né con l'innocenza, né con il peccato».

«Anche Giulia è "innocente", però». Quasi del trasporto nel tono di Claps.

«Giulia... una personalità molto più complessa di quanto sembri. Non ne sarei così sicuro, dottor Claps».

«Cosa intende dire, professore?»

«Mi scusi, ma prima ho una cosa da chiederle io. Tutte queste domande, tutto questo voler sapere... sono di una qualche utilità per catturare Riondino?»

«Non lo so, professore. Forse...».

«Vede, non dovrei essere io a dirlo, ma per quanto comprensibile, provare curiosità, pietà, addirittura simpatia per alcune delle sue personalità può fuorviare, sviare. Non sono persone, come insiste a dire Riondino, ma solo personalità. E alla fine c'è una sola persona, ed è una persona che uccide. È Riondino. E va fermato. Non lo dimentichi, Claps».

No, non lo avrebbe dimenticato. «Faremo tutto il possibile per prenderlo, professore».

Un lungo silenzio.

«Mi dica di Giulia: perché non è si...curo della sua "innocenza"?»

«Non le dirò niente, adesso: lo potrà scoprire da sé ascoltando gli altri file. Dopo ne parleremo, se lo vorrà».

Il risultato era stato sorprendente: quello che Riondino vedeva nello specchio era davvero un volto diverso. Un uomo sui cinquanta, cinquantacinque anni, dai capelli di un grigio smorto e gli occhi chiari. Le rughe apparivano assolutamente naturali, il viso più rotondo e le labbra più carnose. Nessuno avrebbe potuto riconoscere Riondino in quelle fattezze.

"Con un bel paio di baffi il risultato sarebbe stato anche migliore".

"Non c'è tempo per farli crescere, Attore, ma è comunque un ottimo lavoro".

"Sì, mi sono ispirato al Willy Loman di *Morte di un commesso viaggiatore*, un ruolo in cui riesco a dare il meglio".

Riondino avvicinò il volto fino a pochi centimetri dallo specchio, per potersi osservare ancora meglio e verificare che il trucco non fosse evidente. "Ottimo lavoro", ripeté alla fine. "È quasi ora di uscire".

«Dottore, ci sono due persone che vorrebbero parlarle a proposito di Riondino». Maiezza si era affacciato nell'ufficio di Sensi. «Dicono che può essere importante».

«Cosa aspetti, allora? Falli passare subito».

I due si accomodarono alla scrivania; entrambi sui sessanta, avevano vestiti di ottimo taglio, e uno dei due aveva con sé una borsa porta documenti di pelle.

«Ci siamo conosciuti nel passato, commissario, ma certo non si ricorderà...».

«No, anche se il suo volto qualcosa mi dice»,

«Sono Aurelio Restelli, presidente della società di intermediazione finanziaria per cui lavorava Giacomo Riondino. La persona che mi accompagna è l'avvocato Riva che cura gli interessi della società».

Sensi ricordò: aveva raccolto la sua testimonianza ai

tempi dell'arresto di Riondino; Restelli si era quasi sentito male quando aveva saputo cosa aveva fatto quello che riteneva uno dei suoi più validi promotori finanziari.

«Nei dodici anni che ha lavorato per noi, Giacomo Riondino ha chiuso oltre millecinquecento contratti; fondi comuni italiani ed esteri, pensioni integrative, assicurazioni, gestioni patrimoniali... un giro complessivo di quasi cinquanta milioni di euro. Dopo l'arresto il suo portafogli clienti passò ovviamente ad altre persone, mentre la società dovette fronteggiare le preoccupazioni dei clienti che avevano trattato con Riondino per il loro patrimonio. Riuscimmo abbastanza bene in questo: mi pare che alla fine ne perdemmo solo tre, ma ci accorgemmo che qualcosa non quadrava nei conti. Ci vollero settimane per capire bene e ricomporre tutto il quadro: Riondino era stato molto abile nel truccare i conti, ma c'era un ammanco di quattro milioni di euro».

«Quattro milionitrecentoventimilacinquecentosessantadue euro, per la precisione», puntualizzò l'avvocato.

Sensi si sfilò gli occhiali e fissò allibito Restelli: «Cioè Riondino ha sottratto questa somma alle casse della società?»

«Nel corso degli anni, poco per volta; ma solo in parte alla società: il grosso lo prelevava dagli investimenti dei clienti. Aveva escogitato un sistema direi quasi geniale giocando sulla valuta, le fluttuazioni di borsa, i premi e il reinvestimento degli utili: i conti sembravano in perfetto ordine ed avevano sempre superato le verifiche annuali senza che mai ci rendessimo conto che qualcosa non quadrava».

«Ma non avete mai denunciato questo raggiro!».

«No, abbiamo preferito non farlo. Avvocato vuole spiegare lei il perché?»

«Vede, commissario», l'avvocato Riva iniziò a spiegare, «una società come quella di cui mi onoro di salvaguardare gli interessi, ha assoluto bisogno della fiducia completa dei clienti. Si regge su quella prima ancora che sulla competenza: crollerebbe in un istante se questa fiducia venisse meno. Già il solo arresto del Riondino per fatti che, per quanto gravi, nulla avevano a che fare con la gestione finanziaria, aveva causato problemi con molti clienti; si immagina cosa sarebbe successo se fosse stata resa nota la notizia di un ammanco di oltre quattro milioni e per lo più creato sottraendo fondi direttamente al patrimonio dei clienti? La società sarebbe stata spazzata via in poche settimane».

«Si tratta in ogni caso di un furto e andava denunciato. Ci sono delle persone ignare che sono state derubate!».

«Nessun nostro cliente ha subito un danno», continuò con un sorriso suadente l'avvocato. «La società si è fatta carico di tutto e ha provveduto a ripianare i conti dal primo all'ultimo euro».

«Un duro colpo, ma siamo solidi e abbiamo potuto far fronte», intervenne Restelli. «Non c'era altro modo per sopravvivere».

Sensi pensava velocemente: tutto questo spiegava molte cose e apriva nuove prospettive per la caccia. «Dunque Riondino ha da qualche parte quattro milioni di euro nascosti…».

«Abbiamo ritenuto che adesso fosse doveroso rivelare quanto è successo», riprese l'avvocato, «il reato è ormai in prescrizione, ma si può supporre che il ricercato si muoverà per recuperare il maltolto e questo potrebbe essere utile alle indagini. Se poi il maltolto venisse recuperato…».

«La preghiamo soltanto», aggiunse Restelli, «di mantenere la discrezione sul nome della nostra società per i motivi che le ho espresso prima».

Il buon nome dell'impresa finanziaria di Restelli era in quel momento l'ultima preoccupazione di Sensi: «Mi crede così sciocco da divulgare una notizia che potrebbe farci arrivare a Riondino? Da dargli questo vantaggio?», disse acido. «Fino a quando lo cattureremo rimarrà segretata».

«E dopo, commissario?»

«Faremo il possibile».

«Abbiamo la sua parola?»

«Signori, non stiamo contrattando». Sensi si stava spazientendo. «Ora avete l'obbligo, ripeto l'obbligo, di fornirci ogni informazione in vostro possesso. In caso contrario incorrerete nel reato di favoreggiamento. Detto questo», concluse con un tono un po' meno pungente, «faremo il possibile».

Un cenno di assenso di Restelli e l'avvocato depose sul tavolo l'elegante borsa di pelle che aveva con sé: «Qui ci sono tutti i documenti: dai libri contabili, alle nostre analisi, e soprattutto le ricerche del denaro sottratto fino a dove siamo potuti arrivare. Anche in questo Riondino è stato abile e a un certo punto ne abbiamo perso le tracce, ma immagino che polizia e magistratura abbiano ben altri mezzi e autorità per cercare di ritrovarlo. È un buon punto di partenza».

«Greta! Non speravo che mi chiamassi dopo ieri». Al

telefono, il tono di Montanari era stupito. «Hai visto lo speciale ieri sera? Siamo andati forte, vero?».

Era stata lei a chiamare, è vero, ma Greta non aveva intenzione di fare sconti: «È stata una pena. Avrete anche fatto ascolti, ma non c'era nulla che si avvicinasse minimamente a come stanno davvero le cose. Una trasmissione penosa dal punto di vista giornalistico».

«Cazzo! Abbiamo lavorato su quello che sappiamo. Su quello che è stato reso noto», si inalberò subito Montanari. «Dici che è stata una trasmissione penosa: se fossi venuta a dire quello che sai come ti avevo chiesto, forse non lo sarebbe stata!». Dopo qualche istante di silenzio, Montanari si raddolcì: «In ogni caso ho ricevuto questa mattina i dati di ascolto e lo share è stato fantastico: è questo quello che conta, alla fine».

«Certo, l'ascolto prima di tutto. Sai, forse è proprio per questo che è meglio essere una firma anonima sul web».

«Cazzate, Greta! E lo sai benissimo. A parte che senza l'ascolto non raccoglieremmo pubblicità e di conseguenza il denaro per esistere, ma dimmi: che razza di giornalista puoi essere senza avere un seguito, senza avere chi sia disposto ad ascoltarti? Vuoi continuare a scrivere per qualche centinaio di sfigati che credono solo alle verità di internet, alle decine di complotti ipotizzati in rete? Accomodati, allora... Ma intanto mi hai richiamato».

«Hai ragione, forse non avrei dovuto farlo».

Montanari rimase ancora un attimo in silenzio, poi riprese in tono pacato. «Ieri me lo hai chiesto tu, ma oggi tocca a me farlo: cosa vuoi, Greta? Perché mi hai richiamato?».

Fu la volta di Greta a esitare qualche secondo prima di rispondere. «Supponiamo che un giorno abbia una storia da raccontare… La storia vera di un fatto che ha catalizzato l'attenzione».

«Riondino?»

«Fatti di cui si è molto parlato e quasi sempre a sproposito. Supponiamo che io conosca come si sono veramente svolti».

«Riondino?»

«Lui».

«Ti mando in onda anche stasera, Greta, il tempo di firmare un contratto di esclusiva. Un buon contratto credimi».

«Non hai capito. Io questa storia la voglio raccontare solo dopo. Non voglio fare sensazionalismo, ne ho fatto fin troppo nel passato».

«Ma…».

«No, ascoltami bene», lo interruppe bruscamente Greta. «Avevi ragione: io sono Greta Alfieri e sono una giornalista che vuole stare dentro la notizia, che ha un tremendo bisogno di sentirsi viva, attiva. Greta Lafenice è stata solo una via di fuga per dimenticare, per illudersi di poter sopravvivere».

«Questo voglio sentirti dire!».

«Ma su una cosa hai torto: si può cambiare. E io sono cambiata. Mai più scoop sensazionali offerti sull'altare dell'audience passando magari sulla vita di persone o interferendo col lavoro della polizia. Voglio essere una giornalista vera, che porta notizie vere. Che parla di storie che abbiano un inizio e una fine. Che parli dei loro protagonisti. Che faccia capire». Un breve silenzio. «La vera storia di Riondino la racconterò solo quando tutto sarà finito. Ti interessa ancora?».

Greta era certa che non fosse quello che Montanari

voleva, ma che al medesimo tempo stesse già calcolando quanta audience avrebbe potuto fare con uno speciale di quel tipo mandato in onda subito dopo la cattura di Riondino.

«E se non finisse, se non lo prendessero?»

«Se riuscisse a dileguarsi? Sarà in un certo senso anche quella la fine della vicenda. Racconterò ugualmente la storia, ma voglio mano libera nella conduzione dello speciale. Allora, abbiamo un accordo?».

Montanari non ci pensò più di un secondo: «Di più: entro domani avremo un contratto. Bentornata, Greta».

Dopo aver riagganciato, Greta compose un nuovo numero. Questa volta Claps rispose.

18

Riondino uscì in strada. Come il giorno prima, aveva osservato il pianerottolo dallo spioncino per essere certo di non incrociare nessun inquilino di quel palazzo. Il cielo era grigio e l'aria gonfia di umidità e degli scarichi delle automobili, ma la pioggia era lontana e nessun ombrello sotto cui poter parzialmente celarsi sarebbe stato aperto. Si incamminò subito: un passo né lento né affrettato, ma marcando una leggerissima zoppia.

"Andiamo in centro, Jack?"

"Sì, Furbo. Lì sarà più facile trovare quel che serve, e lì c'è un'agenzia della Western Union per il trasferimento di denaro all'estero".

La strada dove aveva trovato rifugio portava il nome di uno dei re di Roma e, nonostante si trovasse in una zona semicentrale, era appartata e poco transitata. Presto, però, sarebbe sbucato in vie colme di gente e di traffico. Si sentiva più nervoso di quando era uscito il giorno prima, e, fatti pochi passi, si dovette fermare davanti a una vetrina per rassicurarsi su ciò che vi vedeva riflesso: una persona completamente diversa da quella che la polizia stava cercando. Presto raggiunse una delle arterie che portavano al centro della città e il marciapiedi divenne più affollato di pedoni e la strada di auto. Camminava imponendosi di non apparire circospetto, ma pronto a cogliere qualsiasi motivo di allarme.

Dopo qualche minuto trovò quel che cercava: un negozio di ottica e fotografia. Un negozio piccolo, una sola vetrina: l'unica commessa lo accolse con un sorriso.

«Vorrei fare delle foto tessera: c'è molto da attendere?»

«Gliele posso fare immediatamente, saranno pronte in pochi minuti».

«Mi occorrerebbe anche il file, però: per dei curriculum da spedire via internet».

«Certo, c'è solo un piccolo sovraprezzo. Si accomodi».

La commessa era giovane e carina, indossava stivali e minigonna; lo fece sedere su uno sgabello e gli si avvicinò per aiutarlo a mettersi in posa. Aveva un buon profumo; le sue dita sottili con le unghie smaltate di rosso gli sfiorarono il mento per fargli sollevare di poco la testa. Un tocco morbido. Riondino sentì qualcosa di prepotente dentro di sé... gli occhi sbatterono per un istante.

«No, più disteso il viso». La ragazza era dietro la fotocamera digitale, pronta a scattare, «Con quello sguardo fa quasi paura», sorrise.

Era un bel sorriso, i denti candidi, perfettamente allineati.

«Ecco, così va meglio... Fatto! Controllo a video che sia venuta bene e se mi detta il suo indirizzo mail le inoltro subito il file».

«Non occorre: ho una chiavetta USB». La voce uscì roca, quasi strascicata mentre porgeva la chiavetta alla ragazza.

Riondino si guardò attorno; c'era una porta a soffietto in fondo al negozio: il magazzino, o comunque un retro. Poi riportò uno sguardo cupo sulla ragazza, su come si muoveva, sul seno modellato dalla maglia aderente, sui fianchi, sulle gambe lasciate scoperte dalla minigonna.

«Lavora da sola qui?», ancora quella voce roca.

«No, ma il mio titolare ha avuto un piccolo incidente con lo scooter e si è rotto una caviglia. Per questo son da sola, ma rientrerà fra pochi giorni».

«Quindi la ritroverò se dovessi tornare per altre foto tessera?»

«Certo, signore, gliele farò volentieri. Ecco la sua chiavetta».

Uscito dal piccolo negozio, Riondino fu investito dall'aria gonfia di umidità; provava un leggero senso di confusione: mosse i primi passi dimenticando di simulare la leggera zoppia.

"Cazzo, Hannibal... non adesso...".

"La voglio".

"Ci sono cose più importanti da fare ora. Per la nostra stessa sicurezza, per metterci definitivamente al sicuro".

"La voglio, Jack. Hai sentito il suo profumo salirle dalle cosce? Sarebbe facile: c'è un retro in quel negozio... basterebbe arrivare poco prima della chiusura".

"Non adesso, non adesso ho detto!".

"Sei davvero sicuro di potermelo impedire?"

"Cazzo, Hannibal, ragiona... Dobbiamo ancora riprendere i nostri soldi, procurarci dei documenti per costruire una nuova identità e con quella metterci al sicuro lontano da qui. Se qualcosa andasse storto prima di riuscire a farlo...".

"Voglio quella ragazza, e voglio pure chi sai".

"Ti ho promesso che avrai quella persona, anzi le avrai tutte e due, ma adesso ascolta: le foto che abbiamo appena fatto servono per i nuovi documenti; li avremo in pochi giorni e con quelli potremo recuperare il denaro; dopo saremo in grado di muoverci più liberamente. Cazzo, Hannibal, hai aspettato sette anni, cosa sono pochi giorni in più?"

«Dimmi, lo hai sentito anche tu quel profumo?"

"Hannibal...".

"Dolce, dolce come il sangue. Come la figa".

"Vattene, Hannibal... solo pochi giorni ancora".

Quando Sensi, ancora eccitato dalle rivelazioni di Restelli, rientrò nel suo ufficio dopo aver consegnato al magistrato la documentazione, si ritrovò inaspettatamente davanti Claps.

Aveva due occhiaie profonde, ma lo sguardo diretto e deciso. «Oggi è un altro giorno», si limitò a dire. «Dimmi come posso a...iutarti».

Non c'era bisogno di aggiungere altro. Con un cenno Sensi lo fece accomodare e lo mise a parte degli ultimi sviluppi senza omettere nessun particolare.

«Siamo vicini, Claps», concluse. «Abbiamo individuato la zona dove si nasconde e la stiamo tenendo sotto stretta sorveglianza: se non se ne starà rintanato nel suo rifugio... In più adesso sappiamo pure il motivo per cui Riondino ha voluto evadere a tutti i costi. Anzi non uno, ma quattro milioni di motivi».

«Pensi che si riuscirà a trac...ciare quel denaro?»

«Non sarà facile, ma abbiamo tutti i mezzi e gli strumenti legali per farlo: oggi non è più come una volta. Se nel frattempo non l'avremo già preso, trovati i soldi troveremo Riondino. Ormai il cerchio si sta stringendo attorno a lui».

«Non c'è bisogno del mio aiuto, allora».

Sensi sorrise con uno sguardo sornione: «Non ho detto che è già in carcere...». Il commissario spense subito quel sorriso per fissare dritto negli occhi Claps. «Aiutami a stringere il cappio al collo di quel bastardo. La zona dove si nasconde è monitorata ventiquattro ore su ventiquattro da ieri, ma non voglio fidarmi solo di questo: si tratta di parecchi isolati e per quanto la rete sia stretta, non sono così stupido da non considerare la possibilità che riesca a sgusciarvi attraverso. Siamo vicini, è vero, però non l'abbiamo ancora preso e dobbiamo farlo in fretta: il rischio è che si impossessi del denaro prima che riusciamo a catturarlo e si eclissi, magari all'estero». Sensi si protese leggermente verso Claps: «Ascolta, quella tua idea di ricostruire le abitudini di Riondino, delle sue personalità, prima che venisse arrestato... puoi occupartene?»

«Lo fa...rò». Giulia... che sognava di poter uscire fuori di casa, l'aveva mai fatto?

«Se hai bisogno di aiuto, non hai che da chiedere, prendi chi vuoi, ma c'è un'altra cosa a cui vorrei che tu dessi la priorità». Sensi fece una breve pausa prima di riprendere. «Come sai Riondino ha otto amici di Facebook in città. Dalla cronologia risulta che è stato lui a richiederne l'amicizia. Perché li ha scelti, perché proprio loro?»

«Pensi che cercherà di sfrut...tare in qualche modo a suo vantaggio queste conoscenze? È questo?», chiese Claps.

«Esattamente. Se non l'ha già fatto per trovare dove nascondersi. Ma potrebbe anche essere un altro il modo in cui conta di sfruttarle: sono due giorni che cerco di intuire come, ma non cavo un ragno dal buco. Vorrei che tu parlassi con queste persone con discrezione, senza rivelare niente». Sensi passò a Claps l'elenco con nominativi, indirizzi e le brevi informazioni che erano state raccolte: «Verranno prima informati del tuo arrivo e del tuo ruolo in modo che non si rifiutino di riceverti quando ti presenterai da loro. Cerca di capire cosa possano avere da offrirgli. Trova una traccia per farci avvicinare ancora di più».

Riondino cliccò su "invia". Il file con la sua fotografia e i riferimenti del versamento di duemilacinquecento euro fatto tramite la Western transfert vennero inviati immediatamente.

"È fatta, Furbo. Un paio di giorni e riceveremo i documenti".

"Li manderanno qui?"

"Certo, indirizzati al signor Riondino... Che cazzo, Furbo! Arriveranno a una casella postale presa dal nostro amico. Sarà lui a ritirarli per noi".

"Quindi lui conoscerà la nostra nuova identità? Non è rischioso. Jack?"

"Saranno in una busta chiusa, ma in ogni caso faremo in modo che non possa raccontare niente. A nessuno".

"Hannibal? Se ne occuperà lui?"

"Certo".

"Ho avvertito la sua presenza stamani...".

"La commessa del negozio dove sono state scattate le foto per i documenti".

"Te l'avevo detto che presto avrebbe voluto una donna".

"Ha sentito il suo profumo...".

“Riuscirai a gestirlo?”
“Sì...”.
“Non mi sembri tanto convinto”.
“Quel profumo l’ho sentito anch’io, Furbo...”.

19

Forse Claps avrebbe dovuto declinare l'invito ad andare a casa di Greta, anzi, avrebbe dovuto declinare l'invito a vedersi.

Forse.

Sapeva ormai che non sarebbe riuscito a fuggire dai fantasmi che lo inseguivano, e sapeva che avrebbe dovuto affrontare la prova della caccia a Riondino. Ma la domanda era: sarebbe stato capace di farlo? Non sarebbe crollato come il giorno prima? Aveva bisogno di un aiuto, di un sostegno… o meglio, piuttosto un guardiano, qualcuno che con la sua presenza gli impedisse di cedere, fuggire, tornare indietro. Qualcuno a cui non avrebbe potuto mostrare le sue debolezze.

Greta.

Vide subito che era diversa, nell'espressione e nel modo di muoversi, prima ancora che nel colore e nel taglio dei capelli.

«Ero preoccupata: è scomparso per un giorno intero. Non rispondeva alle chiamate».

«Ho avuto da… fare, Greta», rispose distogliendo lo sguardo.

«Riondino? Ci sono novità?».

Claps esitò prima di rispondere cercando le parole più adatte.

«Non dovrei parlargliene, c'è un'indagine in corso», non trovò di meglio da dire.

«Mi ha portato a Firenze con lei, Claps, e mi ha raccontato del suo incontro con Rinaldi. Perché adesso mi vuole tenere all'oscuro?»

«Allora si trattava di capire come fosse stato pos...sibile affidare Riondino a un istituto di recupero... come fosse cambiato in questi anni. Ora l'indagine è operativa, Greta: si tratta di prenderlo, adesso». Ancora un'esitazione. «E poi...».

«E poi?»

«È sicura che tutto questo le faccia be...ne, Greta? Quanto ci ha messo a liberarsi dagli incubi dopo Morphy?»

«Era una storia diversa, allora. Ero io la preda». Greta strinse le labbra prima di tentare un sorriso. «E ho continuato a sentirmi una preda... per tutti questi anni. Mi sono rifugiata in una vita che non era la mia; ma gli incubi non mi hanno mai abbandonato».

Greta si alzò dal divano e fece qualche passo attraverso la stanza prima di voltarsi verso Claps. «Dipendo dagli ansiolitici da troppo tempo. Ieri mi è capitato di non riconoscermi allo specchio...».

«Per questo è voluta tornare al suo co...lore?»

«Sì, e non voglio più fuggire. Non voglio più sentirmi una preda. Voglio essere chi sono: Greta Alfieri. Voglio fare quello che so fare: la giornalista. Voglio stare dentro la notizia».

«Così non mi rende le cose facili... Non potrei rivelarle nulla col rischio di vedere le notizie spiattellate la sera stessa al TG».

«Non sono più Greta Lafenice, ma non sono neanche

la Greta senza scrupoli di allora, Claps. Parlerò di questa storia solo quando sarà tutto finito, non prima. Ha la mia parola».

Claps rimase in silenzio a fissare Greta.

«Mi aiuti a non fuggire più».

«Ha ragione... non si può fuggire da quello che si è», mormorò quasi a se stesso.

«Mi aiuti», ripeté Greta abbassando lo sguardo.

Claps avrebbe voluto dirle che in realtà era lui a cercare aiuto da lei, ma era questo il gioco: fare in modo che la sua presenza gli impedisse di cedere, lo obbligasse a mantenere il suo personaggio, e per questo lei non doveva nemmeno sospettare della sua debolezza.

«Sap...piamo perché Jack ha voluto evadere senza aspettare di essere liberato», si decise a dire.

Greta sollevò di colpo lo sguardo su di lui.

«Denaro», continuò Claps, «tanto denaro con cui scomparire e potersi com...prare una nuova vita da qualche parte», disse, prima di raccontare nei particolari tutto quello che aveva saputo da Sensi.

Greta lo ascoltò con l'espressione attenta e concentrata su quello che sentiva. Se avesse potuto vedersi allo specchio, avrebbe riconosciuto la Greta, la giornalista di un tempo.

«Certo...», commentò alla fine, «doveva riuscire a fuggire appena ne avesse avuta l'occasione. Non poteva sapere se e quando sarebbe stato rimesso in libertà, e anche nel caso fosse avvenuto sarebbe stato costretto a controlli, tenuto sott'occhio... la sua vecchia compagnia, poi, avrebbe parlato, esattamente come ha fatto adesso, e quei soldi non avrebbe mai potuto usarli».

Claps annuì. «Se si è appropriato di tutto quel denaro

e lo teneva na...scosto, doveva avere un progetto per goderselo già prima di essere arrestato sette anni fa. Jack, di una vita da travet allora o di una futura da sorvegliato, fatta di lavoro per cooperative sociali e controlli periodici, non sa proprio cosa far...sene. Ma non è solo questo, Greta. È fuso con il suo gruppo, ricorda?»

«Parzialmente...».

«Parzialmente o completamente non ha importanza, Greta: è comunque una persona di...versa, nuova, adesso, con una consapevolezza del suo essere, dei suoi ricordi, dei suoi istinti... Una nuova vita dove nessuno sappia chi sia veramente; una nuova vita dove sia libero di essere quello che è diventato: questo è quello che vuole».

«E... Hannibal?»

Claps lesse negli occhi improvvisamente inquieti di Greta il senso della domanda: «Sì», disse grave, «il nuovo Jack ha anche Han...nibal dentro di sé, e non più solo come un frammento impazzito e dissociato nella sua mente. Deve far parte di lui, ora. Anche per ques...to gli serve una nuova vita».

Dopo qualche istante di silenzio, Claps riprese parlando lentamente: «Sensi ha scoperto anche un'altra cosa: la zona della cit...tà dove dovrebbe trovarsi il suo rifugio».

«Qui in città?!», Greta sobbalzò. «Le notizie parlavano di Roma».

«La storia di Roma è solo per farlo sentire al sicuro e magari renderlo meno prudente».

«Dove si trova? Sta per essere catturato, allora?».

Claps scosse la testa: «La zona non è così ristret...ta; per usare le parole di Sensi, siamo vicini, ma non l'abbiamo ancora nelle nostre mani. Le indagini vanno avanti a tutto campo: c'è forse una pista che vale la pena di seguire».

Claps raccontò di quello che gli aveva chiesto di fare Sensi. «Domani inizierò a sentire i contatti che Riondino aveva su Facebook qui a Mi...lano», concluse. Poi, dopo una breve esitazione: «Avrò bisogno di un aiuto, Greta... Vuole essere lei?».

Il grande atrio del cinema multisala non era affollato: sebbene ci fossero sette film in programmazione, il primo spettacolo serale di un giorno feriale non era mai molto frequentato; il grosso dell'affluenza sarebbe arrivato per la proiezione della seconda serata.

"Ti piacerà questo film, vedrai".

"Posso prendere i pop corn?"

"Sono già le otto e mezzo: sta per iniziare".

"Dài...! Faccio alla svelta!".

"E va bene...".

"Prendo il jumbo!".

"Il barattolo grosso?"

"Quello più grande di tutti".

"Eh... quello più grande! Ma se neanche ce la farai a finirlo!".

"Ne posso mangiare anche due se voglio! Per favore...".

"E va bene... Ma se a un certo punto non ce la fai più, non voglio che tu lo finisca per forza, capito?"

"E la Coca".

"Certo; come si possono mangiare i pop corn senza Coca?"

"Era tanto che non mi portavi al cinema; sempre chiuso a fare i compiti o riposare".

“Sì, è passato un po’ di tempo dall’ultima volta...”.

“È passato tantissimo tempo!”.

“Adesso ti ci porterò spesso. Se farai il bravo”.

“Farò tutti i compiti e quando me lo dirai andrò a riposare senza fare capricci, promesso!”.

“Bravo, ragazzo, e adesso va’ a prendere i tuoi pop corn”.

La ragazza al banco sorrise vedendolo avvicinarsi: «Quale confezione?»

«La jumbo, e una Coca», rispose Riondino ricambiando il sorriso.

La ragazza trovò divertente quell’adulto che imitava la voce di un bambino: voleva scherzare, o forse si vergognava di prendere Coca e pop corn alla sua età.

Non notò la macchia di sangue che aveva sul colletto della camicia.

Claps aveva appena lanciato un’occhiata distratta all’orologio: la mezzanotte era prossima e da ormai due ore si stava costringendo a studiare i profili degli amici di Facebook di Riondino.

«Sei in casa, Claps?», il tono secco di Sensi al cellulare non lasciava presagire nulla di buono.

«Ma... che ore so...no?»

«Mando una volante a prenderti. Devi raggiungermi dove mi trovo. È successa una cosa...».

20

«Riondino deve essere entrato come un normale cliente subito prima dell'orario di chiusura», il tono di Sensi era freddo, professionale; quello di chi si sforza di tenere a bada le emozioni. «L'ha presa di sorpresa, l'ha stordita e portata nel retro del negozio. Poi ha spento le luci e l'insegna ed è tornato da lei».

Il negozio di ottica era illuminato a giorno, mentre all'esterno, tenuta a distanza dagli agenti di polizia, una piccola folla di nottambuli si era radunata sotto il balugìnio bluastro delle volanti.

La porta del retro era aperta: si scorgevano le gambe della ragazza; indossava ancora uno dei due stivali, ma lungo l'altra coscia un rivolo di sangue scendeva per arrestarsi, all'altezza del polpaccio, sui collant lacerati.

«Siamo davvero certi che sia sta...to lui?», chiese senza troppa convinzione Claps.

«L'ha finita allo stesso modo delle altre, ma prima ha infierito meno: non aveva tutta la notte a disposizione questa volta. Però il taglio trasversale sul ventre, quello che a te ricordò la ferita chirurgica di un cesareo, lo ha voluto fare ancora».

Claps entrò cautamente nel retro. Evitò con cura il volto della ragazza, osservando prima attentamente l'ambiente, per poi concentrarsi sul corpo, abbandonato a terra in una posizione innaturale e già con i primi segni di rigidità. Si accucciò studiandone con freddezza le ferite. Infine, solo dopo parecchi minuti, cercò il volto trovando tutta la crudeltà e l'oscenità di quella morte. Era giovane, troppo. Doveva essere stata bella quando la vita le apparteneva ancora; adesso i lineamenti erano quasi deformati in una specie di smorfia dolorosa, gli occhi vitrei sbarrati e leggermente ruotati verso l'alto, la bocca imbavagliata con del nastro isolante. Il segno di una lacrima le rigava ancora una guancia.

Quanto aveva pianto prima che giungesse la fine?

L'aveva a un certo punto persino desiderata? Accolta come una liberazione?

Claps si risollevò in piedi e raggiunse Sensi che non l'aveva seguito nel retro del negozio.

«Hai ancora dubbi su chi sia stato?», gli chiese brusco il commissario.

Claps non gli rispose: con lo sguardo lontano, cercava di vedere la scena nella sua mente.

La ragazza che sorrideva vedendo entrare quell'ultimo cliente.

Che non aveva il tempo di rendersi conto di quanto le stava accadendo quando veniva colpita.

Che veniva trascinata in quel retro angusto.

C'erano segni di lotta: doveva aver ripreso coscienza quando lui era tornato.

Si chiese se fosse riuscita a gridare prima che lui la imbavagliasse e le bloccasse le mani con il nastro isolante. Quanto avesse cercato di divincolarsi mentre Riondino le strappava i vestiti.

E poi quanto orrore, quanto dolore doveva aver provato quando lui le era entrato dentro come un animale?

Quanto pregato perché tutto finisse, perché potesse tornare presto a casa?

E infine quanto terrore quando, finito tutto, aveva incrociato lo sguardo paludoso di Hannibal e vi aveva visto, prima ancora che nella sua mano, il coltello?

Era allora che quell'ultima lacrima le aveva rigato il volto?

Per un istante una vertigine colse Claps, costringendolo ad appoggiare le mani al bancone del negozio.

Sensi non si era accorto di nulla. «In ogni caso la Scientifica sta già per confrontare le impronte: a minuti dovremmo avere la conferma».

Claps rivide di nuovo tutta la scena nella sua mente. Perché nella sua immaginazione continuava a vederla sorridere a Riondino che entrava nel negozio?

«Non ci sono testimoni, nessuno si è accorto di niente o ha visto qualcosa. Il proprietario del negozio è a casa da giorni con una gamba ingessata: non si è preoccupato subito quando la ragazza non lo ha chiamato come faceva di solito per fargli il resoconto della giornata; quando però, intorno alle 22 l'ha cercata al cellulare senza ottenere risposta si è allarmato. Alla fine, dopo molto altri tentativi andati a vuoto e averci pensato su un bel po', si è fatto accompagnare al negozio. Le luci erano spente, ma la porta aperta. La sua chiamata risulta al nostro centralino alle 23:17».

Perché lei, proprio quella ragazza? Claps sembrava non ascoltare Sensi.

«Maiezza ha già raccolto e sta visionando i filmati delle telecamere della zona, anche se, purtroppo, non ce ne è una che inquadri l'ingresso del negozio: le prime in funzione si trovano lontane cinquanta e trenta metri nei due sensi».

«Perché lei?»

«Cosa...?»

«Perché pro...prio lei, te lo sei chiesto?»

«Non era una delle sue amicizie su Facebook, se era questo che intendevi».

Claps scosse la testa: «Era già sta...to in questo negozio». Doveva averla vista prima per desiderarla. Come con Laura Minz e Terry Schiavi, sette anni prima. L'aveva scelta. Ecco perché, quasi inconsciamente, la immaginava sorridere quando Riondino era tornato: lo conosceva, ci aveva già parlato. «Cercalo anche nei filmati dei giorni o delle ore pre...cedenti: lo troverai. Ma soprattutto: se era già stato qui, cosa ci era venuto a fare, cosa gli serviva?».

Erano le due di notte quando Sensi, con una tazza di caffè in mano, entrò nella saletta in penombra dove Maiezza, seduto a una consolle e di fronte a una serie di monitor, stava visionando i filmati delle telecamere.

«L'ho chiamata perché forse ci siamo, dottore. Queste», disse indicando i primi schermi alla sua destra, «sono le riprese effettuate dalle due telecamere più vicine al negozio intorno alle 19:30. In quei minuti ci passano davanti molte persone, nessuna delle quali pare essere Riondino, ma quattro hanno un berretto o un cappello calato sugli occhi che impedisce di vederne il volto. Una di queste, però, passa davanti alla prima telecamera alle 19:27, e alla seconda alle 20:02. Ecco...». Maiezza fece scorrere velocemente uno dei due filmati. «Può vedere lei stesso, dottore».

In un bianco e nero un po' sgranato, si vedeva sui due monitor la stessa persona transitare per qualche secondo di fronte alla telecamera. Le riprese dall'alto, insieme al berretto ben calcato in testa, rendevano impossibile vedere il volto dell'uomo, ma per corporatura e altezza quella persona era assolutamente compatibile con Riondino. Maiezza fece riavvolgere i filmati per passarli una seconda e una terza volta. Nelle immagini della prima telecamera si notava una leggera zoppia nell'andatura, che scompariva completamente in quelle della seconda.

«Trentacinque minuti per fare ottanta metri, dottore», osservò Maiezza calcando bene le parole.

Trentacinque minuti… gli ultimi della vita di quella ragazza. «È lui», ringhiò Sensi con una rabbia sorda nella voce.

«Sembra diretto verso il centro, ma nella telecamera successiva che è a poco più di cento metri, non compare più. Svanito».

«Può aver preso per una delle stradine del centro storico».

«È possibile. Ho richiesto tutti i filmati disponibili nel raggio di centinaia di metri per cercare di rintracciarlo e seguirlo nei suoi spostamenti. Ci vorranno ore, però».

«Ascolta, Maiezza, seguiamo una via più facile: cerchiamolo a ritroso, da dove è venuto, intendo dire», la voce di Sensi si fece eccitata: «Se la sua tana è dove pensiamo, con tutte le telecamere che abbiamo messo non dovrebbe essere sfuggito alle riprese. E i filmati li abbiamo già: non dobbiamo aspettare per recuperarli».

«Cazzo…», si lasciò sfuggire l'imprecazione Maiezza. «Potremmo restringere di molto il campo di dove si trova il suo covo, o vedere addirittura il portone da dove esce!».

Sensi annuì con un'espressione determinata disegnata sul volto: «Al lavoro, allora».

Prima di uscire il commissario si arrestò però sulla porta: si era improvvisamente ricordato dell'ipotesi di Claps. «E un'altra cosa: vedi se riesci a individuarlo nei filmati delle telecamere vicino al negozio nelle quarantotto ore precedenti».

Se la teoria era giusta, cosa era andato a comprare in quel negozio? Occhiali per il suo travestimento? Cos'altro, qualcosa che poteva essere utile a individuarlo meglio? «Ti mando un paio di uomini in aiuto», disse ancora prima di uscire.

21

Riondino aprì gli occhi destandosi all'improvviso, attraversato da un sottile senso di allarme. Le quattro del mattino. A Jack servì qualche secondo per mettere a fuoco i ricordi della sera precedente.

Arrivarono piano.

Dolci e densi come il sangue.

Vi si abbandonò senza la forza né la volontà di resistergli.

Si lasciò trascinare dalle sensazioni. Sentì il profumo della pelle della ragazza, la sue carne bianca sotto le mani di Hannibal. L'odore del suo sangue, della sua fica.

Del suo terrore.

Sentiva l'erezione vibrare prepotente sotto le lenzuola. Lasciò che una mano scivolasse sotto le coltri per andarla a cercare.

La mano di Hannibal a soffocare le grida della ragazza... i collant strappati...

Certo un rischio non aver resistito a liberare Hannibal, ma era così meraviglioso lasciarsi andare a quel piacere osceno... e quel profumo... oh, quel profumo...

Un pensiero venuto chissà da dove lo folgorò gelando all'improvviso il piacere: non ricordava come fosse tornato nel suo rifugio!

Balzò a sedere sul letto. Si concentrò. Niente, l'ultimo

ricordo era la porta del negozio di ottica che chiudeva dietro di sé, mischiandosi ai passanti.

Frugò nella memoria degli altri come aveva imparato a fare. Il Conte, il Furbo, l'Attore, il Professore... Ancora nulla.

«Cazzo, Giulia!», gridò a voce alta.

Tutto era chiaro: dopo l'azione si era perso nei fumi palustri di quel piacere così lubrico, come sotto l'effetto di una droga. Aveva perso il controllo... e qualcuno ne aveva approfittato per uscire, qualcuno di cui non riusciva a leggere la memoria. Giulia, o forse il Ribelle. No, Giulia. Era stata lei, ne era sicuro.

Riondino si distese rabbiosamente nel letto. Cercò di controllare la respirazione. Attraversò con furia la sua mente. "Giulia! Dove sei, puttana?!".

Cosa aveva fatto? Dove era andata? Poteva aver messo in pericolo il nascondiglio?

"Vieni fuori, cazzo! Non ti nascondere, dobbiamo parlare!".

Maiezza, senza neanche sognarsi di bussare, irruppe nell'ufficio di Sensi facendo sobbalzare il commissario sulla poltrona: «L'abbiamo! L'abbiamo beccato, dottore», esclamò quasi gettandosi sulla piantina di Milano dove, due giorni prima, Sensi aveva cerchiato in rosso la zona in cui si pensava si nascondesse Riondino. «È qui! In questo isolato, nel cuore della zona in cui lo stavamo cercando!».

«Cazzo! Sei sicuro?»

«Sono andato a cercarlo a ritroso come aveva detto lei, dottore: dalle 19:30 indietro nel tempo cercando di seguirlo nel suo avvicinamento al negozio, ma l'ho perso quasi subito. Allora ho pensato di esaminare le riprese della zona che sorvegliamo da due giorni, e... bingo! Qui», disse concitatamente Maiezza indicando un punto sulla cartina, «c'è la prima ripresa in ordine di tempo dove lo vediamo apparire. Abbiamo piazzato molte telecamere in quella zona, e tutto intorno a questa ce ne sono altre, ma nessuna cattura una sua immagine che sia precedente. È partito da qui. Il suo covo non può essere che in questo isolato!».

Un isolato: una decina di palazzi, non di più! Sensi sentì un brivido attraversarlo.

«E non è tutto, dottore», l'eccitazione non abbandonava il tono della voce di Maiezza: «In questo modo sappiamo solo da dove è partito... Così ho cercato più avanti nella notte».

«E...?»

«Alle 22:56 Biondino riappare inquadrato da questa telecamera». Maiezza indicò un altro punto sul limitare della zona cerchiata in rosso. «E da allora non lo perdiamo più. Filmato per filmato fino all'ultima inquadratura catturata dalla stessa telecamera dove lo si vedeva comparire per la prima volta due ore e mezzo prima». Maiezza puntò il dito con forza, quasi volesse attraversare la piantina di Milano e il muro che gli stava dietro: «È alle 23:07 che rientra nel suo rifugio, dottore. Qui. In questo isolato».

"Si nasconde, Furbo. Non riesco a trovarla".

"Quindi non sappiamo cosa ha fatto, a che ora è rientrata...".

"Non sappiamo un cazzo!".

"Pensi che siamo in pericolo, adesso?"

"È possibile, Furbo... dobbiamo solo sperare che Giulia non abbia fatto cazzate mentre era fuori".

"Cazzate? Cosa può aver mai fatto?"

"Stai scherzando, vero? Guarda l'aspetto che abbiamo e pensa alla sua voce, a come parla, a come si muove: se c'è uno fra di noi in grado di attirare l'attenzione con il suo comportamento, è proprio lei, cazzo!".

"E allora? Non somigliamo neanche un po' alla faccia che stanno cercando, e chi l'avrà vista avrà pensato a una vecchia checca, nulla di più".

"Furbo... c'è del sangue sulla camicia che indossavamo ieri. Ben visibile".

"Oh cazzo... Cazzo! È stato davvero geniale lasciar libero Hannibal, dopo aver predicato a tutti di stare al coperto".

"Ormai è andata così".

"Se tu non avessi fatto uscire Hannibal, neanche Giulia sarebbe venuta fuori senza che te ne accorgessi!".

"Vuoi continuare a piangere sul latte versato? È andata così e ora non possiamo farci niente. Con tutto il casino che faranno i media sulla ragazza, se qualcuno ha notato Giulia vicino a quel negozio potrebbe ricordare il sangue che aveva addosso. Il tempo di diffondere un identikit e altri potrebbero realizzare di averla vista in questa zona, se non addirittura entrare in questo palazzo. Ripeto, possiamo solo sperare che Giulia non abbia fatto cazzate mettendosi a parlare con qualcuno o facendosi notare in qualche modo".

"Sperare? Non è una soluzione. Occorre un altro posto dove nasconderci, Jack, non possiamo rischiare".

"Bravo, bella pensata! E dove cazzo potremmo andare? Siamo senza documenti e ci sono rimasti solo un paio di mille euro".

"Anticipiamo il piano: andiamo oggi stesso dal nostro amico; staremo da lui".

"Con il rischio che la polizia venga a farci visita? Sono già passati una volta a trovarlo, ricordi?"

"Proprio per questo è difficile che ritornino. E poi non hai detto che hai fatto spedire lì i documenti clonati? Arriveranno forse già domani o al massimo il giorno dopo: recupereremo il nostro denaro e spariremo".

"Non mi convince, Furbo...".

"Rifletti, Jack. Non sappiamo cosa abbia fatto Giulia; a che ora sia rientrata, se ha lasciato qualche traccia; in una parola se questo posto scotta. In tal caso ci resta poco tempo, forse solo una manciata di minuti".

"Non esagerare, sono passate solo poche ore...".

"Per questo dobbiamo filare da qui ora che siamo ancora in tempo. La polizia forse ha già un identikit. Anche ammesso che non riescano a risalire a questa via, a questo appartamento, potrebbero risalire alla zona, al quartiere, e allora non potremmo più uscire: saremmo completamente bloccati. Jack, dobbiamo tagliare la corda al più presto".

"Bisognerà truccarci in modo diverso..."

"Ci imbucheremo da qualche parte, e stasera andremo dal nostro amico".

"Va bene, faccio uscire fuori l'Attore. Ma non usciremo prima delle otto, quando in strada ci sarà più gente fra cui confondersi".

Già dalle sei del mattino la rete di sorveglianza si era stretta attorno all'isolato. Si trattava di una presenza discreta, quasi invisibile, ma nessuno sarebbe potuto uscire dal portone di uno di quei palazzi senza essere visto ed eventualmente fermato per un controllo, se solo ci fosse stata la minima possibilità che potesse trattarsi di Riondino. In un cerchio più allargato stazionavano altre forze di polizia pronte a intervenire in caso di bisogno.

Il commissario Sensi aveva appena fatto un lento giro dell'isolato a piedi. Risalì nell'auto sedendosi a fianco di Maiezza. Aveva camminato piano, sotto una pioggia sottile, ma il respiro era egualmente accelerato. Troppa adrenalina.

«Dobbiamo solo aspettare che si decida a uscire», disse con la voce che tradiva la tensione.

«Sono le sette, dottore, tra poco molta gente uscirà di casa: potrebbe essere un problema».

«Non certo tutti insieme e dallo stesso portone. Lo individueremo».

«Non sappiamo però che aspetto potrà avere...».

«La corporatura e l'altezza sono quelle. Inoltre la Scientifica ha trovato dei capelli con tracce di borotalco: è facile che abbia capelli bianchi e cerchi di mostrare un'età più avanzata rispetto alla sua. Lo individueremo».

«Mi scusi se mi permetto, dottore, ma non sarebbe stato meglio far appostare degli uomini all'uscita di ogni palazzo, a fermare e controllare chiunque...»

«E metterlo in allarme per non farlo uscire più?», lo interruppe Sensi spazientito. «Ci sono più di cinquecento unità abitative in questo isolato. Hai idea di quanto occorrerebbe per scovarlo? Gli daremmo solo il tempo di inventarsi qualcosa...».

«Ma anche se si accorgesse, controllando rigidamente tutte le uscite gli sarebbe quasi impossibile fuggire».

«L'hai detto: quasi. Per adesso andiamo avanti così e vediamo se riusciamo ad avvicinarci ancora un po': due palazzi hanno la portineria, cerca lì qualche informazione; io rientro».

Claps lo stava aspettando in ufficio.

«La zona è sigillata. Aspettiamo», disse il commissario con aria stanca. «Tu pensi che non uscirà nelle prossime ore, vero?»

«No, almeno finché c'è luce. Credo si prenda del tempo... È in fuga, è ricercato, ritiene di avere un rifugio si...curo, e quello che ha fatto stanotte è una ragione in più per starsene al coperto: sa benissimo che siamo certi che sia stato lui, se non dal modus operandi, dalle impronte e le tracce organiche che ha lasciato. Sa che adesso lo cer...cheremo in città e non più a Roma».

«Sì, lo credo anch'io, non uscirà tanto presto», sospirò Sensi. «Piuttosto continuo ad arrovellarmi su un pensiero: come ha fatto a trovare questo rifugio?».

Claps abbassò lo sguardo, per qualche secondo apparve incerto se parlare o meno. «C'è una cosa che ho no... tato nei filmati...».

«Dimmi».

«Riondino, nelle prime riprese, fino a quando giunge al negozio, per inten...derci, zoppica. Leggermente, ma zoppica. Non lo fa più da quando esce a quando rientra verso il suo ri...fugio».

«Va' avanti», Sensi si protese leggermente verso Claps, «ti ascolto».

«Significa che una personalità è arrivata fino al negozio, Jack pro...babilmente, e un'altra ne è uscita... Hannibal. Ed è rimasto fuori tenendo il control...lo per oltre due ore».

«Cosa vuoi dire con questo, Claps? Che Jack non lo controlla?»

«No, al contrario». Claps scosse il capo. «Voglio dire che Jack lo asseconda: è stato lui a por...tare Hannibal fino al negozio. È la prova che sono quasi completamenti fusi tra lo...ro. Una sola persona; che cercherà di colpire ancora. Non ne potrà fare a meno».

«Jack... Hannibal... l'Attore... a questo punto non me ne frega un cazzo!», sbottò Sensi. «Voglio solo prenderlo. Voglio prendere Riondino, e siamo vicinissimi in questo momento», sibilò.

«Sì, certo...», per un attimo, solo per un attimo, il pensiero di Giulia attraversò la mente di Claps. «Hai ragione».

Sensi osservò il volto tirato di Claps dopo la notte insonne: «Dovresti riposare».

«Anche tu...».

«Non adesso, c'è ancora molto da fare; per esempio sapere quanti sono gli appartamenti vuoti o in affitto in quell'isolato; se ci sono magazzini, cantine. Ci dobbiamo avvicinare ancora di più; cercare di capire come ha fatto a trovare questo nascondiglio. Non possiamo limitarci ad aspettare che metta il naso fuori».

Claps assentì gravemente. «Riguardo a quanto successo questa notte... le notizie sui media parlano di un omicidio a scopo di ra...pina», disse dopo qualche istante di silenzio.

«È la versione che abbiamo dato, per il momento non voglio creare allarme tra i cittadini. E soprattutto, se la notizia fosse di dominio pubblico e la gente cominciasse a guardarsi intorno, Riondino sarebbe ancora più prudente e si tratterrebbe dall'uscire». Sensi si allentò il nodo della cravatta, e si sbottonò il colletto della camicia con un respiro profondo. «Va' a riposarti, Claps».

«Ho da fare anch'io, ri...cordi? Devo sentire gli amici di *Libero senza catene*: potrebbe essere importante».

Il cellulare vibrò mentre Claps usciva dall'ufficio di Sensi; sul display comparve il nome di Greta.

Riondino, scostato appena il tendaggio della finestra, stava osservando con attenzione la strada già da diversi minuti.

"Non mi piace, Furbo...".

"Quell'auto ferma qui davanti, vero?"

"Si vede che c'è gente dentro, ed era lì anche quaranta minuti fa, senza che nessuno sia sceso".

"Forse stanno aspettando qualcuno, Jack...".

"Da tre quarti d'ora? No, non mi piace per niente... magari siamo proprio noi quelli che aspettano, cazzo".

"Meglio non uscire adesso. Aspettiamo di capire. Non rischiamo. Continuiamo a tenerla d'occhio per il momento".

"Sì, è più prudente...". Jack si interruppe di colpo. "Cazzo, guarda!".

Due uomini erano appena usciti con decisione dall'auto.

"Guarda!", ripeté Jack.

I due si erano messi a seguire a pochi passi di distanza un uomo uscito dal portone della casa di fronte. Fatti non più di trenta metri, dal lato opposto altre due persone gli si fecero incontro e lo costrinsero a fermarsi. Il gruppo si trovava troppo lontano per poter vedere distintamente, ma si intuiva che uno di loro avesse mostrato qualcosa all'uomo, e che questi stava mettendo mano al portafogli.

"Un controllo, cazzo, gli ha chiesto i documenti! Un cazzo di controllo!".

Dopo pochi secondi la persona fermata venne lasciata andare e, con passo spedito, i due raggiunsero di nuovo la macchina da cui erano scesi.

"Sai cosa significa questo, Furbo?"

"Che siamo in trappola! Grazie a Giulia e a te che hai dato retta a Hannibal".

"Piantala. Furbo! Piuttosto... hanno fermato uno che usciva dal palazzo di fronte: non hanno ancora individuato con precisione dove ci troviamo".

"Ma lo faranno presto, Jack: busseranno porta per porta".

"Dobbiamo trovare un modo per andarcene, e farlo in fretta".

"Lo troverò, cazzo. Fammici riflettere, ma...".

"Ma?"

"Jack... se Giulia venisse fuori adesso... Sarebbe la fine".

"Maledetta Puttana! Non uscirà. Rimarrò concentrato e non lo permetterò".

22

Quando Greta scese dal taxi, Claps la stava già attendendo sotto l'ingresso dell'abitazione di Alberto Reggi, il primo della lista degli amici di Riondino da interrogare.

Un sorriso fugace, e poi subito: «È stato lui? Quella ragazza nel negozio di ottica questa notte... è stato Hannibal?».

Claps si guardò attorno prima di rispondere. Rivide il volto senza vita della ragazza. Quell'ultima lacrima che le rigava il viso. Una volta in più desiderò di essere lontano.

«Cosa glielo fa pensare, Gre...ta?», si costrinse a dire.

«È un "rumor" che gira... e la sua faccia da uno che ha passato la notte in bianco, Claps, non fa che confermarmelo».

Claps esitò ancora qualche istante.

«Non tema, non passerò la notizia a nessuno», insisté Greta, «e comunque nella polizia ci sono molte "gole profonde": da dove crede che provenga il "rumor" che le dicevo? Prima di sera qualcuno farà lo scoop».

«È stato lui...», confermò Claps abbassando lo sguardo.

«Lei se lo aspettava, vero? Lo aveva detto».

«Non così presto, però».

«Ha lasciato qualche traccia che possa portare fino a lui?»

«Non apparente...mente, ma la Scientifica ci sta ancora lavorando». Perché, si chiese ancora Claps, era entrato la prima volta in quel negozio? Davvero per acquistare degli occhiali per un travestimento, come ipotizzava Sensi?

Fu Greta adesso ad abbassare lo sguardo e chiedere con un filo di voce: «Violentata?»

«Non c'è molto di diverso dagli altri casi...».

«Mio Dio...».

Sì, aveva ragione Sensi: Jack, Hannibal, il Furbo... Giulia... Chiunque fosse, qualunque cosa fosse, Riondino andava fermato al più presto. Claps si scosse: «È ora di salire a conoscere Alberto Reggi. Tra i profili degli amici di Facebook, è il più simile a Matteo Contri. Il suo lavoro non pare legarlo minimamente a Riondino: è maître di sala in un ristorante del centro. Sentiamo di cosa parlavano in chat».

Reggi era un uomo alto e magro, sulla quarantina e con un pizzetto già spruzzato di bianco. I lineamenti del volto erano sottili e non aveva un solo capello fuori posto. Gli ci volle qualche minuto prima di metabolizzare la sorpresa in una malcelata diffidenza.

«Le ripeto, si tratta solo di un aspet...to probabilmente marginale di un'indagine più ampia in cui è coin...volto *Libero senza catene*».

«Libero ha commesso qualche reato?»

«Non sarem...mo qui, altrimenti».

«Truffa? Reati finanziari?»

«Perché pensa proprio a questo?»

«Be'... non chattavo spesso con lui, ma quando lo facevo mi parlava frequentemente di speculazioni azionarie che stava facendo, di strani giochi in borsa... si era persino offerto di darmi delle dritte sicure».

«E gliele ha mai date?»

«No, ho sempre glissato sull'argomento: non amo questo genere di rischi, e poi non ho neanche il denaro per farlo».

A Greta non era sfuggito l'arredamento ricercato della casa, né le griffe sugli abiti che Reggi indossava: ecco dove andava a finire il suo denaro.

«Quello che ci interessa sapere è proprio ciò di cui par...lavate in chat».

«Mah... del più e del meno, non c'era un argomento in particolare».

«Non riesce a essere più preciso? Faccia uno sforzo».

«Spesso, come le ho detto, di investimenti, di grandi manovre finanziarie in borsa, ma non era un dialogo, era lui a parlarne: gli piaceva farlo... io non ci ho mai capito molto».

«E su cosa dialogavate?»

«Cinema... attori, moda, viaggi... anche semplicemente sul tempo. Di tutto un po'».

«Libero le hai mai chiesto qualche fa...vore, qualcosa da fare per lui?»

«No, mai».

«E si è mai interessato al suo lavoro, alla sua vita?»

«Molto marginalmente; le ripeto, chiacchere da Facebook».

«Era stato Libero a chieder...le l'amicizia?»

«Sì, mi pare di sì».

«Le ha detto perché gliela ha chiesta?»

«Sulla sua bacheca era comparso un mio post; lo aveva commentato e contemporaneamente chiesto l'amicizia».

«Di che post si trattava?»

«Era una foto di Rupert Everett, l'attore», disse quasi con riluttanza.

«Lei vive solo, signor Reggi?», s'intromise Greta che fino a quel momento era rimasta in silenzio.

«Sì».

«Non ha legami?»

«C'è una persona, ma ognuno vive a casa propria».

«Una fidanzata?».

Reggi esitò qualche istante. «Un compagno», si decise alla fine. «Non è un reato, mi pare», aggiunse con aria di sfida.

Claps fece un quasi impercettibile segno a Greta di lasciar parlare lui. «Certo che no».

Reggi appariva improvvisamente nervoso. «Materiale pornografico? Commercio in rete, è questa l'accusa a Libero?».

Claps lo fissò per qualche istante in silenzio. «Interes... sante che me lo chieda. Si è mai offerto di mandarle materiale del genere?».

Reggi si chiuse in un silenzio ostinato.

«Non ha nulla da te...mere. Se collaborerà, è ovvio».

«Mi ha chiesto delle foto. Mie».

«Che tipo di foto?»

«Non è evidente? Foto... intime».

«Gliele ha fatte avere?»

«Sì...».

«Lui ne ha mandate di sue?».

Reggi annuì: «Anche se sono certo che non fosse lui nelle foto; deve averle prese da internet. In ogni caso non aveva importanza... era solo un gioco».

«Sesso? Sesso vir...tuale?»

«Le ho detto: solo un gioco, e sporadicamente».

Claps rimase pensoso qualche istante. «Libero le ha mai

chiesto di incontrarvi? In particolar modo recentemente?»

«No... come ha detto lei era solo una cosa virtuale, e tale doveva rimanere».

«Nemmeno come una pos...sibilità ipotetica nel futuro?»

«No».

«Libero conosce il suo indirizzo?»

«Non me lo ha mai chiesto, e se lo avesse fatto non glielo avrei dato. La dimensione in internet è una cosa, la vita reale un'altra».

«E il nome del ristoran...te dove lavora, lo conosce?»

«È sulla mia pagina: lo conoscono tutti».

«Un'ultima cosa... Libero le ha detto dove abita a Milano?»

«Milano?! Mi ha sempre detto di abitare Firenze».

«Le ha mai p...arlato di una casa a Milano?»

«Mai».

Mentre scendevano in ascensore Greta chiese a Claps cosa ne pensasse.

«Chat...tava con il Furbo, non con Jack».

«Non si direbbe che cercasse qualcosa in particolare da lui, però. Per la fuga, intendo».

«No. Cercava sesso; e qualcuno con cui parlare. Due fra le cose che più man...cano alle persone private della libertà».

«Quindi nessuna pista?»

«No, però è da tener presente che sapreb...be dove trovarlo, se volesse».

«Il ristorante? Suggerirà a Sensi di metterlo sotto controllo?»

«Sì», mentì Claps: non ce ne sarebbe stato bisogno, con Riondino accerchiato nella sua tana.

Una volta all'aperto furono subito investiti dall'aria umida; Greta si strinse nel soprabito. «Dovrebbe riposare, Claps, ha una faccia orribile. Da quanto non dorme?»

«Facciamo ancora una visita. Non è lontano da qua. Poi ri...poserò qualche ora».

Sensi aveva tutti i dati sulla scrivania: gli appartamenti, distribuiti su nove palazzi, erano in tutto duecentosessantasette. Nessun magazzino, ma tutti i palazzi erano dotati di cantine e solai. La ricognizione di Maiezza, che aveva con discrezione interrogato i custodi nelle uniche due portinerie presenti nei nove condomini, aveva permesso di escludere entrambi i palazzi come possibile rifugio di Riondino.

Restavano duecentoquarantatré possibilità, divise tra sette diversi caseggiati.

«Ventuno appartamenti sono abitati da extracomunitari, almeno così pare, a giudicare dal nome sui citofoni. Degli altri stiamo cercando di capire quante unità siano abitate dai proprietari, quante affittate e quante vuote», osservò Maiezza. «Potrebbe essere una buona indicazione saperlo, a meno che non se ne stia rintanato come un topo in una cantina».

«Pensi davvero che quel figlio di puttana abbia regolarmente affittato un appartamento?», disse con una punta di ironia Sensi.

«Potrebbe averlo fatto tramite internet, dottore. Non è così difficile».

Sensi appariva scettico: avrebbe davvero potuto farlo mentre se ne stava rinchiuso in un istituto di recupero?

Non era forse più probabile che si fosse impadronito di una casa di proprietà, magari lasciata temporaneamente vuota dal legittimo proprietario che gliene aveva incautamente parlato in rete? O peggio ancora massacrando chi vi abitava?

Sensi sospirò rumorosamente: la realtà era che Riondino poteva essere in ognuno di quei trecento appartamenti, e loro non sapevano nemmeno in quale palazzo.

«Affitto o non affitto, Riondino si trova lì: andiamolo a prendere, dottore», disse con decisione Maiezza.

«Pazienza… dobbiamo avere pazienza. Riondino non può scappare. E se cercherà di uscire, gli salteremo addosso. Intanto cerchiamo di saperne di più sugli appartamenti affittati: quanti sono, la veridicità dei nomi dei locatari, e da quando è partito il contratto di locazione. Inoltre spulciamo i nomi delle persone che abitano i palazzi: che non ci sia tra loro qualche parente, amico, ex collega di quel bastardo».

«Dottore, sono ore che teniamo sotto sorveglianza tutte le uscite. Abbiamo fermato più di venti persone per controllo». C'era quasi insofferenza nel tono di Maiezza. «La voce che cerchiamo qualcuno si sarà ormai sparsa».

«È rintanato: non può essersi accorto di nulla».

«Con tutto il rispetto, dottore, sappiamo che è lì: cosa aspettiamo ad andare a prenderlo?».

Sensi si sfilò gli occhiali e piantò lo sguardo dritto negli occhi di Maiezza: «Sono sette palazzi, dove abitano oltre cinquecento persone. Hai idea di cosa significhi? Quello che stai proponendo è qualcosa di molto simile a un rastrellamento militare. Aspettiamo, almeno altre ventiquattro ore».

Il sonno pomeridiano di Claps era stato cupo e profondo. Nessun pensiero, niente da ricordare, niente da scoprire.

Nessuna necessità di mostrarsi all'altezza e determinato. La condizione ideale. Il nulla.

Ma ora era sveglio…

Con un passo trascinato, mentre i pensieri cominciavano ad arrivare come da una nebbia, raggiunse il bagno. L'armadietto dei medicinali.

Greta… era rimasto d'accordo con lei che in serata sarebbero andati a sentire almeno un'altra delle persone che avevano avuto contatti con Riondino su Facebook.

Il flacone degli ansiolitici era in prima fila.

Anche la seconda visita della mattina, prima che Claps si arrendesse alla stanchezza, non aveva dato frutti. Semmai adesso era chiaro che erano diverse personalità quelle che chattavano. Questa volta era stato con evidenza il Conte a farlo con un "amico" appassionato quanto lui di gioco d'azzardo e motori.

Facebook… la possibilità, meglio, la finzione di sentirsi vivo, libero in un mondo virtuale. Un avatar per sfuggire alla detenzione. Ma anche per pianificare una fuga tremendamente reale sfruttando il contatto con l'ignaro e sfortunato Matteo Contri; bisognava insistere: forse nei profili successivi si poteva trovare qualcosa…

Claps fece rotolare tra le dita una pastiglia.

Ma valeva davvero darsi la pena di farlo? Sensi era così vicino… non avrebbe forse individuato il rifugio di Riondino prima che lui trovasse una nuova traccia?

Una scusa troppo buona per non resistere?

Formò il numero di Greta sul cellulare. No, nessuna

scusa. «Incontriamoci alle sei Greta, senti...remo cosa ha da dirci Antonio Greco».

Dettò l'indirizzo e, chiusa la comunicazione, mandò giù la pastiglia.

"Funzionerà?"

"E sarà un grande spettacolo, Jack".

"Deve funzionare".

"Agiremo alle sette: sarà già buio, ma ci sarà ancora molta gente in strada".

"Dovremo allontanarci in fretta. C'è una stazione del la metro vicina: in pochi minuti saremo lontani e potremo raggiungere indisturbati il nostro amico".

"Pensi sia meglio avvertirlo?"

"No, silenzio assoluto. Facciamogli una bella sorpresa".

23

Questa volta era Greta a essere giunta per prima sul luogo dell'appuntamento; Claps la raggiunse sentendo i suoi passi pesanti, come intorpiditi: forse il sonno che doveva ancora recuperare, forse la benzodiazepina presa poco prima... o forse tutto il peso delle sue angosce che gli gravava addosso.

«Abita qui, al quarto piano. Antonio Greco è l'altro profilo di Facebook che ha mol...te corrispondenze con Matteo Contri», le spiegò prima di salire. «Dalla sera della fuga di Riondino, aveva interrotto ogni attività su internet e non si era presentato al lavoro il giorno dopo. Sensi aveva pensato che potesse nasconder...lo, e ha mandato una squadra mentre noi eravamo a Firenze dal professor Reti».

Non le rivelò che era stato individuato l'isolato dove si nascondeva Riondino e di come adesso fosse sotto assedio. Che ogni minuto avrebbe potuto essere quello giusto per mettergli le mani addosso.

Si sentiva un po' in colpa per la sua reticenza; in un certo senso ingrato: pur non immaginandolo, Greta gli stava dando l'aiuto necessario a non fuggire, a resistere. Ma in fondo, cercava di giustificarsi, per i progetti che lei aveva, non sarebbe cambiato molto raccontandole tutto una volta catturato Riondino.

La prima impressione che Antonio Greco gli dette

aprendo la porta fu un di uomo imponente, alto e grosso, ma con una sorta di fragilità, di insicurezza che emergeva dallo sguardo e dall'atteggiamento del corpo.

Greco li fece passare in un soggiorno arredato modestamente, mantenendo lo stesso atteggiamento guardingo degli altri due profili interrogati precedentemente. Ma forse, notò Claps, c'era in lui meno stupore e maggior timore.

«*Libero senza catene*?», Greco scosse la testa: «Non mi dice nulla. Ho oltre mille contatti, proprio non mi ricordo di lui».

«Eppure eravate *amici*», intervenne Greta, «e il nickname è abbastanza caratteristico per non ricordarlo».

Greco fece un gesto vago. «In molti chiedono l'amicizia senza che poi ci sia nessuna interazione: si accontentano di seguire i post, vedere le foto».

«Quindi non ricorda di aver mai chattato con lui?», chiese Claps.

«No, lo escludo. Forse qualche convenevole iniziale, tipo lieto di fare la tua conoscenza, benvenuto a bordo… cose così».

«È sicuro? Le ricordo che questa è un'indagine di polizia», sottolineò Claps.

«Ne sono certo», Greco distolse appena lo sguardo. «Come ha detto la sua collega, quel nickname è particolare e me ne ricorderei».

«Dunque ha molto seguito in rete, signor Greco. Come mai, c'è qualcosa di particolare di cui si oc…cupa sulla sua bacheca e desta interesse?»

«Sono certo che lo avrete già visto, prima di venire qui».

«Ce lo dica egualmente».

«Seguo eventi, locali, feste private a tema...».
«Del tipo?», chiese Greta.
«Burlesque... body painting... performance artistiche».
«Grazie della collaborazione, si...gnor Greco, non c'è altro».

«Un altro buco nell'acqua», commentò Greta non appena all'aperto. «Comincio a credere che gli amici milanesi di Facebook servissero a Riondino solo a compensare la detenzione, un modo per sentirsi libero».
Claps non rispose, rimanendo a osservare i propri passi mentre si avviavano verso la sua auto.
«Non lo crede possibile?», insisté Greta.
«Forse...». Claps sollevò lo sguardo: «Non l'ha notato, vero?»
«Notato cosa?»
«Non lo ha chiesto».
Greta si arrestò guardandolo interrogativamente.
«Greco non ha chiesto per cosa fosse indagato *Libero senza catene*», proseguì Claps. «Lo hanno fatto tutti gli altri. È una domanda naturale, che sorgerebbe spontanea...mente in chiunque».
Greta sentì un brivido attraversarla: «A meno che...».
«A meno che già non lo si sappia».

"È ora Jack".
Riondino gettò un ultimo sguardo sulla strada: dalle prime ore del pomeriggio, l'auto parcheggiata davanti al portone non era più la stessa della mattina. Quanto doveva durare un turno di sorveglianza per gli sbirri? Otto ore? Otto ore ad aspettare che uscisse...

Bene, qualche minuto ancora e li avrebbe accontentati.

Un respiro profondo. Si allontanò dalla finestra cogliendo una strana asimmetria nel suo passo.

Lanciò ancora uno sguardo alla propria immagine allo specchio. L'Attore aveva fatto di nuovo un buon lavoro; i capelli, lasciati scomposti, erano adesso biondicci e il viso ancora più rotondo; un paio di occhiali dalla grande montatura faceva il resto: sia il suo vero volto che quello che sarebbe apparso sui documenti non erano facilmente riconoscibili nelle nuove sembianze.

Abbassò metodicamente tutte le tapparelle.

Passò nella camera da letto. Sempre quella maledetta asimmetria nel passo.

"Jack...?".

Inzuppò di alcol il letto e le tende. Ne spruzzò una buona quantità sugli arredi.

Prese un lenzuolo, lo tagliò al centro per raddoppiarne la lunghezza e lo allungò sul pavimento fino a raggiungere la sala. Di nuovo alcol sul tendaggio e sugli arredi.

Entrò nella cucina. Gli occhi sbatterono per una frazione di secondo.

"Jack... tutto bene?"

"Sì, cazzo, sì".

"Il gas, adesso".

Riondino rimosse il piano dei fuochi. Staccò il tubo del gas. Il tipico odore iniziò a diffondersi con un sibilo.

Uscì dalla cucina avendo cura di chiudere la porta e sigillarne con uno straccio la battuta sul pavimento: il gas non doveva disperdersi e infiammarsi anzitempo. L'ambiente doveva essere saturo quando le fiamme l'avrebbero raggiunto.

Indossò meccanicamente lo zainetto con il portatile.

Di nuovo gli occhi sbatterono, più a lungo questa volta.

"Jack... Jack!".

Riondino era immobile, rigido in mezzo alla sala.

"Jack, non farla uscire! Non farla uscire!".

Riondino mosse un passo, poi un altro.

Un respiro profondo.

"Ci sono Furbo... Va tutto bene".

"Forza, finisci il lavoro. Andiamocene da qui".

Rapidamente, con il cuore che batteva veloce, Riondino appiccò il fuoco alle tende e al letto della camera. Le fiamme presero subito a salire.

"La miccia, Jack, veloce!".

Riondino, con le mani che iniziavano a tremare, appiccò il fuoco anche al lenzuolo che raggiungeva la sala.

"Veloce, veloce!".

In un attimo era fuori dall'appartamento, e, in pochi secondi ancora, nascosto nell'ombra dell'atrio di ingresso del palazzo. Sembrava che il respiro non riuscisse a colmarlo di aria.

"Quanto ci vorrà, Furbo?"

"Non lo so... qualche minuto credo. Stiamo pronti: quando ci sarà l'esplosione si precipiteranno tutti fuori come una mandria terrorizzata".

Sensi si era addormentato sulla poltrona di fronte alla televisione, su un programma che non era riuscito a seguire che per pochi minuti, prima che gli occhi, pesanti come il piombo, gli si chiudessero. Un sonno profondo dal quale riemergere all'improvviso, richiamato dallo squillo acuto del telefono, non era stato facile. Non capì bene il senso delle prime parole.

«Cosa...? Che esplosione?»

«Dottore, qui è saltato in aria mezzo palazzo! C'è un casino infernale!».

Un frastuono copriva la voce di Maiezza.

«Pronto! Cos'è questo rumore, non ti sento... Che palazzo?»

«I pompieri, sono arrivati i pompieri in sirena».

«Che palazzo, Maiezza?»

«Dottore, cazzo, uno di quelli sotto sorveglianza! Sta bruciando... Prima l'esplosione e poi le fiamme. Tutto un piano sta andando a fuoco!».

«Pronto... pronto! Urla, Maiezza, non ti sento!».

«Un gran casino, dottore, la gente si è precipitata tutta fuori».

«Cazzo...! Riondino?»

«Ci saranno duecento persone in strada, e un centinaio sono uscite di corsa dallo stabile... c'è fumo... casino... e adesso anche pompieri e ambulanze», urlò Maiezza nel cellulare.

«Riondino?»

«Dottore, non ha idea del macello che c'è qui: impossibile controllare le persone che sono uscite. Temo che ce lo siamo giocati».

Le porte del vagone della metropolitana si chiusero dietro di lui. Riondino si avviò verso l'uscita assieme a un'altra decina di persone. Camminava a passo rapido, con la testa bassa e un berretto ben calzato in testa.

"Che ti avevo detto, Jack? Ce l'abbiamo fatta!".

"Dobbiamo fare attenzione: ci staranno già cercando".

"Calma... probabilmente devono ancora capire cosa sia successo".

“Ma qui non siamo così vicini al nostro amico. Ci vorrà del tempo per raggiungerlo”.

“La città è grande, Jack, è buio e c’è ancora gente per le strade tra cui confondersi. Se staremo in campana, arriveremo a destinazione senza correre troppi rischi”.

“Cazzo, la fai sempre facile, Furbo”.

“Facile… Di certo non sono io quello che ha rischiato di complicare tutto. Giulia ce l’aveva quasi fatta a uscire…”.

“Ma non è successo”.

“Siamo stati a un passo dal disastro. Già mi sentivo svanire dal posto. Lei era lì, stava per prendere il controllo, e dio sa cosa cazzo sarebbe successo”.

“Solo colpa della tensione del momento”.

“Ci avrebbe fatto asfissiare dal gas, o saltare in aria, Jack: sarebbe bastata una cazzo di scintilla. E se invece si fosse accorta del pericolo, sarebbe corsa fuori in cerca di aiuto per proteggere il Piccolo”.

“Cazzo! Non pronunciare quel nome, non parlare di lui! E in ogni caso alla fine non è uscita, l’ho tenuta sotto controllo”.

“E ieri notte, allora? Sei riuscito a farlo? Non saremmo qui adesso… Dobbiamo trovare il modo di eliminarla, Jack”.

“Non dire stronzate, sai bene che non è possibile”.

“Eppure ci deve essere un modo…”.

“Certo: tornare indietro e buttarci sotto il primo treno. È stata solo la tensione e la stanchezza, Furbo. Pensiamo a metterci al sicuro dal nostro amico, adesso”.

L’auto di Claps si era appena fermata sotto casa di Greta.

«Non vuole salire? Posso cucinare qualcosa vista l'ora».

«Grazie, ma è meglio che vada subito a parlare con Sensi».

«Dei suoi sospetti su Greco?».

Claps si limitò ad annuire senza rispondere; avrebbe dovuto aggiungere "e non solo", ma questo avrebbe scatenato troppe domande da parte di Greta, e prima di parlarne con lei aveva bisogno che Sensi acconsentisse a quello che aveva in mente di fare. Lanciò un'occhiata al cellulare che teneva sul cruscotto, l'ennesima in pochi minuti. La sera precedente Riondino era uscito più o meno a quell'ora: la notizia del suo arresto poteva giungere da un momento all'altro e sollevarlo dall'affrontare Sensi per fargli digerire la sua idea.

«Davvero pensa che Greco ci abbia mentito e sapesse chi è realmente *Libero senza catene*?», chiese ancora Greta.

«Non lo so. Sfumature, impressioni... Di certo non è una prova che non si sia preoc...cupato di chiedere il motivo di un'indagine su un suo contatto Facebook. Però...», Claps lasciò in sospeso per qualche secondo quel però. «Però anche Sensi è convinto che Riondino dovesse avere un punto di appoggio qui a Milano quando ha pianificato l'evasione. Troppo articolato il suo piano per non pre...vedere un rifugio sicuro una volta giunto in città: è difficile credere che abbia potuto trovarlo da solo mentre era ospite dell'istituto di recupero».

«Un complice?»

«Un complice», Claps rifletté ancora un istante prima di continuare: «O forse, per meglio dire, un appoggio. Probabilmente ignaro di chi fosse realmente *Libero sen-*

za catene, ma disposto ad aiutarlo a trovare un rifugio. E gli unici contatti che Riondino aveva con l'esterno erano quelli su Face...book».

«Ma come può aver convinto una persona praticamente sconosciuta ad aiutarlo?»

«Denaro, Greta, denaro. Riondino ne ha molto, trafugato dalle casse della società per cui lavorava, lo ha dimenticato?».

Improvvisamente il cellulare sul cruscotto si illuminò, un attimo prima di iniziare a vibrare.

L'espressione di Claps si rabbuiò man mano che dall'altro capo una voce gli parlava concitatamente.

«Devo andare. Subito», disse a Greta senza dare altre spiegazioni.

L'odore acre del fumo non si era ancora disperso nonostante l'incendio fosse ormai stato spento. La via era transennata per tenere lontani i curiosi e due autopompe dei vigili del fuoco sostavano ancora di fronte al palazzo. Numerosi idranti si srotolavano come grossi serpenti infilandosi nell'androne.

Maiezza indicò una parte della facciata al secondo piano del palazzo. Era sventrata: un buco nero di qualche metro che sembrava coinvolgere anche il piano superiore.

«Solo due feriti leggeri e una decina di intossicazioni da fumo; un miracolo, dottore».

A Sensi bruciavano leggermente gli occhi. Claps se ne stava appena in disparte.

«Gas», continuò Maiezza, «Una fuga di gas è la prima ipotesi che fanno i vigili del fuoco».

Certo, pensò il commissario, una fuga... ma non solo di gas, purtroppo. «Una versione che può andare bene per i media», si limitò a commentare nervosamente osservando telecamere e reporter che si assiepavano dietro le transenne.

«L'appartamento, o almeno quel che ne resta, era vuoto quando sono entrati a domare le fiamme. Nessun ferito, nessun corpo».

«Certo che era vuoto, cazzo!», imprecò Sensi. «Credi davvero alla fuga accidentale di gas? E alle favole, Maiezza?!»

«Le sto solo esponendo i fatti, dottore», rispose l'ispettore a denti stretti.

Claps era rimasto silenzioso sino ad allora. «Cosa si sa di quell'appartamento?»

«Qualcosa siamo già riusciti a sapere. Il palazzo è stato evacuato fino alla verifica della stabilità e così abbiamo potuto interrogare tutti gli occupanti: sono concordi nel dire che veniva saltuariamente affittato. Era vuoto da tempo, ma in molti sono certi che da qualche giorno fosse abitato».

«Hanno visto chi lo occupava?», chiese ancora Claps.

«No, ma il vicino ha sentito rumori all'interno, e le serrande che danno sulla strada sono state viste aperte durante il giorno e abbassate per la notte, e c'è pure chi giura di aver visto qualcuno dietro le finestre».

Sensi sembrava un leone in gabbia; guardò ancora verso la parte sventrata della facciata: «Avrebbe potuto fare altri morti questo bastardo», disse in tono rabbioso. «Maiezza, hai richiamato come ti ho detto tutti gli effettivi in servizio?»

«Sì, dottore».

«Voglio che la città sia passata al setaccio. E organizza una conferenza stampa, non ha più senso lasciar credere che Riondino sia lontano da qui: a costo di scatenare una psicosi collettiva e decine di segnalazioni fasulle, è ora che i milanesi sappiano che Riondino è tra loro e inizino a guardarsi intorno. Facciamo terra bruciata, rendiamogli difficile trovare un nascondiglio sicuro. Voglio anche vedere i filmati delle telecamere, subito».

Maiezza annuì. «Nel casino generale, si vedono diverse persone allontanarsi di corsa, ma le immagini non sono chiare: molte di loro potrebbero essere Riondino».

«E voglio al più presto nel mio ufficio il proprietario dell'appartamento, cazzo!».

Dopo un'ultima imprecazione, Sensi rivolse lo sguardo verso Claps, facendogli cenno di seguirlo mentre si allontanava verso l'auto di servizio. «Di cosa mi volevi parlare?», disse con voce più calma, «hai trovato qualcosa?»

«Antonio Greco, l'ho sentito meno di un'ora fa».

Claps raccontò del colloquio e dei suoi dubbi.

«Sai che negli anni ho imparato a fidarmi delle tue intuizioni», Sensi non cercava di nascondere la sua perplessità, «ma francamente mi pare poco. Greco ha detto di non ricordarsi nemmeno di *Libero senza catene*: può essere plausibile che non fosse interessato a sapere perché stiamo indagando su di lui».

«Non è questo il punto... È che la possibile reticenza di Greco mi ha fatto riflettere su di un aspetto».

Erano giunti all'auto di Sensi, il commissario aprì la portiera senza salire: «Avanti, parla allora».

«Non necessariamente chi ha aiutato Riondino doveva essere a conoscenza di chi realmente fos...se, e forse ancora adesso non l'ha capito».

«Manovrato come Matteo Contri? Può essere, ma cambia qualcosa?»

«Certo che cambia. Lasciamo perdere Greco, ma supponiamo in generale che chiunque sia l'appoggio milane...se di Riondino non sappia ancora con chi ha a che fare...».

«Ti interrompo subito. Se davvero Greco non sapesse chi è *Libero senza catene*, viene a cadere il motivo del tuo sospetto: il non aver chiesto per cosa fosse indagato, perché già lo sapeva».

«Lascia stare Greco per un istante, ti ho detto: è un discorso in generale. Tu credi dav...vero che Riondino abbia raccontato la sua vera storia offrendo del denaro per farsi aiutare nella fuga? Che abbia trovato qualcuno disposto ad aiutarlo pur sapendo chi era e cosa aveva fat...to?»

«Va' avanti...».

«Solo otto contatti a Milano: possibile che in un numero così esiguo abbia trovato un vero complice? Una persona disposta a passare sopra ai delitti commessi, e che per i soldi avrebbe accettato il rischio di finire dentro con accuse gravissime? No, Riondino deve aver raccon-ta...to tutta un'altra storia. Magari ai limiti della legalità se non oltre, una storia che giustificasse un'offerta di denaro così alta da essere difficilmente rifiutabile, ma che al contempo non prevedesse gravi responsabilità penali per chi l'avesse aiutato».

«Va bene, Claps, ammettiamo che Riondino abbia manovrato il suo contatto milanese raccontandogli chissà quale balla; ma allora ti ripeto: cosa cambia?»

«Che se una persona può essere disposta a coprire e rendersi complice di qualcosa di illegale, difficilmente può esserlo a rendersi complice di un assas...sino tanto efferato».

«Vuoi dire che il suo appoggio milanese, come lo chiami tu, continua a coprirlo perché non sa di chi in realtà si sta rendendo complice? E che, se lo sapesse, cercherebbe di tirarsene fuori collaborando con la polizia?».

Claps annuì con forza. «Rendiamo noto tutto, non limitiamoci a far sapere soltanto che Riondino si trova a Milano. Da come ha prima agganciato e poi ucciso Matteo Contri, allo scempio sulla ragazza del negozio di ottica. Garantiamo la non punibilità al suo appoggio milanese. Facciamogli sapere cosa rischia: diamogli la pos... sibilità di venire allo scoperto».

Il commissario fece un cenno verso il palazzo dell'esplosione: «Se però Greco o chiunque sia gli è servito solo per trovare il rifugio, adesso Riondino se ne è andato».

«E forse non sa dove nascondersi... È braccato. Può essere che si trovi costretto a rivolgersi ancora a lui».

Sensi appariva ancora incerto.

«L'hai detto tu», insisté Claps, «facciamogli terra bruciata intorno».

«Se rendessi noto tutto, il PM mi salterebbe addosso: c'è il segreto istruttorio», provò a ribattere Sensi, ma senza troppa convinzione. «E poi hai idea delle polemiche? Dal falso blitz di Roma, al fatto che dopo Firenze ci è sfuggito tra le mani anche questa sera...».

«Non sarà necessario che sia tu a raccontare tut...to alla conferenza stampa. Potrai dire solo della presenza di Riondino a Milano; penserò io a far trapelare il resto come un'indiscrezione da fonte sicura. Ti dovrai semplicemente limitare a non smen...tire, e confermare tutto solo quando i media entreranno in fibrillazione e ti metteranno alle strette».

Sensi rimase ancora dubbioso in silenzio.

«Non baratteresti forse volentieri qualche imbaraz... zo da affrontare, con la sua cattura?». Claps fissò dritto negli occhi il commissario: «Non limitiamoci a dargli la caccia: facciamogli terra bruciata intorno».

Sensi sostenne lo sguardo per qualche secondo. «Spero di non dovermene pentire», disse alla fine salendo in macchina sbattendo la portiera.

No, non sembrava contento di sentirlo, e soprattutto non aveva nessuna intenzione di farlo rifugiare in casa sua. «Non erano questi gli accordi... è troppo pericoloso per me».

«Ascolta», sibilò la voce di Jack nel cellulare, «non me ne frega un cazzo delle tue paure! Piuttosto dovresti averne, e molte, nel caso non mi facessi entrare. Gli sbirri mi stanno alle costole e non ho nessun posto sicuro dove andare: quanto credi che ci metterebbero a prendermi? Per me sarebbe finita, ma lo sarebbe altrettanto per la tua vita: racconterei tutto immediatamente. Non finirei rinchiuso da solo...».

Un lungo silenzio all'altro capo del filo.

«Pensa invece a quello che potrebbe essere il domani. Non ti fanno più gola i soldi?»

«Le cose non sarebbero dovute andare così», la voce tremava. «Tutti quei morti...».

«Ancora rompi i coglioni con questa storia?! È andata in questa maniera, e ora sei in ballo».

Di nuovo silenzio.

«Senti, non posso stare più a lungo fuori allo scoperto: devi decidere. O mi fai entrare e ti potrai godere il denaro che ti ho promesso, o mi lasci fuori, e allora saranno due le cose che possono succedere; la prima: mi prendono e in questo caso finisci ingabbiato anche tu per chissà quanto. La seconda: riesco a farcela e allora resterai libero, ma senza il denaro. E non sarà solo quello che perderai. Fosse l'ultima cosa che faccio, Hannibal ti verrà a trovare».

«Aspetta...».

«Decidi», lo interruppe seccamente Jack. «Il tempo è scaduto».

Un'ultima breve esitazione. «Va bene... ti spiego come entrare senza dare nell'occhio».

Sull'altro lato della strada un giovane tamburellava nervosamente sul volante dell'auto in sosta: era lì da almeno venti minuti ad aspettare che la fidanzata si decidesse a scendere, ed erano già in ritardo per la cena a casa di amici.

«Finalmente!», sbuffò, vedendola uscire dal portone e attraversare la strada di corsa per raggiungerlo nell'auto. «Sono sempre il solito pirla a essere puntuale!».

Lei gli stampò un bel bacio. «Mi spiace averti fatto aspettare», disse allegramente. «Ti sei annoiato tanto, amore?»

«Figurati, uno sballo! Sono successe un sacco di cose interessanti... Un cane che ha pisciato sul parchimetro, una tizia che non riusciva a parcheggiare dove sarebbe entrato un tir e infine, clou della serata, un tipo al telefono incazzato nero che si è infilato nel portone a fianco al tuo...».

«Va' a cagare, va'... Andiamo che è tardi!».

Il commissario Sensi era nel suo ufficio a coordinare le

operazioni di ricerca di Riondino. Ancora pochi minuti e sarebbe sceso a incontrare i giornalisti.

«Il colonnello Visentini della Guardia di Finanza sulla due, dottore».

Il colonnello andò subito al sodo: «So che l'ora è tarda ma ho voluto informarla subito. Il denaro di cui Riondino si è appropriato approdava dopo un lungo giro nel Liechtenstein. Il gruppo di Restelli aveva già fatto un buon lavoro di ricerca, ma a un certo punto si era dovuto arrendere. Noi siamo riusciti ad arrivare sino alla banca dove è finito, ma per il momento non riusciamo a saperne di più se non che si tratta di un conto cifrato. C'è però un accordo siglato di recente tra i due Paesi riguardo al segreto bancario: riusciremo a mettere il naso in quel conto, ma ci vorrà del tempo».

«Sappiamo almeno se il denaro è ancora lì?»

«Questo non possiamo dirlo; l'ultimo afflusso che abbiamo tracciato risale a sette anni fa, circa due mesi prima che Riondino venisse arrestato: teoricamente avrebbe avuto il tempo di trasferire tutto da un'altra parte».

«Perché avrebbe dovuto farlo? Allora il segreto bancario era inattaccabile: quei soldi erano all'estero, al sicuro e non riconducibili a lui», obbiettò Sensi.

«Vero. Anch'io ritengo improbabile che li abbia spostati, ma se anche l'avesse fatto, appena avremo l'accesso al conto potremo inseguirli fino a dove si trovano adesso».

Sensi strinse un pugno quasi esultando con rabbia: ora, se anche Riondino fosse riuscito a dileguarsi, aveva qualcosa. Un filo di Arianna che lo avrebbe portato dritto fino a lui... «Bisogna entrare al più presto in quel cazzo di conto! E allora, che i soldi siano ancora lì o alle Cayman, o in qualche altro fottuto Paese…».

«…ogni prelievo, ogni pagamento, ogni operazione», continuò il colonnello, «sapremo in tempo reale dove è stato fatto»

«E da chi: nome, cognome, e indirizzo», concluse Sensi con uno sguardo quasi sinistro. «Quanto tempo ci vorrà?»

«La magistratura ha già fatto i passi necessari, e data la particolarità e l'urgenza del caso, ci hanno promesso pressioni anche a livello politico. Una settimana, dieci giorni al massimo».

24

L'edizione straordinaria del TG era stata preannunciata un'ora prima, interrompendo i normali programmi della serata. Un Montanari dall'espressione seria e preoccupata era apparso in video anticipando che ci sarebbero state rivelazioni di estrema importanza sulla caccia a Giacomo Riondino, e, da allora, una sovraimpressione con l'annuncio della trasmissione aveva ininterrottamente continuato a scorrere sullo schermo. Negli stessi momenti, il commissario capo Sensi aveva tenuto una breve conferenza stampa, subito rilanciata dai media e dal web, in cui dichiarava che Giacomo Riondino si trovava a Milano, braccato dalla polizia e in cerca di un rifugio; sotto l'incalzare delle domande aveva poi lasciato intendere che l'esplosione di gas, seguita dall'incendio avvenuta poche ore prima in un palazzo della città, fosse legata alla fuga del ricercato. Aveva concluso la conferenza lanciando un appello ai cittadini milanesi affinché fossero prudenti data l'estrema pericolosità di Riondino, ma segnalassero qualunque cosa di sospetto potesse capitare loro di vedere.

Greta era nel camerino, la truccatrice stava rapidamente finendo di prepararla. Nelle ultime due ore quasi non aveva avuto il tempo di pensare, travolta dagli avvenimenti: la telefonata di Claps, quella subito dopo con Montanari, la corsa in auto agli studi televisivi dove il suo vecchio direttore l'attendeva eccitatissimo, il briefing prima di andare in onda. E le mille antiche sensazioni che gli erano piombate addosso.

Ma ora, per un istante, le parve che tutto si fosse fermato: nello specchio vedeva la sua immagine, quella di Greta Alfieri, quella di chi un tempo era stata "la regina dello scoop".

Quella che detestava.

Era davvero così diversa adesso? Non si stava forse beando come un tempo di quell'atmosfera elettrica, delle luci, delle persone che si affannavano per lei, intorno a lei? Dell'idea che milioni di telespettatori l'avrebbero ascoltata pendendo dalle sue labbra?

Era davvero questo che voleva? Tornare a essere quello che era?

La convinzione di poter fare un giornalismo diverso, più umano, più onesto, solo l'ultimo dei tanti inganni a cui si era aggrappata negli ultimi anni?

Si osservò ancora più attentamente: i suoi occhi non le parvero più così distanti come quelli di Greta Lafenice.

No, non era più una preda, adesso.

Greta Alfieri trasse un respiro profondo.

Solo questo contava.

«Greta, in onda tra tre minuti!».

Uscì dal camerino e si sistemò l'auricolare con un gesto rapido e naturale, come se non fossero passati anni dall'ultima volta che l'aveva fatto.

I suoi occhi vedevano tutto, e tutto era perfettamente sotto controllo. La scena era sua.

Montanari la stava aspettando sul set. «Forza, Greta, mettiamo la concorrenza col culo per terra!».

Era la frase scaramantica di tutte le volte, prima di andare in onda con uno scoop.
Anche lei aveva una risposta rituale. Non ci pensò neanche un istante: «Spacchiamo il culo ai passeri!».
La sigla dell'edizione straordinaria andò in onda.

Buonasera cari telespettatori.

Montanari sfoggiò il sorriso smagliante delle sue capsule in ceramica pregiata

Vi avevamo promesso rivelazioni importanti su Giacomo Riondino e siamo qui a darvele, ma forse il termine importanti non è appropriato: si tratta piuttosto di una realtà sconvolgente quella di cui fra pochissimo vi daremo conto.

Cambio di camera, con l'inquadratura che stringe in un primo piano su Montanari.

Come già saprete è di un'ora fa la notizia ufficiale che Giacomo Riondino si trova in fuga a Milano. Quello che ancora non è stato detto, è che la notte scorsa si è macchiato di un nuovo atroce delitto.

Sul mega screen alle spalle di Montanari comparve la foto della giovane commessa del negozio di ottica.

E soprattutto non è stato detto come si sia a un passo dall'individuare un suo complice che ne avrebbe favorito la latitanza.

Un nuovo cambio di camera: Montanari, ripreso ora di tre quarti, ruotò leggermente il busto per mettersi in favore dell'obiettivo.

Ma andiamo con ordine. Queste rivelazioni, che le autorità non hanno smentito, giungono da una fonte certa ed estremamente autorevole, e sono state raccolte da una giornalista coraggiosa, a sua volta nel passato vittima della violenza di un assassino, una collega che da troppo tempo è stata assente dai teleschermi: Greta Alfieri.

Claps stava seguendo la trasmissione da una saletta degli studi televisivi: sullo schermo comparve Greta.

Raccontaci tutto, Greta.

Claps si sporse verso lo schermo. I lineamenti di Greta erano tirati e la sua voce non sembrava del tutto controllata. Ma fu questione di pochi secondi, poi a Claps parve di essere tornato indietro nel tempo nel vedere Greta Alfieri dominare col suo piglio aggressivo lo schermo.

Greta raccontò tutta la storia, da come Riondino aveva agganciato Matteo Contri su Facebook per servirsene e poi ucciderlo, ai contatti di *Libero senza catene* a Milano, allo stupro e l'assassinio della ragazza nel retro del negozio. Raccontò delle sue personalità, di come dopo e nonostante anni di terapia quelle più perverse avessero ormai preso il controllo. Raccontò del denaro di cui si era appropriato quando era ancora libero; di come il suo nascondiglio fosse stato individuato in un isolato della città, e di come fosse riuscito a sfuggire dalle mani della polizia solo poche ore prima, causando un incendio che avrebbe potuto portare ad altre vittime. E infine di come avesse un complice a Milano.

Un complice che sta per essere individuato fra una cerchia ormai ristretta di sospettati; ma attenzione: un complice probabilmente ignaro di chi veramente sia la persona che sta proteggendo e aiutando. Che magari lo conosce solo come Libero senza catene e non sa dei delitti di cui si è macchiato.

L'inquadratura tornò su Montanari.

E fammi aggiungere, Greta, che certamente non l'avrebbe aiutato se solo avesse intuito con chi aveva a che fare. Spero, anzi mi piace pensare, che questa persona grazie alla nostra trasmissione si riconosca e contatti immediatamente la polizia; la sua collaborazione sarebbe preziosa e gli inquirenti sicuramente ne terranno conto quando si tratterà di giudicare le sue responsabilità.

La camera strinse un primo piano sul volto serissimo di Montanari.

Giacomo Riondino è braccato. Le strade di Milano sono letteralmente invase dalle forze di polizia impegnate in una delle più serrate caccie all'uomo che si ricordi. Ma è ancora libero. Nella sua fuga sanguinaria ha già fatto sette vittime innocenti. Altre ne ucciderà se non verrà catturato al più presto. Chi sa qualcosa, chi l'ha aiutato, si faccia avanti.

Il primo piano si allargò lentamente in una breve carrellata all'indietro. Montanari tornò a far scintillare le sue ceramiche.

Amici telespettatori... una storia incredibile! Qui termina questa edizione straordinaria, ma continuate a seguirci: se ci saranno sviluppi vi aggiorneremo in tempo reale. E domani sera non mancate al nostro speciale: tutte le rivelazioni che avete appena sentito saranno dettagliatamente analizzate. A presto!

La televisione si spense immediatamente all'impulso del telecomando.

«Non avrei dovuto farti entrare. Non avrei dovuto accettare di aiutarti...». La voce dell'uomo rasentava la disperazione.

«Che c'è, adesso non hai più tutto quel bisogno di soldi che dicevi di avere? La certezza che senza quelli la tua vita sarebbe stata distrutta?», Riondino aveva un sorriso bieco disegnato sulle labbra.

«Ora sarà ugualmente distrutta. Non c'è scampo: torneranno qui e ti troveranno».

«Sta' calmo... non vedo ancora nessuno, o sbaglio?»

«Verranno: non hai sentito cosa ha detto quella giornalista? Hanno ricostruito tutto, stanno cercando il tuo complice tra poche persone».

«Ma quanto sei ingenuo, cazzo! Credevi che la polizia dormisse? Avrai probabilmente il telefono e internet sotto controllo, ma non abbiamo mai comunicato con quelli: perché credi che ti abbia fatto prendere una coppia di cellulari "sicuri"?»

«Sì, ma...».

«E se possono avere un certo numero di sospetti, di

sicuro non sanno ancora chi è il loro uomo, altrimenti sarebbero già qui, e non avrebbero permesso che si lanciassero appelli come quello che abbiamo appena visto».

«Verranno a perquisire, a cercarti».

«Piantala cazzo! Non lo faranno: forse adesso c'è già qualcuno a controllare l'ingresso di casa tua, forse ti seguiranno quando uscirai, ma non verranno, e sai perché?».

L'uomo rimase in silenzio cercando di controllare il tremito che aveva alle mani.

«Ragiona, perché rivelare tutto subito dopo che mi sono eclissato con i fuochi d'artificio?»

«Per convincermi a mollarti... a costituirmi e collaborare con la polizia».

«Per fare l'infame, certo. Ma non solo, era un'altra la cosa che volevano ottenere: farmi sapere che il mio complice stava per essere bruciato. Lasciarmi allo sbando in strada, impedire che cercassi aiuto da lui».

«Eppure sei venuto lo stesso».

«Un rischio calcolato. C'era il tempo per farlo prima che si organizzassero: erano convinti di avermi ormai in pugno. E poi quali altre alternative avevo?».

Un lungo silenzio prima che Riondino parlasse di nuovo: «Ascolta, non mi fermerò qui a lungo. Domani andrai a ritirare i miei documenti nella casella postale e non appena li avrò in mano accenderemo il PC e girerò il milione e mezzo di euro pattuito sul tuo conto. Poi scomparirò».

«Come farai a uscire se la casa è sorvegliata?»

«Sta' tranquillo, troverò il modo».

Como a cinquanta chilometri, e la Svizzera poco oltre. Ci sarebbe arrivato prima dell'ora di pranzo, attraversando la dogana a piedi come un frontaliere, e da lì in Liechtenstein, dove avrebbe potuto riappropriarsi del proprio denaro e prepararsi a una nuova vita. Dove? Avrebbe avuto tutto il tempo per scegliere...

«Hai ucciso molte persone... anche chi ti è stato utile...».

«Temi che ti faccia fare la stessa fine? Per cosa, per risparmiare il milione e mezzo? Bene, allora lo trasferiremo sul tuo conto prima che tu mi consegni i documenti: l'avrò perso in ogni caso, anche se ti uccidessi appena avuti i documenti».

Il complice non rispose, ma il suo sguardo tradiva la paura e l'incertezza.

«Pensi che possa farlo per cancellare le mie tracce? Andiamo, sei troppo intelligente per pensarlo: questo sarebbe piuttosto il modo per lasciarne di altre. Trovato il tuo cadavere la polizia ricostruirebbe tutto, cercherebbe nuove piste per trovarmi, arriverebbe anche al conto che hai aperto in Liechtenstein, e di lì al mio nella stessa banca. Io voglio solo scomparire senza alzare altra polvere, cazzo».

«Devo essere sicuro...».

«Ascolta, tu non conoscerai la mia identità, non saprai dove sarò andato a costruirmi una nuova vita, e per finire avrai tutto l'interesse a mantenere per sempre il segreto su quello che è successo tra noi. Perché dovrei ucciderti?».

Dopo una breve pausa lo sguardo di Riondino si fece affilato: «Piuttosto, sono io che devo fidarmi di te: una volta uscito per andare a recuperare i miei nuovi documenti potresti correre dalla polizia».

«No, non penserai che...».

«Ma so che non lo farai», lo interruppe Riondino con un gesto della mano. «Per due ragioni. Puoi pensare di cavartela con una condanna mite facendomi catturare, ma la tua vita sarebbe altrettanto finita: i debiti ti travolgeranno, il tuo nome e il tuo lavoro finiranno nel cesso e in molti saranno felici di tirare la catena. Devi poi sapere che ho scritto una bella email dove racconto tutto, con qualche piccola concessione di fantasia per aggravare la tua posizione; quando il giudice dovesse leggerla, sarà difficile che tu possa ottenere una condanna mite. Questa email partirà automaticamente, e solo io posso impedirlo. Lo farò quando sarò al sicuro, non prima».

L'uomo era impallidito; il sorriso di Riondino si fece di nuovo beffardo: era venderlo alla polizia il piano che era balenato per un attimo nella mente del suo complice? «Sei anche tu *all in* a questo tavolo, amico mio. O la vittoria, la ricchezza e un futuro radioso, o la sconfitta, la galera e la fine di tutto. Sei pronto a giocare?».

L'uomo abbassò lo sguardo. «Sì...».

25

Il proprietario dell'appartamento era risultato un anziano avvocato in pensione da anni, che si era subito mostrato molto preoccupato degli aspetti assicurativi del disastro. Quanto a chi fossero affittati quei locali, lui non ne sapeva nulla: chi se ne occupava era un'agenzia a cui li aveva affidati, così come altri immobili che possedeva in città.

Così, il titolare di quell'agenzia, in realtà un piccolo ufficio ricavato da un negozio, fu tirato giù dal letto prima dell'alba da due agenti in divisa, e portato nell'ufficio di Sensi.

«A me risulta vuoto, commissario. Si tratta di un appartamento che affittiamo per brevi periodi. Locazioni temporanee: di questo si occupa principalmente la mia agenzia. Turisti… dirigenti in trasferta… mai studenti».

«E sostiene che la sua agenzia non l'ha affittato per questi giorni?»

«Lo escludo. È prenotato per tutto il mese prossimo, ma attualmente è sfitto. Può controllare i nostri registri».

«Lo faremo, stia tranquillo», disse con aria torva Sensi. «Avete un sito web? E accettate prenotazioni online?»

«Ma perché tutte queste domande, commissario? È per l'incendio? Si è sviluppato da quell'appartamento?»

«Ma dove vive, non ha guardato neanche un TG da ieri sera?!», si spazientì Sensi.

«L'edizione delle otto, poi solo un film in DVD prima di andare a dormire».

Il commissario fece un gesto come per allontanare un fastidio. «Allora, questo sito web?»

«Abbiamo un sito, naturalmente», la voce dell'agente immobiliare aveva preso a tremare appena, «ma il contratto di locazione lo firmiamo qui, in agenzia: dobbiamo registrare un documento del locatario, anche per brevi periodi».

«Ed è allora che consegnate le chiavi?»

«Questo dipende da quando parte l'affitto, ma le consegno sempre personalmente. E quelle di quell'appartamento le potrete trovare in agenzia».

«Chi altro possiede le chiavi dell'appartamento?»

«Nessuno, credo... A parte l'avvocato, il proprietario».

E un precedente affittuario che potrebbe averle duplicate, pensò Sensi.

«Mi dica, ricorda se tra gli inquilini che si sono succeduti in quell'appartamento ci fosse un certo Antonio Greco?»

«Così, su due piedi...».

«Non si preoccupi, controlleremo tutti i precedenti affittuari. Ma lei non conosce nessun Antonio Greco?»

«No...».

«Alberto Reggi?»

«No...».

Sensi snocciolò i nomi di tutti gli altri contatti di *Libero senza catene*.

«No, non conosco nessuna di queste persone».

«Cerchi di ricordare bene, non è uno scherzo questo:

chi ha messo a disposizione quell'appartamento rischia un'accusa di complicità in omicidio».

L'uomo impallidì. «Omicidio?! È morto qualcuno nell'incendio? Complicità in omicidio colposo?»

«Ha sentito bene, omicidio. Omicidio volontario, non colposo».

L'uomo quasi si afflosciò sulla sedia.

«Allora, si ricorda qualcosa?», chiese sempre più bruscamente Sensi.

«No… Non conosco nessuno dei nomi che mi ha fatto».

«Non c'è altro allora. Gli agenti l'accompagneranno al suo ufficio: dovrà consegnare, registri, computer, e le chiavi dell'appartamento in suo possesso. E naturalmente restare a disposizione».

Per qualche ora Claps era riuscito a dormire un sonno profondo, un buco nero nel quale era sprofondato esausto non appena, ancora vestito, aveva toccato il letto. Niente sogni, niente incubi.

Si era svegliato di colpo, immediatamente lucido; fuori la luce del giorno stava appena sorgendo.

La prima cosa che fece fu controllare che non ci fossero chiamate sul suo cellulare. Nessuna, e questo voleva dire che Riondino era ancora in fuga.

Osservò il cielo sopra Milano che gli parve livido. La sensazione sfuggente di un presagio maligno.

Aveva fatto tutto quello che poteva: ora Riondino era libero e chissà dove, ma aveva solo terra bruciata intorno: anche ammesso che il suo complice non si presentasse alle forze dell'ordine, certo non poteva correre il rischio di chiedergli ancora aiuto. Senza un rifugio sicuro, con la polizia in forze a cercarlo e soprattutto la popolazione allertata, quella fuga non poteva durare a lungo: prima o poi qualcuno lo avrebbe notato e sarebbe corso a un telefono.

Eppure, quel cielo livido...

La sera prima, dopo l'edizione straordinaria del TG, aveva cercato di avvicinare Greta, ma troppa gente intorno a lei, troppo lontano ed eccitato il suo sguardo; e per lui, troppa la voglia, la necessità, di stare solo nell'attesa che tutto finisse.

Un caffè davanti al computer. La chiavetta USB che gli aveva dato Reti, e le registrazioni delle sedute con Rinaldi, arrivate il giorno prima da Montelupo, erano sulla scrivania.

Claps inserì la chiavetta e iniziò ad ascoltare dal punto in cui aveva lasciato Giulia.

«È tutto chiaro? Te lo devo ripetere?».

Il complice era ormai pronto per uscire, sembrava molto più determinato della sera prima.

«Non devo mostrarmi circospetto; devo camminare normalmente senza girarmi in continuazione da una parte all'altra. Andrò al bar di fronte, prenderò un caffè, e poi i giornali all'edicola all'angolo. Tornerò indietro, scenderò nel garage del palazzo per prendere l'auto e mi dirigerò alla Posta».

«Ma cosa farai per accertarti che nessuno ti segua?»

«Alla prima occasione, in una via con i parcheggi occupati, mi fermerò in seconda fila e fingerò di dover comprare qualcosa, meglio se sull'altro lato della strada».

«Un tabaccaio per le sigarette sarebbe l'ideale».

Il complice annuì. «Quando uscirò, potrò vedere se

qualcuno dietro di me si è fermato ad aspettarmi. Ripartirò e dopo qualche minuto ripeterò la stessa commedia».

«Cosa dovrai fare se ti accorgerai di essere seguito?»

«Mantenere il sangue freddo e comportarmi come se nulla fosse: raggiungere la posta e fingere di inviare una raccomandata; solo dopo aprire la casella postale».

«Mi dovrai chiamare, subito dopo?»

«Solo nel caso fossi sicuro di non essere controllato. Altrimenti tornare diretto qui».

Riondino sembrava sodisfatto, ma, un attimo dopo il suo sguardo si fece di colpo gelido: «Non provare neanche a pensare di fare scherzi».

«No, ma non avrai quel che ti preme fino a quando non vedrò i soldi sul mio conto».

Senza una parola Riondino accese il suo portatile e sotto gli occhi del complice si collegò alla banca e impartì l'ordine di bonifico.

La voce gli uscì improvvisamente roca: «Io ho mantenuto la parola, fallo anche tu».

«Questo non è il denaro sul mio conto: è solo un ordine di trasferimento».

«Non dovrai aspettare molto, stronzo: si tratta di un passaggio di denaro da un conto all'altro in una stessa banca; non siamo in Italia dove occorrono giorni».

«Voglio vedere il milione e mezzo sul mio conto. Non ti consegnerò i documenti prima».

«Non vuoi più che me ne vada in fretta? Vuoi che resti a casa tua finché non ti arriverà quel cazzo di bonifico? Perché scordati che mi rifugi da qualche altra parte...».

Il complice sembrò esitare.

«Vuoi davvero correre il rischio che la polizia venga e

mi trovi qui? Hai sentito anche tu ieri sera: sanno dell'esistenza di una persona che mi sta aiutando. E sono già venuti una volta a farti visita...». Riondino piantò il suo sguardo dritto negli occhi del complice. «Mi hai appena visto dare la disposizione del trasferimento. Di più non posso fare. Potrei essere fuori dalla tua vita tra un paio d'ore... Vuoi davvero mandare tutto a puttane per la tua diffidenza?»

Il complice cercò di sostenere lo sguardo per qualche secondo prima di arrendersi abbassandolo. «No», mormorò prima di uscire chiudendo la porta dietro di sé.

Riondino si diresse alla finestra che dava sulla strada: lo vide comparire sul marciapiedi dopo poco, a dirigersi verso il bar vicino. Tutto sembrava normale, nessuno lo stava seguendo.

"Non vuol dire niente, potrebbero essere appostati in un auto nell'attesa di vedere dove va".

"Vero, Furbo".

"E l'uscita del garage è sulla strada posteriore: non potremo vedere se ha qualcuno appiccicato al culo quando uscirà in auto".

"Se ne accorgerà lui, nel caso, e comunque saremo prudenti quando usciremo: truccati e irriconoscibili, e con documenti da poter mostrare".

"Hannibal era già pronto per lui...".

"Fremeva, ma prima dovremo avere in mano quel che è andato a prendere".

"Jack... non sarebbe più semplice se lo lasciassimo vivo?"

"Ti stai rammollendo, Furbo? Forse non saprà il nostro nuovo nome, ma ci vedrà truccati, con il volto che dovremo portare in giro per un po'. E poi sa del conto all'estero, la banca dove teniamo i soldi. Deve morire".

Greta non si era svegliata presto quella mattina, anzi, dopo tanto tempo, era stata la sveglia a strapparla a un sonno profondo.

Si era sentita per qualche minuto un po' confusa e con un fastidioso mal di testa, come al risveglio da una sbornia... che in fondo non era molto differente dalle ore frenetiche della sera precedente, volate in un turbinio di emozioni, antiche sensazioni, ondate di endorfine.

Dopo il TG cento persone intorno a lei: sorrisi, ammirazione, complicità; aveva forse un po' snobbato Claps, che dopo averla aspettata per ringraziarla era subito sparito. In uno stato di totale euforia, si era fatta riaccompagnare a casa da Montanari che aveva persino fatto un tentativo per salire da lei. Per un attimo ci aveva perfino pensato... lei non era come quella sfigata di Greta Lafenice che quasi con pudore si soddisfaceva da sola di tanto in tanto.

Appena in piedi, si era subito guardata allo specchio. Era Greta Alfieri, e i suoi occhi non erano quelli di una preda.

Poi il cellulare. La segreteria era piena di messaggi, quasi tutti da uno stesso numero: quello del direttore del sito web per cui aveva lavorato sino al giorno prima. I toni si incattivivano progressivamente a ogni messaggio. L'ultimo, di quella stessa mattina, era di una sola parola. Un invito, perentorio. "Vaffanculo!".

No, non doveva aver gradito il suo repentino ritorno ai fasti della TV senza lasciare a lui neanche una briciola.

Be', che se ne andasse lui affanculo, insieme al suo sito web!

Appena uscita dalla doccia, aveva chiamato la redazione di Montanari per avere i recapiti di due persone: la sera sarebbe andato in onda lo speciale, e se fosse riuscita a raccogliere quelle due interviste che aveva in mente di fare, sarebbe stato un grande colpo. Sapeva però che non sarebbe stato facile. Quando la redazione la richiamò per fornirle i recapiti, aveva appena finito di mettere lo smalto alle unghie dei piedi. Un bello smalto rosso, come non lo aveva più portato.

Non c'era tempo per cercare un approccio via email, e poi solo a voce poteva sperare di convincerle a concedere un'intervista. Formò il primo numero.

«Parlo con Terry Schiavi?». Greta la ricordava come una giovane donna minuta, dalla voce sottile e lo sguardo spaurito.

«Io con chi parlo? Non ho questo numero in rubrica».

Non era quella la voce che si aspettava: era ancora gradevole, ma il tono deciso, sbrigativo. Greta pensò che la Schiavi doveva trovarsi sul luogo di lavoro. «Mi chiamo Greta Alfieri. Forse si ricorda di me: avevo fatto un servizio televisivo su di lei sette anni fa».

La voce divenne esitante: «Sì... l'ho vista ieri sera in televisione...».

«Possiamo scambiare qualche parola, Terry?»

«Mi chiama per Riondino, vero? Guardi mi spiace, ma preferisco non rivangare certi ricordi».

Il tono aveva di nuovo ripreso un certo piglio deciso: era quella la scorza che si era costruita per ricominciare a vivere? Una Lafenice al contrario?

Greta gettò il suo amo: «La capisco Terry, e non è un

modo di dire: forse saprà che anch'io ho passato momenti terribili. Molto simili ai suoi».

«Ricordo bene, pochi anni dopo. Morphy». Un po' di calore nella voce.

«Per questo penso che potremo intenderci. Non le chiedo un'intervista vera e propria, ma un confidarsi tra donne che purtroppo sanno bene cosa hanno dovuto passare. E cosa immagino stia passando lei in questo momento, ora che Riondino è libero in città».

«Non un'intervista con le telecamere? Solo lei e io?».

Stava per accettare? «È il mio impegno».

«Una cosa... Per stasera è annunciata una trasmissione: lei ci sarà, vero?»

«La condurrò».

«E parlerà di quello che ci diremo?»

«È il mio lavoro Terry, ma farò in modo che...».

Terry Schiavi la interruppe: «Allora preferisco aspettare. Parleremo, se lo vorrà ancora, ma non in questo momento, non con l'attenzione in qualche modo rivolta verso di me quando Riondino è ancora libero».

Greta ebbe un moto di disappunto. Cazzo, avrebbe dovuto pensarci prima! Per quanto potesse apparire assurdo, aveva paura di risvegliare le attenzioni di Riondino. Stupida lei a non averlo pensato!

«Terry ci pensi bene... non corre alcun rischio che Riondino torni a cercarla», provò ancora a convincerla.

«Parla bene lei: chi l'aggredì è morto, non si aggira per la città. Ma avremo modo di parlare, mi richiami quando avranno preso quel mostro». Terry Schiavi riattaccò senza dare tempo a Greta di replicare.

«Greco è uscito, dottore; qualche minuto fa».

«Gli stiamo dietro?»

«Ha due ragazzi svegli alle costole: non se lo perderanno, stia tranquillo».

«Non si deve accorgere di essere seguito». Sensi guardò l'orologio: più di dodici ore da quando Riondino aveva fatto perdere le tracce. Più di otto ore da quando era partito l'appello in TV. E ancora niente...

«Stia tranquillo anche su questo».

«Tranquillo un cazzo, Maiezza!», sbottò battendo un pugno sulla scrivania. «Starò tranquillo quando Riondino sarà in gabbia!». Sensi si pentì subito del suo scatto: «Non ci fare caso... è la tensione. Quell'altro... il Reggi, è sempre al mercato?».

Maiezza annuì: «È normale: lavora in un ristorante. Comunque non lo stiamo perdendo di vista un solo attimo».

«Senti, se non succede niente nelle prossime ore, voglio questi due qui davanti prima di sera: è ora che li mettiamo bene sotto torchio. Cominciamo da loro, poi toccherà agli altri».

Claps stava ascoltando i colloqui di Riondino con il professor Reti.

A poco a poco Jack sembrava ritrovare la memoria delle altre personalità. Impadronirsene. Il Conte, l'Attore, il Professore sembravano come sbiadirsi, ma se richiamati sotto ipnosi mostravano ancora chiaramente una propria peculiare identità: il processo di fusione era solo agli inizi. Giulia appariva raramente: parlava con dolcezza del Piccolo e delle sue poesie, ma glissava quando il discorso andava su Jack. Lo stesso faceva Jack quando il professore gli chiedeva di Giulia. Non sembrava ci fosse il minimo spazio per pensare a una condivisione della memoria, e tanto meno a una prospettiva di fusione tra i due.

Claps era completamente immerso nell'ascolto, ma quando il cellulare vibrò sulla scrivania, lo afferrò di scatto con un tuffo al cuore; la speranza che fosse la notizia dell'arresto di Riondino si spense però immediatamente: sul display era comparso il nome di Greta

Non rispose: lo avrebbe fatto solo se fosse stato Sensi a chiamarlo.

«Sono arrivati, ho la busta con me».

«L'hai aperta?»

«No, come d'accordo. Non devo conoscere la tua nuova identità, questi erano i patti».

«Bravo ragazzo. Hai nessuno alle calcagna?»

«Ho fatto come mi hai detto: non c'era nessuno a seguirmi».

«Continua a stare in campana, però. Dove ti trovi adesso?»

«Di fronte alla Posta. Sono in auto».

«E sei anche più ricco, adesso. Fine dei tuoi problemi. Stai godendo?»

«Lo farò quando sarai fuori da casa mia e lontano».

«Succederà presto, ma prima devi fare un'altra cosa per me: mi servono dei contanti, diciamo tremila euro. Prelevali dal tuo conto, me li darai insieme ai documenti».

«Ascolta... non salirò in casa. Non voglio incontrarti mai più: ti chiamerò e ti dirò dove ho lasciato i documenti e i soldi che mi hai chiesto. Potrai recuperare tutto facilmente. E andartene».

«Col cazzo! Stammi a sentire brutto figlio di puttana: credi davvero che abbia voglia di giocare a questa cagata di caccia al tesoro?! Di uscire fuori allo scoperto senza documenti con la città infestata di polizia? Cos'è, hai solo paura che ti scanni o mi hai già venduto agli sbirri?»

«Non ti ho venduto».

«E allora dimostramelo salendo da me e consegnandomi a mano i documenti. Se mi avrai venduto sarai il mio scudo».

«Ti ho detto che non ti ho venduto: non sono così scemo da firmare la mia rovina!».

«Ti do mezz'ora di tempo, poi se non sarai qui invierò quella email, corredata col numero del tuo conto in Liechtenstein, e troverò il modo di filare, dovessi far saltare in aria anche questo palazzo, cazzo! Se sarà così dovrai imparare a non chiudere mai gli occhi, neanche per dormire, perché prima o poi ti verrò a prendere, e ti assicuro che morire sarà solo l'ultima delle tue sofferenze».

Il commissario Sensi ebbe l'ennesimo scatto di ira di quelle ultime ore: «Sempre 'sto cazzo di berretto, e pure gli occhiali questa volta!». Questa volta il filmato che stava esaminando era quello delle telecamere di sorveglianza della metropolitana. «Non c'è una sola inquadratura dove lo si veda bene in volto!».

«Ma non c'è dubbio che sia lui, dottore. È una delle persone che negli altri filmati vediamo precipitarsi fuori dal palazzo subito dopo l'esplosione, e il berretto è lo stesso che indossava nelle riprese vicino al negozio».

«Ha uno zainetto sullo spalle...».

«Vestiti di ricambio... materiale per truccarsi... qualcosa da portarsi dietro nella fuga».

Sensi rimase per qualche istante sovrappensiero. «Già individuata la stazione dove è sceso?»
«Non ci vorrà ancora molto, dottore».
«Bene, non sarà tanto, ma è comunque qualcosa… Scegliamo i fotogrammi più nitidi, dove si vedano il volto e i particolari dell'abbigliamento, e diffondiamoli. Che vadano in video e ai giornali: ci sarà pur qualcuno che si ricorda di averlo visto e magari ha notato dove stava andando».
«Me ne occupo subito, dottore».
Sensi congedò Maiezza, per richiamarlo un istante dopo: «Antonio Greco?»
«È rientrato poco fa dopo essere passato in banca. Sembra che abbia fatto soltanto delle commissioni».
«E gli altri?»
«Tutti sul posto di lavoro, compreso il Reggi che è rientrato con la spesa al ristorante».
Con un grugnito, Sensi ripeté il gesto di congedo.

Il corpo del complice era riverso a terra, quasi incastrato tra l'auto e il muro del box, nel garage del palazzo. Respirava ancora.
Hannibal era perfettamente calmo. Il cuore batteva passi lenti e costanti.
L'aveva atteso lì, nell'ombra, attendendo che parcheggiasse, e gli era arrivato alle spalle appena sceso dall'auto. L'aveva colpito con le mani nude, con precisione, alla base del collo.
Jack tornò a poco a poco; il cuore accelerò i battiti, la respirazione si fece più profonda. La busta con i documenti era sul sedile del passeggero, insieme al portatile del complice. Dovette scavalcare il suo corpo per pren-

derli. Strappò la busta con le mani che tremavano appena.

Sorrise: perfetti, erano perfetti!

"Adesso puoi finire il lavoro, Hannibal".

Riondino si chinò sul complice ancora senza conoscenza. Ne afferrò la testa come in una presa di lotta. Un movimento secco, rapido: il collo si spezzò con un rumore sinistro.

Adesso il cuore batteva velocemente, oltre le cento pulsazioni. Chiuse la cler del box dietro di sé. Si avviò verso l'ascensore senza rendersi conto che il suo passo diventava sempre più asimmetrico. Fu nella cabina che i suoi occhi presero a spostarsi rapidamente da un lato all'altro.

«Lei mi sta dicendo che sogna, Giulia?»

«La sorprende? Tutti sognano, professore; anche lei, non è così?»

«È vero, è una cosa che fanno tutti».

«Mi succede raramente, ma succede».

Anche Claps era sorpreso: come poteva avere dei sogni una personalità che quando non era "sul posto" esisteva solo in astratto... simile a un pensiero sperduto, un rumore di fondo?

«Cosa sogna, Giulia?»

«So di farli, ma non ricordo mai cosa ho sognato».

«Davvero non ne ricorda nessuno?»

«Ce ne è uno che faccio ogni tanto... ma non sono sicura di volergliene parlare».

«Lo faccia, Giulia, potrebbe essere utile al percorso che stiamo facendo».

«Non so, professore... chissà cosa potrebbe pensare di me se glielo raccontassi...».

«Coraggio, non abbia timore, me ne parli».

«Lo dirà a Jack?»

«È solo tra noi due, Giulia».

«C'è una persona distesa... e io le sono accanto. Vicina. Non è vestita. Ha un bel corpo, armonioso. La pelle è bianca come il latte».

«È una donna, vero?»

«Sì... Io l'accarezzo. Ha dei bei seni. La pelle è liscia come la seta. Mi piace molto accarezzarla... e continuo a farlo... Le parlo... i suoi fianchi sono morbidi».

«E la donna accarezza lei?»

«No... solo io lo faccio... sento tutta la sua pelle... i seni stanno quasi in un palmo... i capezzoli sono scuri sul latte del suo corpo... il suo ventre è profondo quando accoglie la mia mano... È bellissimo... Tremo... Non vorrei mai smettere, ma a un tratto so che lei deve andare... e mi allontano».

«Sa dove deve andare?»

«No... ma so che indosserà un vestito rosso... e se ne andrà...».

Claps fermò il file. Si rese conto di essere tesissimo, con tutti i muscoli contratti.

Giulia sapeva!

Non voleva vedere, voleva fingere di non sapere, ma sapeva!

Il vestito rosso... il sangue che avrebbe ricoperto quel corpo bianco.

Era lì che finiva la sua innocenza: non tanto nell'erotismo della forma, nel piacere di possedere un corpo, quanto nel mentire a se stessa, mascherando in un sogno una scheggia di memoria condivisa con Jack, con Hannibal...

Claps si lasciò andare contro lo schienale della poltrona, esausto.

Personalità multiple... rami diversi da uno stesso tronco... Alcuni con dei frutti amari, avvelenati, altri con frutti dolci o insapori. Ma tutti da una stessa pianta...

26

Dopo il "sogno" di Giulia, Claps era andato velocemente avanti nell'ascolto delle sedute del professor Reti: solo qualche file in modo casuale. Dopo quella registrazione, si era scoperto a pensare a Riondino come un'unica persona forse per la prima volta. Non c'erano più Jack, Hannibal, odiosi quanto pericolosi; non c'era più la Giulia "innocente" e prigioniera di quella mente, verso la quale aveva provato pietà e un'irrazionale attrazione.

Aveva ragione il professor Reti: c'era una sola persona, e andava fermata a ogni costo. Giacomo Riondino.

Decise di ascoltare anche qualche registrazione delle sedute con Rinaldi. Con quell'idiota presuntuoso che di Riondino non aveva capito nulla, e si era fatto manipolare fino a dichiararne la non pericolosità per sé e per gli altri.

Dopo il rifiuto di Terry Schiavi, Greta era preparata a ricevere un altro due di picche. Il dottor Rinaldi aveva parlato con Claps, è vero, ma aveva sempre rifiutato qualsiasi altra dichiarazione: figuriamoci un'intervista, e proprio adesso, con tutto il casino suscitato dagli ultimi sviluppi e dopo il suo intervento al TG della sera prima. Naturalmente il numero di cellulare dello psichiatra risultava spento, e il fisso di casa staccato, ma Greta aveva comunque deciso di fare un ultimo tentativo, pur senza troppa convinzione; in fondo, se anche quello fosse andato a vuoto, aveva comunque materiale in abbondanza per lo speciale in programma quella sera.

Sotto il palazzo dove abitava, Rinaldi fece un'ultima telefonata in redazione per sapere se ci fosse qualche sviluppo dell'ultimo minuto.

Gli passarono subito Montanari: «Niente, Greta, pare che la polizia abbia ricevuto una ventina di segnalazioni, ma tutte bufale. Tu sai niente da Claps?»

«È tutta la mattina che lo chiamo, ma non mi risponde».

«Cazzo quanto è strano quell'uomo...! Comunque speriamo che non becchino Riondino prima di stanotte».

«Ti rovinerebbe lo speciale, vero?»

«Le tue dichiarazioni sono in esclusiva, Greta, ce le abbiamo solo noi; ma se lo prendessero prima di andare in onda passerebbero in secondo piano, e la notizia della cattura l'avrebbero invece tutti: manderebbe a puttane quel botto di audience che potremmo fare!».

«Speriamo allora che nel frattempo ne ammazzi un'altra, e magari lo faccia sapere solo a noi...».

«Brava, fa' del sarcasmo, ma ieri sera ci tenevi, e come, al nostro, e bada ho detto *nostro*, speciale».

«Tranquillo, mi sta ancora a cuore; tanto che sto cercando di ottenere un'intervista in esclusiva».

«Con chi?»

«Merce preziosa, che non ha nessuno. Rinaldi».

«La mia regina dello scoop! Fatti sentire presto e non dimenticare: alle 17:00 briefing in redazione, andremo in onda alle 21 in punto».

La regina dello scoop... Per la prima volta dalla sera prima, Greta se ne sentì infastidita.

Quando suonò al citofono del palazzo, era praticamente certa che non avrebbe avuto risposta; forse Rinaldi non era neppure in città, andato a rintanarsi da qualche parte per sfuggire alle pressioni. Invece, con sua sorpresa, il microfono gracchiò una risposta.

«Sono Greta Alfieri, dottor Rinaldi, posso salire a scambiare qualche parola con lei? Potrà dire solo quello che si sente, non sarà obbligato a rispondere alle mie domande».

Claps non se lo era aspettato: sin dalle prime sedute Rinaldi si stava dimostrando abile e ben preparato. Sicuro nel seguire la traccia lasciata dal professor Reti.

Riondino continuava, sotto le sue mani sicure, il percorso verso la fusione con il suo gruppo, accumulando sempre più ricordi delle altre personalità.

A Giulia solo qualche accenno fugace, mentre erano il Furbo e il Conte, oltre naturalmente Jack, che sembravano interessare maggiormente Rinaldi.

Quando Jack aveva iniziato a manipolarlo e trarlo in inganno?

E come era possibile che "questo" Rinaldi così preparato glielo avesse permesso? Ovvio: non aveva mai utilizzato l'ipnosi, permettendo così a Riondino di recitare, mentire, raggirarlo, cosa di cui non sarebbe stato capace nella trance ipnotica.

La voce di Rinaldi sembrava, sul nastro registrato, ancora più profonda di quanto fosse in realtà: «Tutti abbiamo dei problemi, Jack, ma siamo qui a parlare dei tuoi, non dei miei».

«Pensavo ti facesse piacere aprirti un po' con me. Siamo amici ormai».

«Abbiamo un rapporto molto buono. Ma è fra medico e paziente. L'amicizia potrà venire dopo, Jack, quando finalmente lascerai questo posto».

«È ancora molto lontano quel giorno?»

«Stai facendo passi da gigante. Arriverà...».

«Io mi sto impegnando con tutte le mie forze. Lo farai anche tu, dottore?»

«È naturale, puoi contare sul mio impegno. Perché questa domanda, Jack?»

«Da un po' di tempo mi sembra di vederti assente, quasi distratto; come preoccupato da altri pensieri. Per questo ti ho chiesto prima se avevi qualche problema che ti angustiasse».

«Non è il caso di parlarne ancora. Ma puoi star tranquillo che il mio impegno professionale non ne risentirà».

«Mi fido di te. Però qualcosa che ti preoccupa c'è, non è vero?»

«Sono questioni personali, che non hanno alcun diritto di cittadinanza nei nostri colloqui. Te lo ripeto: siamo qui per risolvere i tuoi di problemi».

«Proprio non vuoi confidarti con me...».

«Adesso basta, Jack. Se oggi non te la senti possiamo anche sospendere la seduta».

«Volevo solo esserti di aiuto. E, credimi, nessuno meglio di me comprende quanto sia difficile aprirsi... Sai cosa penso dottore? Che mi piacerebbe imparare l'ipnosi e usarla su di te per aiutarti; proprio come tu fai con me».

Claps sobbalzò. Ipnosi?! Rinaldi praticava l'ipnosi su Riondino?!

È perché mai l'aveva negato con tanta sicurezza quando si erano incontrati? Che senso aveva avuto farlo?

Un dubbio iniziò a insinuarsi lentamente nella mente di Claps… Forse c'era qualcosa che lui e Sensi avevano avuto sotto gli occhi sin dall'inizio e non avevano considerato…

L'aveva fatta accomodare nella sala con un sorriso, nella stessa poltrona dove Claps aveva posto le sue domande solo pochi giorni prima.

Greta era un po' spiazzata, non si aspettava un Rinaldi così. Se lo era immaginato teso, nervoso, come Claps glielo aveva descritto: oppresso dalla situazione in cui si era venuto a trovare. Invece, l'uomo che aveva di fronte era sorprendermene tranquillo, rilassato; seduto composto di fronte a lei, la osservava con uno sguardo limpido e un sorriso appena accennato in attesa che fosse lei a parlare.

«La ringrazio per avermi ricevuto. Posso dirle che non credevo l'avrebbe fatto?»

«E perché mai? Non sarebbe stato educato».

Anche la voce era particolare, Greta la trovò quasi femminile…

«Per prima cosa vorrei chiederle un commento su quanto sta succedendo».

«A cosa si riferisce, signora?».

Greta era stupita: la stava prendendo per il culo? Era quello il nuovo modo di Rinaldi per scoraggiare la stampa?

Rispose comunque in modo gentile: «Scusi, non ha visto cosa stanno trasmettendo i notiziari da ieri sera?»

«Mi spiace, ma non guardo la TV da molto tempo». Sempre quell'espressione ineffabile, quel mezzo sorriso.

«Non legge nemmeno i giornali?». Questa volta non riuscì a non mettere un po' di acidità nel tono.

«No, non l'ho mai fatto».

Greta si sentì avvampare per la rabbia. Rinaldi non avrebbe potuto semplicemente rifiutarsi di incontrarla?

«Come le ho detto prima, lei non è obbligato a rispondere alle mie domande. Desidera rilasciare una dichiarazione? In caso contrario penso sia inutile proseguire». Gliela avrebbe fatta pagare a quello stronzo: l'avrebbe fatto a pezzi nello speciale.

Non rispose subito; per alcuni secondi lui sembrò scrutarla attentamente, quasi soppesarne il corpo, i lineamenti. Greta provò un istintivo disagio, si tirò la gonna più in basso che poteva sulle gambe accavallate.

«Lei è molto bella, davvero. È una tinta o è il colore naturale dei suoi capelli?».

Era troppo: Greta scattò in piedi: «Mi accompagna lei alla porta, o devo fare da sola?»

«Ha anche un buon profumo. Non si vuole fermare ancora un po'?»

«Ma per favore...!».

Greta, furente, fece per avviarsi verso l'uscita, ma successe qualcosa nel suo ospite che la bloccò.

«Aspetti solo un attimo...», quasi farfugliò. Poi il busto prese a ondeggiare, gli occhi, semichiusi, preda di un nistagmo rapidissimo.

«Dottor Rinaldi... non si sente bene?».

Durò solo pochi secondi, il tempo che Greta gli si avvicinasse pensando a un attacco epilettico. E un altro spazio infinitesimale in cui lui rimase immobile, prima di riaprire gli occhi.

Due fessure, due lame fredde.

E poi la voce roca, sibilante: «Non andrai da nessuna parte, puttana».

27

«Queste sono le immagini migliori. Le abbiamo ingrandite e lavorato sulla definizione e il contrasto; posso passarle a giornali e TV?».

Le stampate di tre fotogrammi erano sulla scrivania di Sensi. Riondino, all'interno della stazione della metropolitana, appariva di spalle in uno, e di tre quarti negli altri: si vedevano bene lo zaino e il berretto, meno il volto incorniciato dai grandi occhiali che indossava.

«Non ci sono immagini in cui è ripreso di fronte?».

Maiezza sembrava avere fretta di esaurire l'argomento; nelle mani stringeva altre due stampate che ancora non aveva mostrato a Sensi. «Nessuna sfruttabile, dottore; quelle che vede sono le migliori».

«E le altre che hai in mano?»

«Con tutto il casino che c'è stato ci è voluto più tempo, dottore, ma si ricorda la sua richiesta di ieri? Ecco…». Maiezza mostrò le altre due stampate. «Vengono dai filmati delle telecamere vicino al negozio di ottica, e risalgono a due mattine fa, prima che Riondino tornasse la sera a…», Maiezza non riuscì a finire la frase.

«A fare quello che ha fatto», concluse seccamente per lui il commissario. «A che ora?»

«Le 11:03, dottore; ovviamente non lo si vede entrare nel negozio, ma ricompare alle 11:19».

Sensi le osservò con maggior attenzione… Sempre lo

stesso berretto, ma niente occhiali, e niente zaino. «Questa volta ci ha messo 16 minuti per fare i soliti 80 metri...». Claps aveva dunque ragione: era già stato lì.

Ma a fare cosa?

«Maiezza, voglio gli scontrini che la ragazza ha battuto in quel lasso di tempo».

Maiezza sorrise sornione e soddisfatto: «Dottore, anch'io mi sono chiesto cosa avesse potuto comprare, ammesso poi che lo abbia fatto; così mi sono dato da fare: c'è un solo scontrino battuto tra le 11 e le 11:20, per la precisione alle 11:16».

«Potrebbe anche essere di un altro cliente che già si trovava nel negozio...». Sensi cercò di mitigare le proprie aspettative per una nuova traccia.

«Certo però che se è suo...».

«Cosa vuoi dire? Insomma, cosa riguarda questo scontrino?»

«È una battuta da otto euro, dottore. Quattro foto tessera».

«Cazzo, Maiezza!!». Sensi era balzato in piedi quasi senza rendersene conto. «Gli servivano per fare dei documenti falsi! Ascolta, ci serve assolutamente...».

Maiezza non lo lasciò finire: «Ho già mandato a far recuperare la scheda memoria della macchina fotografica e il PC del negozio: pochi minuti e li avremo qui».

Claps aveva fatto scorrere rapidamente tutte le registrazioni dei precedenti colloqui tra Rinaldi e Riondino. Lo aveva fatto una seconda volta per essere sicuro, ma non aveva trovato traccia di nessuna seduta svolta in ipnosi. Eppure Riondino era stato chiaro, Rinaldi l'aveva praticata su di lui: "Mi piacerebbe imparare l'ipnosi e usarla su di te per aiutarti; proprio come tu fai con me".

Ma perché Rinaldi l'aveva negato?

Forse perché ammettendo di ipnotizzare Riondino gli sarebbe stato poi impossibile, visto quello che avrebbe potuto testimoniare il professor Reti, sostenere la fusione con Giulia? E di conseguenza giustificare il giudizio di non pericolosità che aveva rilasciato?

Ma perché di quelle sedute in ipnosi non esisteva traccia nelle registrazioni precedenti?

Claps, dopo averlo cercato con un certo nervosismo, riuscì a trovare un calendario. Cerchiò in rosso le date delle sedute in suo possesso.

Iniziò a studiarle e quel dubbio che aveva iniziato a roderlo prese a farsi più consistente...

Una fitta alla base del collo fu la prima sensazione di una coscienza che torpidamente tornava ad affiorare. Poi un ronzio greve che invadeva la testa, il cervello. La sensazione di avere un respiro, di poterne controllare il ritmo. Di avere un corpo. Greta riacquistò lentamente la percezione di sé, ma la coscienza di quello che era successo era ancora lontana.

Arrivò tutto in un flash: la consapevolezza di essere nuda in un letto, imbavagliata, mani e piedi legati come fosse in croce... ma soprattutto, soprattutto la devastante memoria di quanto era successo.

Si agitò cercando di urlare, di liberarsi dai lacci che la legavano. Inutilmente. Mentre si dibatteva, in un orribile lampo comprese tutto: Rinaldi... Riondino. Era lui che l'aveva presa... Hannibal!

E alla fine, mentre una scarica di terrore la percorreva in ogni fibra, alla fine lo vide. Riondino era lì, nella penombra della camera, seduto ai piedi del letto a osservarla.

Greta cercò di nuovo di urlare, ma dal bavaglio non uscì che un mugolio sordo mentre si dibatteva disperatamente per quei pochi centimetri che i lacci le permettevano. Dopo qualche secondo di quella lotta senza speranza si arrese. Respirava con difficoltà solo dal naso e l'aria che inspirava non sembrava colmare il desiderio di ossigeno che aveva.

Ma che importava? Quel mostro era lì, e presto il suo coltello le avrebbe reciso la vita. I giochi erano ormai fatti. Non c'era scampo.

Greta si sorprese di non avere più paura, provava solo schifo per quello che sarebbe avvenuto prima.

Per tutto il tempo Riondino era rimasto immobile. Era composto, le mani intrecciate sul grembo e uno sguardo limpido, disteso, che mai gli avrebbe immaginato. Ricordò la voce, l'atteggiamento che aveva tenuto quando l'aveva ricevuta. Giulia?

Per molti secondi nella stanza gravò il silenzio, si sentivano solo le profonde inspirazioni di Greta.

Riondino allungò una mano iniziando ad accarezzarle un piede. «Hai un bello smalto sulle unghie». Di nuovo quella voce, che ora le apparve ancora più morbida, femminile; inquietante. «Come si chiama questo rosso?».

Giulia!

Doveva essere di nuovo Giulia!

«Ti tolgo il bavaglio, ma ti prego di non urlare: Hannibal ti sentirebbe prima di chiunque altro», disse con semplicità.

Greta annuì con forza. Giulia, cazzo, era Giulia! Forse non era ancora finita!

Riondino si avvicinò e con pochi, leggeri movimenti liberò Greta dal bavaglio.

Un respiro profondo: finalmente aria sufficiente a colmare i polmoni! Un altro ancora.

Calma, doveva stare calma: forse poteva ancora giocarsela. «È Rouge... di Dior», la voce le uscì affannata. «L'ho messo stamattina».

«Davvero molto bello. Di classe».

Greta pensava febbrilmente. Si guardò intorno alla disperata ricerca di qualcosa, di un'idea. Sul comodino, a pochi centimetri da lei, una statuetta in metallo, Nike, la dea alata. Se solo avesse potuto afferrarla...

«Dovrei averlo con me nella borsa; se mi liberi un attimo posso guardare se c'è e regalartelo. Mi farebbe piacere».

Riondino la guardò in silenzio con un sorriso continuando ad accarezzarle il piede.

Un errore? Ci aveva provato troppo presto?

«Sei molto cara, ma Jack non mi permetterebbe mai di metterlo». Sempre quello sguardo limpido, quasi trasognato. E quella voce. Com'era possibile che appartenesse a quel corpo? Che razza di mostro della natura era quell'uomo? «Sei davvero bella...». La mano risalì lungo il corpo di Greta. Un tocco leggero. «Hai un seno stupendo». Una carezza lieve.

Greta provò un moto di vergogna nel sentire il capezzolo inturgidirsi sotto le dita orribili di Riondino.

Giulia... Nella scheda del professor Reti c'era scritto che aveva ammesso di fare sogni erotici. Che genere di sogni? Con uomini... o con donne?

Cosa doveva fare, cosa era meglio fare?

«Sono belle le tue carezze...».

«Davvero?». Riondino le si avvicinò ancora di più, il volto a pochi centimetri. Le sue carezze si fecero più insinuanti. Il sorriso lasciò lentamente il posto a un'espressione lubrica. «Hai la pelle che è seta. Pura seta».

Greta sentiva il suo fiato caldo sul collo. Vincendo il disgusto, quasi con dolore, ma con determinazione, cercò di fingere piacere. Inarcò il corpo quando le mani di Riondino presero a scenderle lungo i fianchi.

«Mi piacerebbe poterti accarezzare anch'io», disse in un soffio.

Riondino si distese al suo fianco. Le poggiò la testa sui seni.

Greta ne sentiva le labbra a pochi centimetri dalla pelle. «Non ti piacerebbe?», si costrinse a sussurrare, «Ne ho così voglia...».

Riondino non rispose, continuò con le carezze. Le mani sfiorarono il ventre di Greta.

«Liberami le mani... lascia che senta la tua pelle».

Riondino ritrasse le mani. Sollevò la testa verso Greta. Un sorriso dolce sul volto.

Greta si sforzò di non guardare verso la statuetta. Era lì a pochi centimetri... la sentiva.

«Per favore...». Avrebbe fatto annegare Giulia nel piacere, ne sarebbe stata capace. Avrebbe atteso il momento giusto. Poi avrebbe colpito senza pietà.

«Non vuoi che ti accarezzi?». Greta lasciò le labbra appena dischiuse. «Non vuoi sentire la mia bocca sul tuo corpo?». Riondino non mutava espressione. Una mano riprese ad accarezzarla sul seno.

«Hai forse paura di Jack?»

«Si arrabbierebbe se ti slegassi le mani».

«Potrai legarmi di nuovo, dopo. Jack non lo saprà mai».

Era incertezza quel velo improvviso nello sguardo di Riondino?

«Davvero non vuoi le mie carezze?», chiese ancora Greta nel tono più insinuante di cui era capace. «Sarà bellissimo».

«Non lo so... non è mai successo con le altre».

Le altre?! A Greta sembrò di precipitare nel vuoto. La voce le uscì strozzata: «Quali altre, Giulia?»

«Conosci il mio nome?».

Paura. Adesso Greta si sentiva tremare di paura.

La speranza di avere una possibilità di salvarsi stava per disintegrarsi in un istante.

Una rabbia improvvisa: «Sì, cazzo, conosco il tuo nome! Quali altre, quali altre?!»

«È stato tanto tempo fa... Le accarezzavo prima che arrivasse Hannibal».

Greta sentiva la voce morirle in gola: «Sai cosa ha fatto Hannibal con loro, vero? Vuoi che lo faccia anche a me?».

Riondino parve non sentire la domanda. La sua mano risalì leggerissima lungo il collo, verso il volto di Greta. Le dita le sfiorarono le labbra. «Tanto tempo fa... Ma non erano belle come te».

«Lasciami andare, ti prego. Slegami. Dopo potrai venire ad accarezzarmi tutte le volte che vorrai».

«Non posso farlo, lo sai. Ci riporterebbero in quel brutto posto», rispose con una semplicità disarmante.

«Non dirò niente a nessuno, te lo giuro», supplicò Greta quasi singhiozzando, «Sarà il nostro segreto. Tutte le volte che vorrai, potrai venire da me tutte le volte che vorrai».

Riondino parve incerto, combattuto; il suo sguardo si soffermò a lungo su quello implorante di Greta. Poi, con un sorriso dolce, le sue mani si mossero verso i lacci.

Greta chiuse gli occhi. Pregò Dio, come non ricordava di fare da anni, o forse non aveva mai fatto. Per un tempo che le parve infinito attese di sentire le sue mani liberate dai lacci.

Invece, con terrore, si sentì all'improvviso soffocare.

Cercò inutilmente di ribellarsi mentre le mani forti di Riondino la imbavagliavano di nuovo.

«Non posso farlo, c'è un bambino che devo proteggere». Quella voce assurda; gentile e suadente. «Non posso rischiare che torni in quel posto», disse ancora prima di uscire dalla camera, «e poi... poi Jack ne troverà altre che mi permetterà di accarezzare».

«Sì, dottor Claps», l'impiegata della segreteria del manicomio giudiziario di Montelupo era gentile, ma sbrigativa, «le abbiamo fatto avere tutti i nastri in nostro possesso. Non ne esistono altri».

«Mi può dare, allora, l'elenco di tutte le sedute di terapia che Ri...ondino ha sostenuto con il dottor Rinaldi?»

«Elenco, cosa intende precisamente?».

Claps ebbe un moto di stizza: aveva fretta di capire. «Le date. Vorrei conoscere la data di ogni se...duta».

«Certo, dottore; le invierò un'email con l'elenco completo domani».

«No! Mi servono prima! Subito!». Claps aveva quasi urlato nel cellulare. «Mi scusi... ma è molto im...portante», aggiunse subito dopo raddolcendo il tono.

«Mi servirà un po' di tempo... dovrò spulciare i registri di due anni fa...».

«È molto importante», ribadì Claps.

«Va bene, farò il possibile. Le mando l'email appena avrò compilato l'elenco».

«Lasci perdere l'email: prenda solo un appunto e mi richiami; faremo p...rima».

Terminata la chiamata, Claps guardò di nuovo il calendario dove aveva cerchiato le date delle registrazioni: le sedute, fino a quella in cui Riondino parlava dell'ipnosi, sembravano avvenire regolarmente ogni giovedì, ma i nastri in suo possesso ne saltavano cinque di quei giovedì...

Certo, si poteva spiegare. Sedute annullate... per una qualche ragione.

E in seguito, nei quattro mesi che precedevano il trasferimento di Riondino nell'istituto di recupero, c'era addirittura un mese intero durante il quale mancavano registrazioni.

Rinaldi era andato in ferie? Si era ammalato?

Claps trasse un profondo respiro: c'era anche un altro modo per spiegare tutto, ma occorreva averne la prova. E per il momento, poteva solo aspettare...

Provò a chiamare Greta che l'aveva cercato più volte durante la mattina, ma il suo telefono risultò spento.

Riondino chiuse gli occhi. Respirò profondamente. La sua mente divenne uno schermo bianco.

"Jack...?"

"Ti è piaciuto, Giulia? L'hai accarezzata bene?"

"È molto bella...".

"Più delle altre?"

"Ha la pelle di seta. E un profumo che... che ti entra dentro. L'ho sentito subito, appena è entrata".

"Per questo mi hai chiamato?"

"Voleva andarsene... e volevo tanto sfiorare la sua pelle... Avrebbe portato via quel profumo...".

"L'ho sentito anch'io mentre la spogliavo, e ho dovuto tenere a freno Hannibal: lui non sa godersi l'attesa del piacere, vuole tutto subito".

"Non voglio parlare di lui, lo sai".

"Preferisci far finta di niente come al solito, vero? Eppure sai cosa succederà quando adesso andrò da lei con Hannibal...".

"Non mi riguarda, a me interessa solo poter stare col Piccolo".

"Cazzo!! Non lo devi neanche pronunciare quel nome!".

"Scusa Jack... Tu continui a ignorarlo: fallo se vuoi, ma allora lascia che io ignori quello che fai con Hannibal".

"Non lo devi nominare, mai!".

"Jack... sei ancora arrabbiato per l'altra sera?"

"Hai messo in pericolo tutti, cazzo, ci hanno quasi preso!".

"Mi dispiace... Avevo bisogno di uscire all'aperto... e ti sentivo lontano".

"I patti erano che non avresti cercato di venire fuori".

"Avevi parlato di solo un paio di giorni...".

"Poi ci hai provato di nuovo, non credere che non me ne sia accorto, e stamani ci sei riuscita".

"Però sei stato contento quando hai visto lei...".

"Sei stata brava a chiamarmi, e hai avuto il tuo premio. Adesso, però, devi darmi due giorni. Devo essere sicuro. Questa volta per davvero solo due giorni".

“Ti piace, Jack?”

“È stato bello spogliarla. E sarà ancora meglio dopo…”.

“È così bella…”.

“L’ho vista in televisione ieri sera, è una giornalista… parlava di noi. Adesso ci conoscerà. Avrà uno scoop…”.

“Due giorni?”

“Dopo avremo la nuova vita”.

“Ne cercheremo altre che potrò accarezzare?”

“E le troveremo. Contaci”.

28

Da molto Riondino era seduto nella sala. Le tapparelle abbassate, le luci spente. Solo la televisione illuminava l'ambiente. Una trasmissione di intrattenimento, musiche dal mondo, ma lui non sentiva nulla, e non vedeva: con gli occhi chiusi attraversava con le dita il filo del coltello dal manico alla punta acuminata, così perfetta e così crudele. E sentiva Hannibal fremere… presto, ancora poco, e lo avrebbe liberato.

"Cazzo, Jack dobbiamo filare! Non c'è tempo per queste cose adesso!".

"Un'ora e ce ne andremo, Furbo".

"Dovevamo essere già lontani adesso, e un'ora ancora potrebbe essere determinante! Cazzo, proprio non ce la fai a capirlo?!?"

"Lasciami perdere, Furbo, e mettiti tranquillo. Lo devo fare… sai anche tu che devo farlo".

In quel momento qualcosa cambiò improvvisamente sullo schermo. La trasmissione venne interrotta dalla breve sigla dell'edizione straordinaria del TG.

Montanari, con un'espressione tesa e serissima, comparve in video.

Interrompiamo i programmi per una notizia dell'ultim'ora. La polizia ha appena diffuso una fotografia di Giacomo Riondino.

Lo schermo fu invaso dalla stessa foto che Riondino aveva sui documenti. La voce di Montanari si fece, se possibile, ancora più drammatica.

Chiunque lo vedesse o l'avesse visto, contatti immediatamente le forze dell'ordine. Contribuisca a far catturare questo pericoloso assassino e a sollevare la comunità da uno dei più brutti incubi degli ultimi anni.

Vi mostriamo inoltre dei fotogrammi catturati ieri sera dal circuito di sorveglianza della metropolitana. La persona che vedete, e il cui volto si può solo intuire, è sempre Giacomo Riondino. Se qualche viaggiatore se ne rammentasse e avesse visto dove si dirigeva si faccia vivo al più presto.

Diamo nuovamente ora la linea ai nostri programmi regolari, ma lasceremo sui vostri schermi un riquadro con la fotografia di Riondino. Ripeto: chiunque

Con un colpo rabbioso sul telecomando Riondino spense la TV.

«Cazzo!!», gridò a voce alta.

"Sei contento adesso? Ora che siamo nella merda, Jack?".

Il pomeriggio era ormai inoltrato e Claps era sempre più nervoso e agitato.

Perché non si decidevano a chiamarlo da Montelupo?

Cosa ci voleva a controllare due registri?

Cercò di calmarsi chiamando prima Greta, che però aveva ancora il telefono staccato, e poi Sensi.

«Finora nessuna segnalazione, Claps. Nessuna che sia

attendibile, intendo, perché di telefonate ne sono arrivate già almeno una decina, ma alla fine nessuno lo ha davvero visto. Quanto al suo complice, l'appoggio come lo chiami tu, continua a starsene al coperto, il figlio di puttana».

«Hai avuto grane per la trasmis…sione di ieri?»

«Ho rimbalzato un paio di volte il questore al telefono: non credo mi volesse fare i complimenti per la "fuga" di notizie. Per me può andarsene al diavolo: c'è solo una cosa che conta. Quello che mi rode è dover star qui ad aspettare una soffiata o un colpo di fortuna per saltare addosso a quel bastardo di Riondino».

«Le sue foto sono pubbli…che da poco. Qualcuno lo individuerà presto», cercò di incoraggiarlo Claps. «E poi cos'altro puoi fare adesso?»

«Per esempio spremere bene e senza tanti riguardi i suoi contatti Facebook: ti assicuro che se davvero il suo appoggio fosse uno di loro, lo farò talmente cagare addosso che canterà come un cardellino in amore. Comincio tra poco con Reggi e poi, se non cavo un ragno dal buco, andrò avanti con Greco».

«Hai bisogno di me?»

«Forse… ti chiamo nel caso».

"È l'unica cosa che possiamo fare".

"D'accordo, Furbo, proviamoci".

"Sicuro di voler aspettare la sera, Jack?"

"È necessario: saremmo troppo visibili alla luce del giorno".

"Dovremo attendere ancora, però. Corriamo il rischio che arrivino fino a qui: hai visto anche tu l'annuncio in TV".

“Un rischio che dobbiamo correre, Furbo; non c’è altra via. E in ogni caso non ci vorrà ancora molto prima che faccia buio”.

“E la tua troia televisiva? È indispensabile portarla con noi, lo sai”.

“Non ci creerà problemi: per ora legata e imbavagliata non può far niente, e quando verrà il momento sarà pronta”.

“D’accordo, allora. Appena sarà buio andremo”.

“Furbo... Quante possibilità pensi che abbiamo?”

“Poche, Jack, molto poche. La città pullula di sbirri infoiati come cagne in calore, la foto che abbiamo sui documenti sta girando su tutte le TV e i giornali, manca solo che appendano i manifesti nelle vie”.

“Almeno saremo dentro l’auto di Rinaldi e non all’aperto in strada...”

“Sarà quasi un miracolo se riusciremo a uscire dalla città senza che nessuno ci sgami. Ma non abbiamo alternative: prima o poi riusciranno ad arrivare fino a qui”.

“Ma se ce la faremo...”.

“Avremo allora qualche chance, ma non molte in ogni caso. Non ci dobbiamo fare molte illusioni”.

“Furbo... io non voglio farmi prendere vivo. Hai qualcosa in contrario se...”.

“No Jack, neanch’io voglio finire seppellito in una cella: preferisco sotto un metro di terra e vaffanculo a tutto!”.

29

Claps non lasciò fare al cellulare più di mezzo squillo.

«C'è voluto più tempo di quanto credessi, dottore, ma i registri erano in archivio e...».

«Le date», tagliò corto Claps, «ha quelle date?».

Mentre l'impiegata gliele dettava da Montelupo, Claps le segnava sul calendario con una croce blu. Alla fine c'erano nove croci blu non accompagnate dal cerchio rosso che indicava la registrazione della seduta.

«Le rubo ancora solo pochi minuti. Mi dica, le registrazioni audio che vengono effettuate durante la terapia, sono a discrezione del medico? Cioè può decidere lui se effettuarle o meno?»

«No, sono una disposizione della direzione: ogni seduta deve essere registrata e conservata per permettere un'eventuale valutazione collegiale o peritale in caso di richiesta del tribunale».

«E questo non è avvenuto con Riondino quando è stata dichiarata la sua non pericolosità?»

«In pratica non avviene mai: il giudice accetta sempre per buono quello che dichiara lo psichiatra curante».

«Mi spieghi un'ultima cosa: i nastri con le registrazioni dove vengono conservati?»

«In archivio, naturalmente»

«Sotto chiave?»

«La chiave della porta dell'archivio… ma solo chi è autorizzato può accedervi».

«Il personale medico, gli psichiatri fanno parte del personale autorizzato?»

«È ovvio».

«Quindi anche il dottor Rinaldi?»

«Certo».

«La ringrazio, mi è stata di grande aiuto».

Claps imprecò a voce alta gettando il cellulare sulla scrivania. Quanto erano stati ciechi lui e Sensi! Stupidi e sciocchi a non sospettare! A non prendere in considerazione il fatto che anche Rinaldi, e non solo gli amici su Facebook, era un "contatto" con l'esterno.

E quello che possedeva la merce più preziosa per Rinodino: la firma per il trasferimento in un istituto di recupero.

Altro che manipolato! Nei nastri mancanti dovevano esserci le sedute svolte sotto ipnosi prima, e l'accordo tra i due poi: il patto scellerato, il piano per il rifugio milanese. Per questo Rinaldi li aveva fatti sparire. Ora occorrevano le prove materiali, ma per Sensi, adesso, non sarebbe stato difficile trovarle.

Claps afferrò il cellulare e fece per chiamare il commissario, ma rinunciò subito: troppo complicato da spiegare al telefono, e in fondo l'ufficio di Sensi era solo a pochi minuti d'auto. Prese le chiavi della macchina e indossò l'impermeabile. Un minuto dopo era in strada con la sera che iniziava a scendere.

Maiezza bussò alla porta dell'ufficio di Sensi ed entrò senza attendere il permesso. Il commissario stava mettendo sotto torchio, come piaceva dire a lui, Alberto Reggi e, a giudicare dal colorito paonazzo del viso dell'interrogato, lo stava facendo con decisione e piuttosto rudemente.

«Dimmi», disse rivolgendo appena un'occhiata al suo ispettore.

«L'agente immobiliare che abbiamo sentito stamani...».

«Avanti, dimmi...!».

«È nel mio ufficio: si è ripresentato in compagnia del suo avvocato; vuole rilasciare una dichiarazione».

Greta vide la porta aprirsi e Riondino comparire. Aveva un coltello in mano.

Si era rassegnata a morire, o meglio si era preparata. No, niente bilanci della sua vita, niente esami di coscienza. Niente preghiere. Semmai aveva colto la beffarda ironia della sua morte, che fin quando si era sentita una preda le era stata lontana. Per coglierla adesso, quando preda non si sentiva più. Forse dirsi serena era un'esagerazione, ma certo la paura, il terrore che aveva provato fino a poco prima erano lontani, come in una puerile convinzione che se non avesse tremato, se avesse affrontato con coraggio la prova, non avrebbe sofferto.

Ma tutto crollò quando vide quel coltello.

E Riondino avvicinarsi lentamente.

Iniziò a dibattersi disperata, cercò di urlare. Riondino le fu sopra in un attimo. La bloccò col suo peso.

La lama luccicò nella penombra.

Tutto si fermò per un istante. Greta chiuse gli occhi.

Poi, con movimento rapido, Riondino tagliò i legacci che la immobilizzavano nel letto.

«Rivestiti, troia. Una sola mossa falsa e ti scanno. Rivestiti».

Greta non capiva, era frastornata, seduta sul bordo del letto con le braccia indolenzite e la circolazione che sentiva riattivarsi nelle mani.

«Muoviti! Dobbiamo fare un viaggio e tu servirai come lasciapassare nel caso le cose non vadano per il verso giusto. Muoviti, ho detto!».

Greta inizio lentamente a rivestirsi. Non riusciva a pensare. Cercò di dominare i singhiozzi. Le mani tremavano rifiutandosi di agganciare il reggiseno.

«Non metterlo, cazzo, sbrigati! E ascoltami bene. Adesso scenderemo nel garage: fa' un movimento falso e sei morta. Cerca di gridare aiuto, e sei morta. Cerca di scappare, e sei morta. Prega poi che non incontriamo nessuno scendendo, perché allora sarete morti tutti e due. Sono stato chiaro?».

Greta annuì; i singhiozzi trattenuti la scuotevano mentre finiva di rivestirsi.

«In auto ti legherò di nuovo: te ne starai sdraiata sul sedile posteriore e fingerai di dormire. Cerca di liberarti e sei morta. Cerca di attirare l'attenzione di qualcuno, e sei morta». Riondino si passò il coltello sulla gola in gesto osceno e crudele. «Comportati bene e quando saremo a destinazione, forse deciderò di lasciarti vivere... Non mi dispiacerebbe vederti in televisione a raccontare questa storia».

Gli occhi di Riondino sbatterono rapidamente per un breve istante.

"Il cuscino, Jack, falle prendere il cuscino!".

Greta era in piedi di fronte a lui, vestita.

«Andiamo, adesso. Prendi un cuscino con te».

Per un attimo i suoi occhi incrociarono lo sguardo di Riondino, e in quella frazione di secondo vi lessero la cruda verità. Afferrò il cuscino… Le sembrò così morbido. E freddo.

«Servirà per la messa in scena», aggiunse lui con voce piatta, «a far credere che stai dormendo». Un attimo dopo, la spinse verso la porta.

Claps era in coda, imbottigliato nel traffico della sera. Gettò uno sguardo prima all'orologio e poi al cellulare. Fu tentato di chiamare Sensi anche se ormai era vicino. Chiamò invece Greta, trovando per l'ennesima volta il suo telefono spento. La coda si muoveva lentamente. Cercò il numero sulla rubrica e chiamò la redazione: gli passarono subito un nervosissimo Montanari. «Non ho idea di dove sia, ha il cellulare spento e doveva essere qui già da un pezzo. Ci sta mettendo in difficoltà: abbiamo una trasmissione da pianificare per stasera!».

«È tutto oggi che non ris…ponde. Non è da lei…». Claps iniziava a preoccuparsi anche se tutti i suoi pensieri erano ora rivolti a Rinaldi.

«L'ultima volta l'ho sentita qualche ora fa: stava andando a fare un'intervista, sempre per lo speciale di stasera. Poi più niente. Ho provato anche a chiamare la persona che voleva intervistare, ma pure lui ha il telefono staccato».

«Di chi si tratta?», chiese Claps.

«Di quel deficiente che ha dato a Riondino la patente di non pericolosità: il dottor Rinaldi. Pronto…? Pronto…?!».

Claps aveva gettato il cellulare e, a clacson spiegato, si

era gettato sulla corsia opposta con l'acceleratore a tavoletta.

La ragazza scivolò nuda fuori dal letto. «È tardissimo!».

«Dai... ancora qualche minuto...».

«Sei fuori? Dovevo già essere rientrata a casa da un pezzo: mia madre mi romperà di sicuro le palle!».

«No... sarà più abituata di me ai tuoi ritardi», disse pigramente fra le lenzuola il suo fidanzato.

«Guarda che non mi fai ridere... E poi, tanto, ci rivediamo dopo cena», rispose mentre si rivestiva rapidamente.

Il ragazzo, sporgendosi verso il comodino, prese il telecomando e accese la televisione. «Mi farai aspettare sotto casa tua come un deficiente anche stasera?».

La ragazza fece per replicare, ma si fermò stupita nel vedere il fidanzato, balzato a sedere sul letto, che fissava stranito la TV. Sullo schermo le foto di Riondino ricavate dai filmati nella metropolitana. «Che c'è, che ti prende adesso?»

«Oh cazzo... cazzo cazzo!».

C'era un solo motivo perché l'agente immobiliare poteva essere tornato a fare una dichiarazione, e per di più accompagnato dal suo avvocato. Sensi lo sapeva bene e mordeva il freno.

Fu l'avvocato a parlare, mentre l'immobiliarista teneva gli occhi bassi.

«Dottor Sensi, il mio cliente è persona onesta, lavoratrice, e dotata di senso civico».

«Immagino non sia tutta qui la dichiarazione che intende fare», disse secco il commissario.

«Certo che no, ma ritengo fosse importante precisarlo: talvolta anche i cittadini migliori possono commettere piccoli errori, leggerezze, ma non appena se ne rendono conto…».

«Mi sta facendo perdere tempo prezioso, avvocato», lo interruppe Sensi, «venga al sodo, per cortesia».

«Riguardo alle dichiarazioni rilasciate questa mattina… il mio cliente non aveva compreso l'importanza delle sue domande, il caso a cui erano collegate…».

«Desidera modificarle?», tagliò corto Sensi.

«Direi integrarle, dottore».

«Ed è necessario farsi accompagnare da un avvocato per questo?»

«È una cosa delicata… Spero voglia valutare favorevolmente il fatto che, dopo un momento di comprensibile shock, sia venuto a collaborare con la giustizia».

Sensi non aveva più voglia di perdere tempo in schermaglie: «Insomma dica cosa ha da dire senza tanti giri di parole!».

Fu l'agente immobiliare a rispondere con voce flebile e sollevando appena il capo: «Ho affittato io quell'appartamento per queste due ultime settimane. Data la durata tanto breve, la locazione non è stata registrata, per questo non compare sui registri».

L'avvocato cercò subito di giustificare il suo cliente: «Solo per comodità, non certo per evadere il…».

«Stia zitto, lei!!», ruggì Sensi. «A chi, a chi lo ha affittato, perdio?!».

«Ha detto di chiamarsi Giuseppe Bianchi…».

«Certo, cazzo, più originale di Mario Rossi!», Sensi

stava già cercando febbrilmente un incartamento sulla scrivania ingombra.

«Voleva una cosa veloce, senza tante pratiche e tanta burocrazia… ha pagato in contanti una somma consistente…».

«Ecco, qui ci sono le foto di otto persone», disse quasi gettando addosso il faldone all'agente immobiliare: la prima immagine era quella di Antonio Greco. «Le osservi attentamente e mi dica se riconosce questo Giuseppe Bianchi».

Fu in quel momento che Claps quasi irruppe nell'ufficio con un'espressione tiratissima in volto.

Sensi gli fece cenno di fermarsi: «Dammi un secondo solo, forse siamo a una svolta!». Poi, rivolto di nuovo al testimone: «Allora! Riconosce la persona a cui ha affittato l'appartamento?»

«No, non è fra questi, ne sono certo».

Mentre Sensi masticava la delusione, Claps si diresse rapidamente alla scrivania e lanciò Google sul PC. Digitò un nome, e poi cliccò su "immagini". Ne comparvero immediatamente una ventina.

Ruotò lo schermo verso l'agente immobiliare: «È lui?»

«Sì, è proprio lui», rispose annuendo con convinzione di fronte alle fotografie del dottor Rinaldi.

30

Non avevano incrociato nessuno scendendo nel garage. Greta non aveva tentato alcuna mossa, ma non perché sperasse di poter sopravvivere.

Stringeva il cuscino tra le mani.

Almeno, che tutto avvenisse in fretta.

Si lasciò legare di nuovo e adagiare sul divano posteriore della Mercedes di Rinaldi senza opporre alcuna resistenza.

Riondino non l'aveva imbavagliata, né aveva legati i piedi.

Naturalmente…

I loro sguardi si incrociarono ancora una volta. Lui era in piedi, immobile.

Niente più paura. Niente più terrore.

Più niente di nulla.

Greta indicò con un cenno del capo il cuscino che ora teneva in mano Riondino. «Fa' quello che devi fare, pezzo di merda».

Quello che era successo nell'ultima mezz'ora aveva sprofondato Claps nell'angoscia più cupa.

Tutto era avvenuto in un attimo.

Sensi non si era ancora ripreso dalla sorpresa, che Maiezza era entrato trafelato nell'ufficio: «L'hanno riconosciuto! Un ragazzo, un ragazzo l'ha visto entrare ieri sera in un portone!».

«Ma è sicuro?!»

«Ne è certo! Ha riconosciuto anche lo zainetto e il berretto; e pure gli occhiali!».

«Dove?! Dove cazzo l'ha visto entrare?!».

Sensi si era messo a urlare ordini quando Maiezza aveva quasi sillabato l'indirizzo: il medesimo della casa di Rinaldi.

Era allora che Claps aveva sentito la terra mancargli sotto i piedi. Di quello che era successo dopo ricordava solo una serie di immagini veloci e frantumate come in un caleidoscopio: ancora ordini urlati da Sensi, la corsa alle auto, la guida spericolata di Maiezza, il briefing con un reparto speciale.

Ma ora tutto sembrava essersi fermato, cristallizzato come in un fermo immagine.

Il palazzo era completamente circondato. La squadra speciale era già dentro. Nessun segno di vita dall'appartamento di Rinaldi.

La pioggia iniziò a scendere.

Nessuno parlava: tutti guardavano immobili verso l'ingresso del palazzo.

Sensi strinse le labbra prima di impartire l'ordine: «Irruzione!». Ormai ogni prudenza era inutile: se Greta era ancora in vita quello era l'unico modo per salvarla.

I colpi assordanti delle granate stordenti rimbombarono fino in strada e persino attraverso le tapparelle abbassate filtrò la luce accecante delle bombe flash.

Sensi si precipitò all'interno del palazzo, mentre Maiezza tratteneva Claps che avrebbe voluto seguirlo.

Per molti minuti solo silenzio.

L'angoscia divorava Claps.

Gli si fermò il respiro quando vide Sensi uscire dal palazzo e venirgli incontro.

Con i polmoni bloccati, cercò inutilmente di intuire qualcosa dalla sua espressione.

«La casa è vuota, Claps», disse il commissario scuotendo il capo. «Abbiamo trovato il cellulare di Greta e la sua borsa. Ma grazie a Dio non c'è sangue. Non una sola goccia in tutta la casa».

Claps riprese a respirare. «L'hanno portata con loro. Per avere un ostag...gio».

«La ritroveremo, Claps».

Viva?

Claps doveva sforzarsi per riuscire a parlare: era come se fosse regredito di mesi nella sua patologia. «L'au...to di Rinal...di?»

«Già pensato: stiamo ricercando nel database del PRA marca, modello, e targa: pochi minuti e dirameremo tutto».

«Se la individuas...sero... Greta è con loro...».

«Nessuna azione avventata, te lo prometto».

«Lei si deve sal...vare».

Dalla Mercedes argento si potevano già distinguere le prime luci di Como.

La pioggia aveva preso a scendere copiosa.

"Ce l'abbiamo quasi fatta, cazzo! Abbiamo fatto bene a non prendere l'autostrada".

"È stato quasi un miracolo essere riusciti a uscire da Milano, ma siamo ancora lontani dall'avercela fatta, Jack".

"Siamo a un passo, però".

"Quello più rischioso, Jack".

"Pochi chilometri ancora e ce la giocheremo. O la libertà e un'altra vita..."

"... o la morte".

31

La sala operativa della centrale era in fibrillazione: tutte le forze di polizia, carabinieri compresi, vi facevano riferimento. Il commissario Sensi coordinava i pattugliamenti sistematici della città e delle principali strade extraurbane nel raggio di cinquanta chilometri da Milano. Le autostrade erano tenute sotto controllo a ogni casello e tutto il centro nord era allertato nella ricerca della Mercedes di Rinaldi.

La tensione era altissima, l'aria nella sala sembrava più spessa, quasi palpabile

«Dottore! Dottore! Da Como!».

Sensi sollevò con un gesto rapidissimo il ricevitore e mise il viva voce perché potesse sentire anche Claps: «Avanti».

«Vice brigadiere dei carabinieri Rossetti, dottore. Sono in transito veloce in sirena sulla via Regina».

«Quella che costeggia il lago di Como...», precisò quasi sottovoce Maiezza.

«Ci è appena stata segnalata l'auto da individuare. Sembrerebbero corrispondere targa e modello»

«Siamo certi di questo? Siamo certi?»

«Si è fermata a rifornirsi di carburante a un distributore nelle vicinanze di Villa Olmo. Chi era al volante è sceso per pagare e il gestore è assolutamente certo che fosse Riondino. Ha preso nota della targa e ci ha avvertito immediatamente. Ha visto la Mercedes avviarsi lungo la strada Regina».

«Quanto tempo fa, cazzo, quanto?!». Sensi stava già guardando la cartina stradale e pensando a come organizzare l'accerchiamento.

«Ha un vantaggio di non più di dieci minuti, ma noi stiamo avanzando molto velocemente. C'è un'altra cosa dottore... sui sedili posteriori c'era una donna. Una donna che dormiva».

«E nessun altro? Non ha visto un altro uomo nell'auto?»

«No, dottore. Solo quello che ha riconosciuto come Riondino dalle fotografie che sono state diffuse».

«Ascolta brigadiere, darò l'ordine di far convergere verso di voi altre pattuglie dal lato opposto della via Regina, ma per il momento dovete, ripeto dovete solo individuare l'auto e seguirla tenendo una distanza che non provochi contatti o reazioni. Per il momento non cercate di fermarla per nessun motivo: c'è un ostaggio a bordo».

«Tutto chiaro, dottore. Agli ordini. Però sono un vice...».

«Aggancia quella macchina e ti prometto che domani sarai brigadiere».

Sensi strappò l'impermeabile dall'attaccapanni: «Muoviamoci Maiezza andiamo!».

«Da qui potrà seguire meglio, dottore...».

«Col cazzo! Io vado sul posto! Abbiamo la radio in macchina, no? E le cartine!».

«Ven...go anch'io».

«Faresti meglio a restare, Claps».

«Cosa hai ap...pena detto? Col... cazzo. Vengo con te, Sensi».

«E allora muoviamoci».

Nonostante il temporale che si stava abbattendo sul lago, la Mercedes viaggiava spedita tra le curve e contro curve della strada. Il lago, poco sotto, ribolliva nero sotto la pioggia violenta.

Riondino lanciava continue, nervose occhiate allo specchietto retrovisore.

Fu un attimo prima di affrontare una nuova curva, alla fine di un breve rettilineo, che gli inconfondibili lampeggianti blu di una gazzella vennero riflessi per un istante nello specchietto.

"Sono arrivati, Jack. Pesta più che puoi".

La Mercedes accelerò immediatamente.

La velocità adesso era rischiosa su quel fondo stradale inondato dalla pioggia; a ogni curva l'auto sembrava sul punto di perdere il controllo.

Riondino al volante era freddissimo. Sul parabrezza i tergicristalli sembravano impazziti.

Nei brevi rettilinei i lampeggianti della gazzella comparivano nei retrovisori sempre più vicini.

"Si stanno avvicinando, cazzo!".

Ancora una curva, e un'altra ancora.

Anche Maiezza guidava veloce. Grazie alla sirena si erano districati rapidamente nel traffico della città e ora l'ingresso dell'autostrada era vicino. Mezz'ora, quaranta minuti al massimo per arrivare sul posto. Sensi era seduto al suo fianco; Claps se ne stava sul sedile posteriore con gli occhi chiusi e la mandibola serrata: gli sembrava di avere in testa un ronzio continuo le cui vibrazioni si diffondevano lungo tutto il corpo.

Dalla radio gracchiò la voce eccitata del vice brigadiere Rossetti: «L'abbiamo, l'abbiamo!! Ci ha visto sicuramente: ha accelerato, ma gli stiamo dietro e guadagniamo terreno!».

Sensi stringeva il microfono della radio con tanta forza che sembrava volesse frantumarlo: «Tieni solo il contatto visivo. Non devi, ripeto non devi, avvicinarti troppo».

«Troppe curve dottore, e non ha idea dell'acqua che sta venendo giù. Mi devo avvicinare ancora per tenere un contatto visivo più continuo!».

«Lo devi solo tenere sotto pressione. Pochi minuti e troverà un posto di blocco: tu metterai l'auto di traverso per bloccare la strada nel caso tentasse un'inversione».

Sensi passò subito su un'altra frequenza: «Sta arrivando: siete pronti?»

«La strada è sbarrata, dottore. Non c'è possibilità di forzare il blocco».

«Vie di fuga a piedi?»

«Nessuna. Da una parte il lago e dall'altra la collina, ma c'è un contrafforte in cemento e poi sale quasi verticale».

«Ha un ostaggio: quando si renderà conto di essere in trappola potrebbe cercare di servirsene per passare».

«Conferma gli ordini, dottore?»

«Sì, in quel caso dovrete lasciarlo andare e limitarvi a seguirlo senza pressarlo. Al resto pensiamo noi».

Di nuovo un cambio di frequenza, mentre l'auto guidata da Maiezza volava sull'autostrada.

«Sala operativa dammi la situazione».

«Dal luogo del posto di blocco abbiamo chiuso delle strade e creato un percorso obbligato: porterà l'auto in un cul de sac».

«La squadra speciale?»
«È appena arrivata sul posto: i tiratori saranno in posizione tra due minuti».
Sensi lasciò il microfono della radio e si rivolse a Maiezza: «Accelera, accelera ancora, cazzo!».

Una curva dopo l'altra. Riondino era avvinghiato al volante. La pioggia si stava finalmente placando e aveva smesso di battere con furia l'asfalto.
"Li vedo sempre più vicini a ogni rettilineo. Ancora poco e ci saranno attaccati al culo!".
Una corta galleria, ancora una curva. Un breve rettilineo. Un incrocio con una strada che saliva ripida verso la collina.
"Lì! Svolta lì Jack!".
La Mercedes, sbandando e quasi partendo in testa coda, la imboccò con un guizzo.
"Le luci, spegni le luci!".
Tutto divenne improvvisamente buio, la strada scomparve inghiottita dall'oscurità; la Mercedes rallentò fin quasi a fermarsi.
Cinque secondi... sette... La gazzella passò a gran velocità superando l'incrocio per proseguire nel suo inseguimento lungo la via Regina.
"Figli di puttana...".
La Mercedes riaccese le luci e accelerò lungo la strada che si inerpicava.
Un tornante, un secondo. Sempre al limite della sbandata.
"Non ci hanno visto, Jack. Li abbiamo seminati".
"Solo per qualche minuto, Furbo. Capiranno presto e torneranno indietro".

L'asfalto era sconnesso, la Mercedes prese una buca piena d'acqua: un colpo duro, che si ripercosse sul volante; Riondino istintivamente rallentò fin quasi a fermarsi.

"E non saranno soli: ci piomberanno addosso volanti da tutte le parti. Staranno già pregustando la cattura".

"Non gli daremo questa soddisfazione, vero Jack?"

"Ci resta solo l'ultima cosa da fare".

"Facciamola..."

"Sei pronto, Furbo?"

"Sì..."

"Fa' un bel respiro".

La Mercedes accelerò sull'asfalto bagnato. La curva, disegnata su una scarpata di venti metri, si avvicinò velocemente.

«Lo abbiamo perso! Stiamo tornando indietro: c'era una strada che saliva verso la collina, deve aver preso quella!».

Il cartello segnaletico indicava tre chilometri all'uscita di Como. Sensi soffocò un'imprecazione che invece Maiezza non trattenne. Claps strinse i pugni quasi a stritolarsi le dita, ma non aprì gli occhi.

«Dove porta quella cazzo di strada?!?»

«Va sulla collina, dottore. Qualche casa, un ristorante, un belvedere, e poi scende fino a una dogana con la Svizzera. Non ci sono diramazioni».

«Quanto è distante la frontiera?»

«La strada è brutta e stretta, sale e scende, ma sono pochi chilometri in tutto».

«Faccio partire immediatamente due auto dalla dogana per intercettarlo e bloccare la strada: dobbiamo ricacciarlo indietro e portarlo dove vogliamo noi! Lo farai passare quando troverà il blocco e invertirà la marcia, chiaro?!».

Sensi impartì subito gli ordini necessari.

«Se si rifugiasse in una di quelle case?», chiese Maiezza mentre rallentava per imboccare l'uscita di Como. «Se prendesse in ostaggio altre persone oltre a Greta?»

«Sarà comunque in trappola: solo il tempo di far arrivare lì la squadra speciale. Basterà un tiratore efficiente e un buon angolo di mira. Non voglio un altro processo che gli salvi ancora una volta il culo».

«E se si arrendesse?».

Lo sguardo di Sensi si fece cupo come un abisso: «Niente prigionieri, Maiezza. La strada di quel figlio di puttana finisce qui. Stanotte. Niente prigionieri».

Le luci di Como apparvero all'uscita di una galleria. Il lago era nero come la notte.

La radio gracchiò nuovamente: alle prime parole, a Claps si fermò il cuore.

«Auto a fuoco! Precipitata in una scarpata! È in fiamme!».

Claps spalancò gli occhi. Greta!

«È la Mercedes! Le fiamme sono altissime!».

Arrivarono sul posto dopo venti, interminabili minuti. Nessuno aveva più detto una parola.

C'erano già auto di polizia e carabinieri, altre ne stavano arrivando. Un'ambulanza aveva appena preso a impegnare i tornanti.

La Mercedes era ridotta a uno scheletro fumante, adagiata su un lato contro una roccia alla fine della scarpata. Il calore era ancora molto intenso.

Le fiamme avevano continuato ad ardere per molto tempo: il piccolo estintore in dotazione alla gazzella del vice brigadiere Rossetti aveva potuto poco.

All'interno, un corpo carbonizzato al posto di guida, reclinato in avanti e con la plastica del volante fusa con la testa.

Incastrato tra l'intelaiatura metallica di ciò che restava dei sedili anteriori e posteriori, c'era un altro corpo. Raggomitolato, come se il calore lo avesse fatto restringere e ritirarsi su se stesso. Quasi non se ne riuscivano a riconoscere i tratti umani, ma una mano era ben distinguibile. Al polso un braccialetto.

Claps lo riconobbe subito.

"È colpa mia" era l'unica cosa che avrebbe voluto dire. Gridare. Ma non riuscì ad articolare nessuna parola.

Epilogo

Greta Alfieri era morta da trentasei ore.

Anche Riondino era morto, e di Rinaldi ancora nessuna traccia, ma tutto questo a Claps non importava.

Greta.

Dopo tanti giorni, quella mattina il cielo era sgombro e il sole scaldava con un calore inusitato per quel periodo dell'anno. Una crudele assurdità per il finale tanto tragico di quella storia.

Greta.

Claps non avrebbe voluto andare nell'ufficio di Sensi, ma c'era la relazione sui fatti di cui era stato testimone da firmare.

E le sue dimissioni da consegnare. Definitive.

Greta.

Non stava quasi neanche ad ascoltare quel che Sensi gli diceva.

Greta.

«Abbiamo ricostruito tutto o quasi, Claps». La voce del commissario era arrochita dalla stanchezza, e cercava di mostrare un distacco che Sensi non aveva. «Manca solo qualche piccolo dettaglio. Dunque, Rinaldi… a proposito, è ancora uccel di bosco, ma sono pronto a scommettere che presto troveremo il suo cadavere da qualche parte: Riondino non l'avrebbe mai lasciato libero di raccontare quel che sapeva. Rinaldi, dicevo, era travolto dai debiti, e, da quello che stiamo capendo in queste ore dai suoi movimenti bancari, in mano agli strozzini. Una vita al di sopra delle sue possibilità: belle case, belle auto, belle mogli. Ne aveva avute tre, lo sapevi? Un anno fa doveva essere alla disperazione, ma c'era Riondino...». Sensi si sfilò gli occhiali e si stropicciò gli occhi prima di continuare. «Nell'appartamento di Rinaldi abbiamo trovato i nastri mancanti; un vero imbecille a non distruggerli, ma certo, a noi ha fatto un favore. Si sono avvicinati a poco a poco: mezze frasi, allusioni; non c'era più nulla di terapeutico in quei colloqui. Alla fine hanno giocato a carte scoperte: Riondino gli ha offerto un milione e mezzo di euro per farlo trasferire in un istituto di recupero da dove sarebbe potuto evadere facilmente, e per fornirgli un rifugio a Milano per pochi giorni. Poi si sarebbe eclissato per sempre e si sarebbe rifatto un'esistenza. Naturalmente non gli ha mai parlato di una fuga cruenta o di nuovi progetti per Hannibal: diceva solo di voler iniziare una nuova vita tranquilla, lontano dall'Italia, godendosi i soldi di cui si era appropriato. Rinaldi ha accettato senza tanti tentennamenti e ha aperto un proprio conto in Liechtenstein: stessa banca dove teneva il malloppo Riondino. A quel punto i nastri tornano a comparire nell'archivio di Montelupo e mostrano grandi progressi nella terapia. Tanto che poco dopo Riondino viene trasferito in un istituto di recupero dove la sorveglianza è assai più blanda. Così, dal computer dell'istituto, Riondino può iniziare a tessere la sua tela per costruirsi un punto di appoggio a Firenze in vista della fuga. Da quel momento in poi possiamo solo immaginare, ma non è difficile: quando in quella tela finisce il povero Matteo Contri tutto è pronto. Rinaldi, non immaginando gli omicidi e la caccia all'uomo che si sarebbe scatenata, affitta in nero un appartamento per quindici giorni fornendo un nome falso come unica precauzione, e porta le chiavi a Riondino in occasione del loro incontro mensile… Riondino evade e arriva in quel modo sanguinario che sai a Milano. Il resto della storia lo conosciamo sin troppo bene… la ragazza del negozio, l'esplosione per fuggire dal suo rifugio quando gli eravamo quasi addosso, il riparo a casa di Rinaldi e…», Sensi non riuscì a trovare le parole più adatte per concludere: «e tutto il resto».

A Claps non importava nulla di quelle spiegazioni.

Greta.

«A pochi metri dalla Mercedes abbiamo trovato lo zainetto: deve essere stato scaraventato fuori nell'urto. C'era l'occorrente per il trucco, oltre qualche centinaia di euro in contante».

Dopo un lungo silenzio, Sensi riprese a parlare: «Ti ho detto tutto… tranne una cosa. Una cosa che spero possa darti un minimo di sollievo». Sensi esitò ancora qualche secondo. «Greta… ecco nelle prime ore di stamani si è svolta l'autopsia… Non aveva segni di fumo da combustione nella trachea e nei polmoni: è morta sul colpo, Claps. Non è bruciata viva, non ha sofferto».

Greta.

Sensi non aggiunse che lo stesso reperto era stato trovato sul cadavere di Riondino: un peccato che non fosse bruciato vivo. Se l'inferno fosse esistito, adesso avrebbe trovato lì le sue fiamme.

Claps si alzò e pronunciò le prime parole di quella mattina: «Dove devo fir…mare?».

Sensi gli porse la relazione che aveva pronta sulla scrivania: «Leggi e se ti va bene firma».

Claps impugnò una penna e senza degnare di uno sguardo quello che c'era scritto firmò il documento.

Poi prese da una tasca della giacca una busta chiusa e dopo averla fatta scivolare sulla scrivania, uscì dall'ufficio senza una parola e senza voltarsi.

Greta.

La dottoressa Cristina Manara pose sul diafanoscopio, accanto a una vecchia radiografia panoramica dei denti di Greta Alfieri, quella appena scattata a uno dei due cadaveri carbonizzati.

Aveva terminato l'autopsia sui due corpi due ore prima, e quello era l'ultimo atto, necessario per il riconoscimento ufficiale del cadavere.

In realtà, grazie agli oggetti personali rinvenuti, non c'erano purtroppo molti dubbi.

Ciò nonostante la Manara studiò scrupolosamente e a lungo le due radiografie che pure apparivano identiche sin dal primo sguardo.

Lo fece ancora più scrupolosamente di quanto richiedesse l'evidenza e la convinzione che già si era formata a un primo esame superficiale.

Lo fece perché ai suoi stessi studenti insegnava che in presenza di una dentatura completa e sana, con pochissime cure eseguite, come era quella di Greta, spesso si poteva essere tratti in inganno.

Ma lo fece anche nella lontanissima possibilità di poter dare una tenue speranza a Claps: "È lei al novanta percento, ma non c'è la certezza".

Si arrese solo dopo molti minuti.

«L'identificazione è certa», disse in tono freddamente professionale rivolta al suo assistente che, seduto al PC, attendeva le indicazioni per terminare di compilare il referto. «Il riconoscimento del cadavere è da ritenersi certo al cento percento. Si tratta di Greta Alfieri».

Non conosceva Greta se non attraverso i racconti di Claps, ma sapeva quanto lui vi fosse legato: ben oltre a quello che lasciava trasparire. Una volta le aveva salvato la vita, e ora si sentiva responsabile di avergliela fatta perdere.

Cristina Manara in certe giornate avrebbe voluto fare un altro lavoro.

Desiderò prendersi una pausa, uscire all'aperto a fumare una sigaretta, anche se non ne toccava una da quasi un anno.

«Andiamo avanti», disse invece, «passami l'altra lastra».

Per prima cosa mise sul diafanoscopio una radiografia scattata a Riondino durante il periodo della detenzione. La osservò un attimo notando l'assenza dei denti del giudizio. Poi, accanto, mise la radiografia scattata al cadavere.

«Cristo...!», esclamò dopo meno di un secondo sentendo la pelle accapponarsi. «Chiama Sensi, subito!», urlò subito dopo con voce strozzata, mentre continuava a fissare quell'unico dente del giudizio, ancora incluso nella mandibola.

Indice

Mario Mazzanti

Un giorno perfetto per uccidere

Volume di 320 pagine.
Euro 5,90.

In un paesino lombardo è una mattina di un freddo novembre quando Ami, una bambina di origine senegalese, esce di casa per andare a scuola. E non farà mai ritorno.
Appena il padre dà l'allarme, inizia una frenetica ricerca. A coordinare le indagini è il commissario Sensi. I suoi uomini trovano immediatamente una pista da seguire, che presto si rivelerà però un buco nell'acqua.
Passati tre mesi dal triste epilogo della vicenda, il commissario decide di recarsi dal dottor Claps, suo vecchio amico e rinomato criminologo, che da poche parole intuisce il reale motivo della visita. Non si tratta soltanto di Ami, lei non è l'unica bambina scomparsa e il suo non è l'unico caso irrisolto. Altri piccoli corpi mai identificati sono stati trovati negli ultimi tre anni. E tutti con la stessa identica firma…
Un romanzo a tinte forti degno della migliore tradizione del giallo, un vero capolavoro di scrittura ad alta tensione. Mario Mazzanti è la nuova voce del thriller italiano.

NEWTON COMPTON EDITORI